Holm Gero Hümmler

Verschwörungsmythen

Holm Gero Hümmler

Verschwörungsmythen
Wie wir mit verdrehten Fakten für dumm verkauft werden.

HIRZEL

Bibliografische Information der Deutschen Nationalbibliothek
Die Deutsche Nationalbibliothek verzeichnet diese Publikation in der Deutschen Nationalbibliografie; detaillierte bibliografische Daten sind im Internet über https://portal.dnb.de abrufbar.

2., ergänzte Auflage 2021
ISBN 978-3-7776-3094-6 (Print)
ISBN 978-3-7776-3095-3 (E-Book, PDF)

Birkenwaldstraße 44, 70191 Stuttgart
Printed in Poland
Einbandgestaltung: deblik, Berlin
Satz: abavo GmbH, Buchloe
Druck & Bindung: Drukarnia Dimograf, Bielsko-Biała

MIX
Papier aus verantwortungsvollen Quellen
FSC www.fsc.org FSC® C018236

Klimaneutral
Druckprodukt
ClimatePartner.com/12995-2107-1010

www.hirzel.de

Inhalt

Vorwort

Verschwörungsglaube hat Konjunktur. Während auf dem einen Fernsehsender oder einer Internetseite über „verrückte Verschwörungstheoretiker" gelacht oder eine Gefahr für die Gesellschaft heraufbeschworen wird, kann man nur einen Kanal oder einen Klick weiter erfahren, dass uns wichtige Ereignisse von dunklen Mächten nur vorgespielt werden. Allzu oft verlieren sich gerade die Kritiker des Verschwörungsglaubens darin, diesen politisch oder moralisch zu werten oder sich Gedanken über die geistige Gesundheit seiner Anhänger zu machen. Diese Anhänger präsentieren währenddessen ihre meist einfach und ohne große Vorbildung verständlich dargestellten Belege, die durchaus geeignet sein können, einen neutralen Betrachter zumindest zum Nachdenken zu bringen, so absurd die letztendlichen Behauptungen auf den ersten Blick auch erscheinen mögen. Könnte hinter den Vorstellungen der „verrückten Verschwörungstheoretiker" vielleicht doch mehr als nur ein Fünkchen Wahrheit stecken?

Wer für seine Sachbehauptungen überprüfbare Belege anführt, verdient, damit ernst genommen zu werden. Auch wenn diese Belege leicht widerlegbar erscheinen, muss man sie dennoch zuerst einmal widerlegen. Sind sie komplexer oder erfordern sie Fachwissen, dann sollte sich jemand mit entsprechender Kompetenz die Zeit nehmen, sich damit zu befassen.

Da es andererseits relativ leicht möglich ist, immer wieder neue Verschwörungsbehauptungen aufzustellen, die letztlich nur darauf beruhen, dass man Dinge einfach nicht verstanden hat, kann es natürlich auch nicht das Ziel sein, in einem einzelnen Buch jedes beliebige Argument zu angeblichen Verschwörungen anzusprechen. Wer verunsichert ist und ernsthafte Informationen sucht, kann tatsächlich Hintergründe zu fast allen diesen Behauptungen im Netz finden. Dazu muss man jedoch wissen, wonach man genau sucht und wie man unterschiedliche Informationen einordnen kann. Dazu soll das vorliegende Buch eine Hilfestellung bieten, vor allem im Bereich naturwissenschaftlich-technischer Argumentationen, von denen sich mancher Leser ohne entsprechenden Fachhintergrund ansonsten vielleicht eher einschüchtern lässt.

Das Buch richtet sich also nicht in erster Linie an eingefleischte Verschwörungsgläubige, die nicht bereit sind, sich zu fragen, durch welche Erkenntnisse sie von ihren Überzeugungen abzubringen wären – aber es soll ihnen dennoch interessante Denkanstöße bieten und Fragen aufwerfen. Es richtet sich auch nicht nur an gut informierte Verschwörungsskeptiker, die viele der dargestellten Verschwörungsideen absurd bis lächerlich finden dürften – aber es soll auch ihnen unterhaltsame neue Einblicke und solide Argumentationen liefern. Es richtet sich vor allem an Menschen, die von Bekannten oder Angehörigen, vielleicht auch nur in den Medien, mit Verschwörungsbehauptungen konfrontiert werden, vielleicht auch das Gefühl haben, dass diese Behauptungen irgendwie nicht stimmen können, aber ernsthafte Überprüfungen, ehrliche Antworten und Anstöße für eigene Recherchen und Überlegungen suchen.

Zu welcher Gruppe Sie auch gehören mögen: Bleiben Sie neugierig und kritisch, gegenüber offiziellen Erklärungen, gegenüber den Behauptungen von Verschwörungsgläubigen, gegenüber dem, was Sie hier lesen, vor allem aber gegenüber dem, was Sie schon längst zu wissen glauben.

Einleitung: Unter falscher Flagge

„Großmutter gestorben."

Die Mitteilung am Telefon ist knapp und wenig pietätvoll. Von Alfred N. erwartet auch niemand, dass er trauert. Seit Wochen wartet er mit seinem Team auf genau dieses Codewort, den herbeigesehnten und gleichzeitig befürchteten Einsatzbefehl. Das Team besteht aus insgesamt sieben Personen, von Alfred N. selbst mit großer Sorgfalt ausgewählt – ein Teil wohltrainierte Kämpfer, ein Teil die benötigten Experten, alle loyal und verschwiegen.

Angespannte und dennoch langweilige Wochen haben sie in der grenznahen Kleinstadt verbracht, aufgeteilt auf zwei kleine Hotels, um nicht als Gruppe aufzufallen. Zwischenzeitlich hatte N. sogar schon einmal darum gebeten, wegen der langen Wartezeit ins Ausbildungslager zurückkehren zu dürfen, bekam aber den Befehl, mit seiner Einsatzgruppe weiter vor Ort abzuwarten. Jetzt ist der entscheidende Moment gekommen, der Moment, an dem sie Geschichte schreiben werden – allerdings eine Geschichte, von der niemand jemals wird erfahren dürfen.

Mit ihrer Unterkunft haben N. und seine Männer noch Glück. Entlang der Grenze warten noch zwei weitere geheime Kommandoeinheiten auf ihren Einsatz. Beide Teams sind deutlich größer als das von N., und ihre Einsatzorte sind kleine Dörfer, so dass es unmöglich ist, sie unauffällig in Hotels unterzubringen. An einem der beiden Orte mussten zeitweise 130 Männer im abgeschirmten Lager einer Brauerei campieren, in dem es nicht einmal Waschgelegenheiten gab. Inzwischen sind es nur noch 40, und es gibt einen Schlauch, um sich notdürftig zu waschen.

Alfred N. und sein kleines Kommando haben ihre Uniformen schon im Ausbildungslager zurückgelassen und die letzten Wochen als Geschäftsreisende in zivilen Anzügen verbracht. Auf den Einsatzbefehl hin wechseln sie in einfachere, alte, aber ebenfalls zivile Kleidung, schlüpfen in die Rolle bewaffneter Untergrundkämpfer. Ausweise, andere Papiere und persönliche Gegenstände müssen sie zurücklassen: Falls sie von der Polizei verhaftet werden, müssen sie wenigstens so lange unerkannt bleiben, bis jemand von ganz oben die Ermittlungen an sich ziehen und sie diskret verschwinden lassen kann. Die beiden anderen Kommandos wechseln auf dem Weg zum Einsatzort sogar in Militäruniformen des Nachbarlandes.

In zwei Autos fahren Alfred N. und sein Team zum Einsatzort. Ein drittes Auto kommt direkt von der Polizeistation und bringt die „Konserve". Die „Konserve" ist ein Mensch, ein Angehöriger der ethnischen Minderheit, der sich in der Vergangenheit an Unruhen beteiligt hat. Schon im Polizeigewahrsam wurde er mit Medikamenten betäubt; am Ende der Aktion wird er erschossen zurückbleiben, als angeblich im Kampf getöteter Angreifer und als nicht mehr lebender Beweis, dass der Angriff tatsächlich von Aufständischen ausgeführt wurde. Zwei Männer aus dem Kommando nehmen den Betäubten in Empfang, während der Wagen, der ihn abgeliefert hat, sofort wieder verschwindet. Daran, wer genau den Mann erschossen hat, wird sich später niemand mehr erinnern wollen.

Alfred N. und die vier anderen Männer seines Kommandos beginnen sofort mit dem Angriff auf das Zielobjekt. Hinter einem mehr als mannshohen Gitterzaun erheben sich in der Dunkelheit drei Betriebsgebäude, dahinter ein großer stählerner Sendemast. Normalerweise wird der Komplex rund um die Uhr von der örtlichen Polizei bewacht, aber vor wenigen Tagen wurden die Polizisten abgezogen und die Bewachung von Beamten einer Spezialeinheit aus der Hauptstadt übernommen. Heute haben diese Beamten besondere Befehle erhalten und sind rechtzeitig vor der Ankunft von Alfred N. und seinem Kommando spurlos verschwunden. Alfred N. weiß, dass er nicht mit Widerstand zu rechnen hat. Mit vorgehaltenen Pistolen und Maschinenpistolen stürmen seine Männer das Hauptgebäude des Senders. Sie treffen nur auf vier unbewaffnete Mitarbeiter, die sie schnell gefesselt und im Keller untergebracht haben.

Damit fangen aber die Probleme des Einsatzes erst an. Dass der Sender kein eigenes Studio für Live-Übertragungen hat, war bekannt, aber selbst der eigens mitgebrachte Nachrichtentechniker des Kommandos findet nicht einmal die notwendige Ausstattung, um das laufende Programm für eine Durchsage zu unterbrechen. Die Mitarbeiter des Senders werden wieder aus dem Keller gezerrt und befragt; die Zeit wird knapp. Nach einer Viertelstunde, kurz bevor die Aktion hätte abgebrochen werden müssen, findet sich endlich ein Notfallmikrofon für Durchsagen. Der Dolmetscher des Kommandos kann endlich die vorbereitete Rede live im Radio verlesen:

„Achtung, Achtung! Hier ist Gleiwitz. Der Sender befindet sich in polnischer Hand. Die Stunde der Freiheit ist gekommen." Die knapp vierminütige Durchsage in polnischer Sprache endet mit den Worten: „Hoch lebe Polen!" Sie ist nur im äußersten Osten Schlesiens zu hören.

Als die örtliche Polizei beim Radiosender in Gleiwitz eintrifft, sind SS-Offizier Alfred Naujocks und sein Kommando verschwunden. In derselben Nacht überfallen andere SS-Kommandos in Uniformen des polnischen Militärs eine deutsche Zollstation im nahen Dorf Hochlinden und ein Forsthaus im rund 100 Kilometer nordwestlich gelegenen Pitschen. Auf diese angeblich polnischen Überfälle beruft sich am folgenden Morgen Adolf Hitler zur Rechtfertigung des deutschen Angriffs auf Polen: „Seit 5 Uhr 45 wird jetzt zurückgeschossen!“[1]

Die inszenierten Überfälle auf grenznahe Einrichtungen in Oberschlesien am Vorabend des Kriegsbeginns 1939 sind ein geradezu idealtypischer Fall einer sogenannten False-Flag-Operation. Bei einem solchen Einsatz unter falscher Flagge handeln Regierungsstellen gegen die zumindest vordergründigen Interessen eigener Bürger, mitunter buchstäblich unter Vortäuschung einer fremden Nationalität, auf jeden Fall aber im Geheimen. Es handelt sich also in gewisser Weise um eine Verschwörung der Regierung oder von Teilen der Regierung gegen die eigene Bevölkerung.

Am „Unternehmen Tannenberg“, wie die Überfälle offiziell bezeichnet wurden, zeigen sich auch einige typische Merkmale echter False-Flag-Operationen:

- **Für bestmögliche Geheimhaltung werden möglichst wenige und nur sehr zuverlässige Personen beteiligt.** Sofern sich bis heute rekonstruieren lässt, dürften die drei Überfälle einschließlich der Logistik und der Bereitstellung der „Konserven“ aus Gefängnissen und Konzentrationslagern wenig mehr als 200 Mitwisser gehabt haben. Fast alle waren Angehörige der SS, und fast alle Führungs- und Organisationsaufgaben wurden von Mitgliedern des Sicherheitsdienstes (SD), des SS-eigenen Geheimdienstes, wahrgenommen. Jeder Beteiligte erfuhr nur, was für seine Aufgabe unmittelbar erforderlich war, und auch das möglichst erst im letzten Moment. Wer die „Konserven“ brachte, wusste nicht, wofür sie gebraucht wurden, und die Beteiligten an den Überfällen waren selbst überrascht, auf ihrem Rückzug über Tote zu stolpern.
- **Befehle kommen unmittelbar von höchster Stelle.** Angeordnet wurde das Vortäuschen von Überfällen als Kriegsgrund von Hitler persönlich. Der Befehl ging an SS-Reichsführer Heinrich Himmler, der den Leiter des SD, Reinhard Heydrich, mit der Umsetzung beauftragte. Unter Heydrich gab es nur noch einen SS-Oberführer (entsprechend einem heutigen Brigadegeneral), der alle drei Scheinüberfälle gemeinsam befehligte. Es war Heydrich persönlich, der Alfred Naujocks in Gleiwitz per Telefon den Einsatzbefehl „Großmutter gestorben“ gab.[2]
- **Es geht eigentlich immer etwas schief.** Planmäßig verlief beim Unternehmen Tannenberg nur das Verwüsten des Forsthauses in Pitschen, dessen Bewohner rechtzeitig in den Urlaub geschickt worden waren, so dass niemand da war, der Widerstand hätte leisten können. In Gleiwitz wäre

die Radiodurchsage fast daran gescheitert, dass das Mikrofon für Notfalldurchsagen nicht zu finden war. Der Scheinüberfall auf die deutsche Zollstation Hochlinden wäre schon im Vorfeld mehrmals um ein Haar aufgeflogen.

- **Am Ende bleiben Fragen offen.** In Gleiwitz waren Zeugen unter den Überfallenen hinterher sicher, es sei tatsächlich einer der Angreifer erschossen worden.[3] Die Aussagen der Angreifer selbst schließen das jedoch aus.[4] Derlei Unklarheiten sind nicht spezifisch für False-Flag-Operationen, sondern eher ein allgemeines Problem bei unübersichtlichen, unvorhergesehenen Ereignissen, die aus Zeugenaussagen rekonstruiert werden müssen, weil Dokumente in Bild oder Schrift fehlen oder verschollen sind.

Dass das Unternehmen Tannenberg trotz aller Pannen erst nach dem Krieg in den Nürnberger Prozessen aufgedeckt wurde und viele Details erst in staatsanwaltschaftlichen Ermittlungen in den 1960er Jahren ans Licht kamen, ist nur mit den besonderen Bedingungen der Zeit zu erklären. In den Wirren des bereits am folgenden Morgen einsetzenden Krieges waren gerade SS-Angehörige und mögliche Zeugen im Grenzgebiet zur Genüge mit anderen Themen und schließlich mit dem nackten Überleben beschäftigt. Ansonsten hätten vermutlich selbst die drakonischen Strafandrohungen und die gleichgeschaltete Presse der NS-Ära kaum so lange verhindern können, dass Gerüchte über die Täuschung an die Öffentlichkeit gelangt wären. In der pluralen Welt einer heutigen westlichen Gesellschaft würden derart plumpe Täuschungsmanöver unmöglich so lange unentdeckt bleiben.

Dennoch hat es auch im modernen Westen nachweislich False-Flag-Operationen gegeben. Im Watergate-Skandal gaben 1972 enge Mitarbeiter von US-Präsident Nixon den Auftrag zu einem Einbruch ins Hauptquartier der oppositionellen Demokraten, um deren Wahlkampf auszuforschen. Nachdem die Einbrecher auf frischer Tat ertappt worden waren, nutzten der Präsident und seine Mitarbeiter ihre politische Macht, um die Ermittlungen zu behindern.[5] In der Iran-Contra-Affäre verkaufte die CIA Waffen an den eigentlich mit den USA verfeindeten Iran. Das ursprüngliche Ziel war, die Freilassung amerikanischer Geiseln im Libanon zu erreichen, aber ein Teil der Einnahmen wurde abgezweigt, um die antikommunistischen Contra-Rebellen in Nicaragua zu unterstützen. Dabei kooperierte die CIA auch mit berüchtigten Drogenhändlerringen.[6]

Die beiden genannten Skandale haben das Vertrauen in die amerikanische Politik nachhaltig erschüttert, was einerseits mit der Skrupellosigkeit der Mittel, andererseits aber auch mit dem Dilettantismus der Umsetzung zusammenhängen dürfte. Im Gegensatz dazu ist die politische Tragweite der jeweiligen Ziele (Erringen taktischer Vorteile im Wahlkampf, Unterstützung von Rebellen in einem mittelamerikanischen Kleinstaat) aus der Distanz betrachtet ziemlich überschaubar. Gleichzeitig sind dies aber auch nur diejenigen False-Flag-Operationen, die öffentlich bekannt geworden sind, und ihr Sinn ist ja gerade, vor der Öffentlichkeit verborgen zu bleiben. Es ist also durchaus denkbar, dass weitere, möglicherweise professionellere und auch noch weitaus bedeutendere, Aktionen dieser Art bisher unentdeckt sind.

Tatsächlich begegnen uns regelmäßig Menschen, die der Überzeugung sind, solche False-Flag-Operationen erkannt zu haben. In unseren täglichen Nachrichten oder in der Beobachtung ihrer eigenen Umwelt erkennen sie Machenschaften ihrer oder verbündeter Regierungen zur arglistigen Täuschung der eigenen Bevölkerung. Sie sehen die Schuld für die Anschläge des 11. September 2001 bei der US-Regierung, halten die Mondlandung für inszeniert und sehen in Wolken die Spuren versprühter Chemikalien oder geheimer Strahlenwaffen. Häufig werden solche Vorstellungen als Verschwörungstheorien bezeichnet oder als paranoid abgetan – aber False-Flag-Operationen hat es eben tatsächlich gegeben.

Die Argumente, die für solche Behauptungen vorgebracht werden, sind bemerkenswert oft technischer oder naturwissenschaftlicher Art. Das World Trade Center hätte nicht allein durch Feuer einstürzen können, heißt es zum Beispiel; die Flagge auf dem Mond hätte sich ohne Atmosphäre nicht bewegen können, und Kondensstreifen müssten sich weit schneller auflösen, als man bisweilen beobachtet. Solche Sachargumente wirken überzeugender als rein politische Begründungen, denn sie sind im Prinzip nachprüfbar. Das bedeutet aber nicht, dass sie für jeden einfach zu überprüfen wären. Eine fundierte Überprüfung solcher Argumente erfordert Fachwissen, manchmal auch Recherchen und eigene Berechnungen. Genau das wird der Schwerpunkt der folgenden Kapitel sein. Dabei können wir selbstverständlich nur auf eine Auswahl der Behauptungen eingehen, die zur Zeit verbreitet werden. Gleichzeitig entstehen immer wieder neue Vorstellungen zu vermeintlichen False-Flag-Operationen, die in ähnlicher Weise zu hinterfragen wären. Im abschließenden Kapitel wird es daher darum gehen, wie man die Glaubwürdigkeit von Behauptungen dieser Art auch ohne tieferes Hintergrundwissen im jeweiligen Fach wenigstens vorläufig einordnen kann.

Im Mittelpunkt werden dabei immer die schon erwähnten naturwissenschaftlichen und technischen Argumente stehen. Kann eine behauptete False-Flag-Operation naturwissenschaftlich-technisch belegt werden und ist sie naturwissenschaftlich überhaupt möglich? Die politische Bewertung solcher

Behauptungen wird dabei nur am Rande eine Rolle spielen. Insbesondere kann es dabei nicht um die Frage gehen, wer welche politischen Ziele oder persönlichen Absichten verfolgt haben könnte, wer welches Wissen gehabt und vor allem welche Schlussfolgerungen er oder sie daraus gezogen haben könnte.

Der Unterschied zwischen naturwissenschaftlich prüfbaren Tatsachenbehauptungen und Annahmen über die Absichten politisch handelnder Personen spielt auch eine wichtige Rolle im folgenden Kapitel, bei der Frage, ob es sich bei den vorgestellten Behauptungen tatsächlich um Verschwörungstheorien handelt.

Alles „nur" Verschwörungstheorien?

Wenn man von einer Verschwörung spricht, haben die meisten Menschen ungefähr die gleiche Vorstellung, was gemeint ist. Sie verstehen darunter eine in der Regel geheime Verabredung mehrerer Personen zu Machenschaften, die andere als schädlich ansehen würden. In diesem Sinne ist eben auch eine False-Flag-Operation eine Verschwörung, obwohl zumindest ein Teil der Tatbeteiligten gerade nicht durch eine freiwillige Verabredung, sondern als Befehlsempfänger einbezogen wird.

Bedeutet dies, dass jemand, der die Existenz einer False-Flag-Operation behauptet, damit eine Verschwörungstheorie verbreitet? Hierbei ist zu beachten, dass der Begriff der Verschwörungstheorie in der öffentlichen Diskussion nur in den seltensten Fällen wertfrei benutzt wird: Wer eine Behauptung als Verschwörungstheorie bezeichnet, zieht dabei in den allermeisten Fällen ihre Glaubwürdigkeit in Zweifel. Autoren, die sich aus eher wissenschaftlicher Sicht mit Verschwörungsglauben beschäftigen, versuchen jedoch in der Regel, den Begriff der Verschwörungstheorie von der Frage der Glaubwürdigkeit der behaupteten Verschwörung zu trennen.[7] Stattdessen wird zum Beispiel angenommen, dass eine Verschwörungstheorie im Widerspruch zu einer offiziell anerkannten Version der beschriebenen Ereignisse steht.[8] Andere Autoren bezeichnen hingegen auch die offizielle Version als Verschwörungstheorie, wenn sie, wie im Fall des 11. September, ebenfalls von der Existenz einer Verschwörung, in diesem Fall seitens der Terrororganisation Al Kaida, ausgeht.[9] Wieder andere sprechen nur dann von einer Verschwörungstheorie, wenn auf Basis eines Verschwörungsglaubens eine umfassendere Erklärung für unterschiedliche Ereignisse geliefert wird.[10]

Zumindest wenn man von der wissenschaftlichen Bedeutung des Begriffs „Theorie" ausgeht, ist das Behaupten der Existenz einer False-Flag-Operation alleine noch keine Verschwörungstheorie. Während im volkstümlichen Sinn eine Theorie als das Gegenteil von Praxis und mithin wenig realitätsnah betrachtet wird, werden nämlich an eine Theorie in der Wissenschaft hohe Anforderungen gestellt.

Eine wissenschaftliche Theorie erklärt einen Bereich der Realität auf Basis wissenschaftlicher Untersuchungen. Sie beschreibt nicht nur Beobachtungen, sondern ordnet diese auch in einen Zusammenhang ein und erlaubt Rückschlüsse auf Teile der Realität, die noch nicht direkt untersucht wurden. Hierzu werden die Aussagen der Theorie systematisch geprüft, nach im jeweiligen Fach festgelegten Kriterien. In der Naturwissenschaft gehören dazu in der Regel Experimente, in anderen Fächern können es zum Beispiel weitere, gezielt vorausgewählte Beobachtungen oder die Analyse historischer Quellentexte sein. Eine schon häufig geprüfte Theorie stellt damit die sicherste Form von Erkenntnis dar, die mit wissenschaftlichen Methoden erreichbar ist – und damit das Verlässlichste, was ein Mensch nach heutigem Erkenntnisstand überhaupt wissen kann.

Wollte man nach diesen Kriterien von einer Verschwörungstheorie sprechen, dann müsste diese ähnlichen Ansprüchen genügen: Sie müsste nicht nur mehrere reale Ereignisse durch eine Verschwörung erklären, sondern auch zukünftige Ereignisse zumindest der Art nach auf Basis dieser angenommenen Verschwörung vorhersagen. Das entspricht etwa dem Begriff einer Verschwörungstheorie, wie ihn auch der Psychologe Thomas Grüter verwendet.[11] Streng genommen müsste eine Theorie analog zu wissenschaftlichen Maßstäben nach festgelegten Kriterien systematisch geprüft sein, aber im Fall von Verschwörungstheorien besteht zumindest bis heute keine Einigkeit, was diese Kriterien einer Prüfung sein könnten.

Andere Autoren, zum Beispiel der Kulturwissenschaftler Michael Butter, gehen von einem weit weniger anspruchsvollen Verschwörungstheorie-Begriff aus; sie bezeichnen mit diesem Wort praktisch jede Behauptung über die Existenz einer politisch relevanten Verschwörung.[12] Gerade hierbei schwingt oft die Erwartung mit, dass die behauptete Verschwörung nicht wirklich existiert. Dieser sehr allgemeine und eher abwertende Begriff einer Verschwörungstheorie wird von anderen Autoren als Verschwörungsbehauptung oder Verschwörungslegende bezeichnet.

Einige Verschwörungstheorien entsprechend der sehr konkreten Definition von Thomas Grüter sind schon sehr lange mehr oder weniger unverändert Teil unserer Kultur. So wird behauptet, eine Anzahl politischer Umstürze, darunter die Französische Revolution, die Weltwirtschaftskrise und die beiden Weltkriege, seien auf das Wirken eines weltumspannenden Geheimbundes zurückzuführen. Identifiziert wird dieser Geheimbund alternativ mit dem mittelalterlichen Templerorden, der humanitären Gemeinschaft der Freimaurer oder dem stärker politischen und real nur kurzzeitig im 18. Jahrhundert existierenden Illuminatenorden. Eine sehr ähnliche Verschwörungstheorie sieht bei solchen Ereignissen das „Weltjudentum" am Werk, verkörpert zum Beispiel in einer obskuren Gemeinschaft der sogenannten Weisen von Zion. Ein Buch mit angeblichen Protokollen dieser Weisen war von Anfang des 20. Jahrhunderts bis in die Zeit des Nationalsozialismus ein zentrales Instrument antisemitischer Propaganda. In der heutigen Zeit werden ähnlich finstere Machenschaften auch der jüdischen Bankiersfamilie Rothschild, den geladenen Teilnehmern der politischen Bilderberg-Konferenzen oder dem Verein Atlantikbrücke unterstellt.

Charakteristisch für diese traditionellen und umfassenden Verschwörungstheorien ist, dass dabei die tatsächlichen historischen Ereignisse oft nicht in Abrede gestellt werden. Wer die Weltwirtschaftskrise oder den Zweiten Weltkrieg mit dem Wirken eines weltumspannenden Geheimbunds interpretiert, muss dafür keinen anderen Ablauf der physischen Ereignisse annehmen. Selbst aufgedeckte False-Flag-Operationen wie der Überfall auf den Sender Gleiwitz lassen sich problemlos in eine solche Vorstellung integrieren. Dazu muss die Verschwörungstheorie lediglich bestimmte Motive der handelnden Personen unterstellen, indem zum Beispiel Hitler selbst als Werkzeug einer geheimen jüdischen Weltverschwörung dargestellt wird. Auch der Holocaust wäre danach vom Weltjudentum angeordnet gewesen. Diese bizarr anmutende These wird gerade von rechtsgerichteten Verschwörungstheoretikern ernsthaft verbreitet, zum Beispiel von der russisch-amerikanischen Esoterikerin Irina Caesar[13] oder vom anonymen Internetblog „Wahrheit1933“[14].

Traditionelle umfassende Verschwörungstheorien machen hauptsächlich Aussagen über die Motive handelnder Personen und bestenfalls am Rande über tatsächliche Ereignisse. Behauptungen über angebliche False-Flag-Operationen gehören jedoch ganz offensichtlich nicht in diese Kategorie: Sie beziehen sich nur auf einzelne Ereignisse und liefern für sich genommen keine umfassenden Erklärungen für geschichtliche Vorgänge. Dennoch lassen sich natürlich auch Behauptungen über angebliche False-Flag-Operationen in umfassendere Verschwörungstheorien integrieren, indem zum Beispiel eine behauptete Inszenierung der Anschläge des 11. September durch das Wirken von Freimaurern oder einer jüdischen Weltverschwörung erklärt wird.

Dass Behauptungen über angebliche False-Flag-Operationen keinen umfassenden historisch-politischen Erklärungsanspruch haben, bedeutet nicht, dass sie keine politische Relevanz hätten. In den folgenden Kapiteln werden einige Beispiele solcher Behauptungen auftauchen, die vor allem von radikalen Kräften politisch genutzt werden. Insbesondere antisemitische Thesen werden gerne mit dem Verweis auf angebliche False-Flag-Operationen begründet, selbst dann, wenn sie nicht ausdrücklich in eine globale Verschwörungstheorie über das Wirken einer jüdischen Weltverschwörung eingebunden werden. Angesichts dieser politischen Relevanz kommt ein Buch über Verschwörungsbehauptungen nicht an der Frage vorbei, wer solche Vorstellungen glaubt, warum Menschen geneigt sind, derartiges zu glauben und welche politischen Effekte das hat.

Warum wollen wir an Verschwörungen glauben?

Gastbeitrag des Psychologen Sebastian Bartoschek, der diesen Themenbereich unter anderem im Rahmen seiner Promotion erforscht hat.

Eine der meistgestellten Fragen im Zusammenhang mit Verschwörungstheorien ist stets die Frage nach dem „Wieso?". Wieso glauben Menschen an Verschwörungstheorien? Glauben alle Menschen daran? Und wenn nein, welche Merkmale muss eine Person aufweisen, um besonders stark daran zu glauben? Mitunter geht diese Frage mit der Tendenz einher, dem Verschwörungstheorie-Gläubigen eine psychische Krankheit bzw. Störung zuzuschreiben.

Bevor wir genauer auf das „Wieso?" schauen, können wir bereits hier festhalten: Der Glaube an Verschwörungstheorien ist im Allgemeinen eben kein Ausdruck einer psychischen Störung. Zwar gibt es psychische Störungen, wie die paranoide Schizophrenie oder die Paranoia als Wahn – der sogenannte Verschwörungswahn –, doch sind die Anzeichen dieser klinischen, krankhaften Störung klar definiert und unterscheiden sich deutlich von dem, was normalen Verschwörungstheorie-Glauben auszeichnet. Vielmehr ist es so, dass jeder psychisch gesunde Mensch an einige Verschwörungstheorien glaubt. Doch einige Menschen glauben in der Tat an mehr Verschwörungstheorien als andere. Nun also: wieso?

Es gilt hier zwei Ansätze bei der Erklärung zu unterscheiden: Da sind zum einen allgemeinpsychologische Effekte, sie betreffen jeden Menschen, ja die Menschheit als Spezies, als Gesamtes; eine Verknüpfung zu evolutionären Prozessen liegt hier nahe. Die andere Ebene sind solche Effekte und Facetten, bei denen es Unterschiede zwischen den Menschen gibt, je nachdem wie der Einzelne tickt, man spricht von individualpsychologischen Größen.

Starten wir mit der allgemeinpsychologischen Ebene. Die Stärke der Spezies Mensch liegt im Gehirn, nicht in irgendeinem besonders ausgeprägten Sinnesorgan oder Ähnlichem. Das Hirn ermöglichte dem Menschen mittelbar komplexe Kommunikation und, was für den Verschwörungsglauben entscheidend ist, das Entdecken von Zusammenhängen, Mustern und Strukturen. Der Mensch ist ein außerordentlich guter Musterdetektor. In der Frühzeit der Menschen waren solche Muster beispielsweise das Erkennen von Zyklen der Natur, Ebbe und Flut oder Jahreszeiten. Auch half das Auffinden von Mustern, Gefahren zu minimieren und vorherzusehen. Dem Donnergrollen folgte der Blitz, dem Rascheln im Gebüsch mitunter der Säbelzahntiger. Doch nicht immer folgte dem Rascheln der Tiger. Die evolutionär bessere Strategie war hier, lieber einmal zu viel auszuweichen, obwohl dem Rascheln nur ein wildes Huhn folgte, als einmal zu wenig auf der Hut zu sein, denn das könnte der letzte Fehler vor der Weitergabe der eigenen Gene gewesen sein. Sprich: Die evolutionär stabilere Strategie für den Menschen ist, mehr Muster zu sehen und Gefahren zu erwarten als objektiv vorhanden. Diese überbordende Mustererkennung begünstigte zum einen das Entstehen von Religionen, die über die einfachen beobachtbaren Wirkzusammenhänge noch komplexere Erklärungsmuster stülpten, und zum anderen eben auch von Verschwörungstheorien.

Religionen und Verschwörungstheorien eint die Vereinfachung von Ursache und Wirkung, die Entrückung der eigentlich Handelnden auf eine höhere Ebene sowie Regeln und Anleitungen dazu, was zu tun ist, um Sicherheit zu erlangen. Verschwörungstheorien unterscheidet von Religionen, dass sie fast nie positive Projektionsflächen bieten und wenig Spiritualität beinhalten; sie sind letztlich negativistischer als die Mehrzahl der Religionen. Gleichwohl zeigt sich, individualpsychologisch, dass unter hochreligiösen Menschen auch viele an Verschwörungstheorien glauben.

Man mache sich klar, dass der Glaube an Verschwörungstheorien aber eben nicht nur Ausdruck eines überbordenden oder fehlgeleiteten Denkapparates ist. Dies wird leider oft vergessen. Es gibt reale Verschwörungen, und so ist es durchaus sinnhaft, sich gegen diese zu wappnen. Eine der sicherlich bekanntesten realen Verschwörungen ist die Ermordung von Gaius Julius Cäsar am 15. März 44 v. Chr. durch eine Verschwörung von Senatoren. Cäsar selbst wollte an diese Verschwörung nicht glauben und sprach abwertend über die Verschwörungstheoretiker. Doch muss man gar nicht so weit zurück in die Vergangenheit gehen: Nicht-öffentliche Verabredungen zu Illegitimem bis Illegalem – wie man Verschwörungen definieren kann – sind bis heute Teil der Realität. Mit Blick auf die Bundesrepublik Deutschland gilt festzuhalten, dass das Bundeskartellamt durchaus auch dafür da ist, Verschwörungen zu Preisabsprachen, Marktaufteilungen und Ähnlichem zu verfolgen.

Der Mensch als solcher ist also gut dafür angelegt, Muster zu erkennen, selbst da, wo keine sind, und mitunter hat es sogar Sinn, Verschwörungen zu wittern, weil es solche auch in der Realität gibt. Dazu kommen allgemeinpsychologische Effekte, die begünstigen, dass ein Mensch beim Glauben an eine Idee, eine Ideologie, eine Meinung oder eben eine Verschwörungstheorie bleibt.

Einer der wirkmächtigsten Effekte ist dabei die sogenannte Bestätigungstendenz, englisch *confirmation bias*: Wir suchen und halten eher solche Informationen für wahr, die unseren Überzeugungen entsprechen. An sich ist das gut und zweckmäßig, bewahrt es uns doch davor, im Alltag in einer unzählbaren Zahl von Einzeleindrücken und -informationen zu ertrinken und handlungsunfähig zu werden. Die Mehrheit von uns liest Medien, die dem entsprechen, was man ohnehin an politischer Ausrichtung hat. Dieser Effekt führt natürlich auch dazu, dass Menschen immer mehr und fortgesetzt Bestätigung für Verschwörungstheorien finden, zumal insbesondere das Internet, anders als klassische Medien, die Möglichkeit gibt, irgendwo ein Medium, eine Community, ein vermeintliches Presseorgan zu finden, das den Glauben an jede beliebige Verschwörungstheorie stützt. Der *backfire effect* sorgt dafür, dass wir auf allzu viele und insbesondere aggressiv vorgetragene Gegenargumente, unabhängig von ihrem Wahrheitsgehalt, mit einer Art Wagenburgmentalität reagieren und immer stärker in mentale – oder reale – Gegenwehr gehen, um nicht von unseren bisherigen Denkmustern und Überzeugungen ablassen zu müssen.

Blicken wir nun von dem, was alle Menschen eint, auf das, was Menschen mit Blick auf den Glauben an Verschwörungstheorien unterscheidet. Demografische Betrachtungen bringen nur wenig Erhellendes. Man kann ausführen, dass junge Menschen mehr daran glauben als ältere, bildungsferne mehr als bildungsnahe und ebenfalls verstärkt solche mit starken religiösen und politisch extremistischen Ansichten. Allerdings verschieben diese Befunde oft nur die Frage nach dem „Wieso?" um eine Ebene.

In den letzten Jahren kristallisierte sich heraus, dass besser als die benannten soziodemografischen Faktoren der Glaube an Verschwörungstheorien durch die Betrachtung der wahrgenommenen Selbstwirksamkeit erklärt werden kann. Selbstwirksamkeit ist die Überzeugung eines Menschen, selbst für sein Leben verantwortlich und nicht Spielball von Zufall und diffusen Kräften zu sein. Verschwörungstheorien helfen eindeutig dabei, diese Selbstwirksamkeit zurückzuerlangen bzw. zu erhöhen. Sinistre Kräfte werden als hinter dem eigenen Pech, der eigenen Krankheit stehend angesehen; das eigene Leiden bekommt dadurch Sinn. Doch auch wenn es nicht um eigenes Leid im Sinne einer Krankheit geht, helfen Verschwörungstheorien dabei, aus einem zunehmenden Wust von sich widersprechenden und komplex bis gar nicht verknüpften Einzelinformationen Sinnhaftigkeiten und Kausalitäten zu formen.

Somit überrascht es nicht, dass unter Verschwörungstheorie-Gläubigen oft Menschen sind, die sich – sei es nun zu Recht oder zu Unrecht – als gescheitert, bedroht, abgehängt empfinden. Nicht vergessen werden sollte hier auch, dass Verschwörungstheorien, eben gleichsam wie Religionen, Handreichungen geben, was zu tun ist – und ich damit auch noch Erfolg haben kann, was den Glauben wiederum verstärkt.

Glaube ich beispielsweise, dass Flugzeugkondensstreifen in Wirklichkeit von der Regierung ausgebrachtes Gift sind (sogenannte „Chemtrails"), um die Bevölkerung krank zu machen, habe ich vielleicht ein Erklärungsmodell für meine Kopfschmerzen. Diese wiederum sind meist bis fast immer psychischen Ursprungs. Stelle ich nun eine Schale mit Essig auf den Balkon, um die vermeintlichen Chemtrails zu neutralisieren, kann sich dadurch psychische Entlastung ergeben, die real meine Kopfschmerzen verringert. Der Fehlschluss liegt jedoch nahe und ist überwältigend: Meine Kopfschmerzen sind weg, weil der Essig die Chemtrails neutralisierte.

Noch mehr Gründe, an Verschwörungen zu glauben? Einige Denkansätze aus anderen Fachgebieten

Neben den psychologischen Erklärungsansätzen wird noch eine Anzahl weiterer Ideen aus unterschiedlichen Fachrichtungen diskutiert, die den Glauben an Verschwörungen zu erklären versuchen. Einige davon sollen hier nur kurz als Denkanstöße angesprochen werden.

Der britische Journalist David Aaronovitch vertritt eine bestechend einfache erzähltheoretische These zur Erklärung von Verschwörungsglauben: Eine Verschwörungsbehauptung sei einfach im erzählerischen Sinne die bessere Geschichte als der nüchterne Sachverhalt.[15] Ein Bericht, dass Flugzeuge am Himmel Kondensstreifen hinterlassen, hat weder Unterhaltungs- noch Nachrichtenwert. Die Behauptung, die Regierung lasse von Flugzeugen Gifte auf die eigene Bevölkerung sprühen, könnte bei entsprechender Glaubwürdigkeit jedoch als Schlagzeile auf der ersten Seite jeder Tageszeitung stehen.

Die Psychologen Marius Raab, Claudia Muth und Claus-Christian Carbon sehen außerdem einen Trend zum Postfaktischen, also eine Abwendung von Fakten zugunsten von Emotionen, als weiteren Treiber eines modernen Verschwörungsglaubens.[16] Der deutsche Journalist Jörg Lau hingegen erklärt Verschwörungsglauben als eine Form von Religion. Eine weltumspannende, alles beeinflussende Verschwörung dient darin als ultimative Erklärung für die Existenz alles Bösen in einer eigentlich guten Welt voller eigentlich guter Menschen.[17]

Der Soziologe Alan Schink versteht die Verschwörungstheorie als Gegenstück einer real existierenden Verschwörungspraxis. Verschwörungsdenken diene daher der Wissenserzeugung und letztlich dem Aufdecken realer Verschwörungen.[18] Diese Sichtweise steht in deutlichem Widerspruch zu der von Michael Butter, der erklärt, reale Verschwörungen seien etwas grundsätzlich anderes als Verschwörungstheorien: „Da gibt es keine, die sich irgendwann als wahr herausgestellt hätte."[19]

Während bei der Frage nach dem Warum wahrscheinlich viele Antworten Teil der Wahrheit sein können, gibt es für einen politisch interessierten Bürger, der sich mit einer Verschwörungsbehauptung konfrontiert sieht, vor allem eine entscheidende Frage: Stimmt sie oder stimmt sie nicht? Dieser Frage werden wir für einige aktuell bedeutende Verschwörungsbehauptungen beispielhaft nachgehen – durchweg Thesen, nach denen eine oder mehrere Regierungen an einer Verschwörung gegen die Bevölkerung beteiligt sein soll, in gewisser Weise also False-Flag-Operationen.

Stahl schmilzt nicht bei Zimmerbränden

Der 11. September und die Wahrheiten der Truther-Bewegung

Kaum eine moderne Verschwörungsbehauptung kann auf so viele prominente Befürworter verweisen wie die Vorstellung, bei den Anschlägen des 11. September handle es sich um eine False-Flag-Operation. Darunter befinden sich nicht nur politisch und wissenschaftlich möglicherweise eher unbedarfte Showgrößen wie Popsänger Xavier Naidoo[20] oder Schauspieler Charlie Sheen[21]. Der ehemalige SPD-Bundesminister Andreas von Bülow hat ein ganzes Buch geschrieben, in dem er die Terroranschläge durch „kriminelle Aktivitäten" der CIA und des israelischen Mossad erklärt.[22] Mathias Bröckers, früherer Redakteur der *taz*, bezeichnet die offiziellen Untersuchungsergebnisse zum 11. September als „Lügengebäude" und behauptet, es gäbe einen materiellen Beweis für die Sprengung des World Trade Centers.[23] Der ehemalige Fernsehjournalist und Grimme-Preisträger Gerhard Wisnewski hält den senkrechten Einsturz der Zwillingstürme für unmöglich und erklärt, die Gebäude hätten zur Seite umkippen müssen.[24] Zu den in Deutschland vor allem in der rechten Szene populärsten Vertretern von Verschwörungsbehauptungen um den 11. September gehört Daniele Ganser, der in der Schweiz lange Zeit als ernsthafter Historiker galt und von renommierten Instituten beschäftigt wurde. Gansers Lehrauftrag an der Universität St. Gallen wurde erst 2018 beendet.[25]

Was wird konkret behauptet?

Spricht man mit deutschen Verschwörungsgläubigen über den 11. September, dann zeigt sich als Motivation oft ein tiefsitzendes Misstrauen gegen die US-Regierung und insbesondere den damaligen Präsidenten George W. Bush. Von inszenierten Anschlägen in Form einer False-Flag-Operation ist dabei aber bei weitem nicht in allen Fällen die Rede. Viele Menschen, die Bush oder andere westliche Offizielle für die Anschläge verantwortlich machen, bestreiten dabei gar nicht den eigentlichen Tathergang oder die unmittelbare Täterschaft der 19 Attentäter. Zu dieser Gruppe von Verschwörungsgläubigen gehört zum Beispiel Ex-Minister von Bülow. Sie sehen vielmehr westliche Geheimdienste als Auftraggeber der Attentäter, teilweise auch nur als Mitwisser. Auf kritische Nachfrage bleiben davon oft nur eventuelle vorherige Hinweise auf geplante Anschläge, denen nicht angemessen nachgegangen worden sein soll. Die Argumentation ist dabei sehr ähnlich wie bei den Verschwörungsbehauptungen um den Angriff auf Pearl Harbor 1942. Als Belege werden in der Regel bestenfalls Hinweise präsentiert, dass gewisse Personen bestimmtes Wissen hätten haben können, sich diese oder für die gleiche Regierung arbeitende Personen aber nicht entsprechend diesem Wissen verhalten hätten. Ob ein Verantwortlicher Hinweise auf einen bevorstehenden Anschlag ignoriert, weil er die Anschläge stillschweigend duldet oder die Quelle der Warnungen schlicht für unglaubwürdig hält oder ob sie vielleicht nur in der Flut der täglich anfallenden Informationen untergegangen sind, ist für Außenstehende aber kaum nachvollziehbar. Naturwissenschaftlich sind diese Belege also kaum prüfbar – sie sind aber auch insgesamt wenig zwingend. Verschwörungsbehauptungen dieser Art sind somit letztlich kaum mehr als Meinungen.

Ganz anderer Natur sind die Behauptungen von Ganser, Bröckers, Wisnewski und Naidoo: Alle vier bestreiten, dass Anschläge mit Flugzeugen ursächlich für den Einsturz der Gebäude des World Trade Centers gewesen sein könnten. Sie gehen also tatsächlich von einer False-Flag-Operation aus. Die Argumente, mit denen versucht wird, eine solche Geheimoperation zu belegen, sind in der Regel wesentlich greifbarer und drehen sich im Wesentlichen um drei Kernaussagen:

1. Die Zwillingstürme des World Trade Centers hätten nach Flugzeugeinschlägen nicht oder jedenfalls nicht in der beobachteten Form einstürzen dürfen.
2. Das von keinem Flugzeug getroffene Nachbargebäude World Trade Center 7 hätte gar nicht einstürzen dürfen.
3. Bild- und Videoaufnahmen des Pentagon nach dem Anschlag sehen nicht aus wie eine typische Flugzeugabsturzstelle, und wenigstens dieses dritte Flugzeug hätte vor den Anschlägen abgeschossen werden können und müssen.

Diese Aussagen sind schwerpunktmäßig naturwissenschaftlich-technischer Art, und sie lassen sich auch aus diesem Blickwinkel hinterfragen. Es sind natürlich nicht die einzigen Einwände der Verschwörungsgläubigen zum 11. September, die sich selbst gerne als „Truth Movement" (Wahrheitsbewegung) oder kurz „Truther" bezeichnen. Alle Behauptungen der Truther im Einzelnen zu prüfen, würde allein mehr als ein Buch dieses Umfangs füllen. Die genannten drei Aussagen sind aber ein stetig wiederkehrender und letztlich unverzichtbarer Bestandteil ihrer Argumentation, ohne den vor allem ein Sammelsurium mehr oder weniger bedeutungsloser vermeintlicher Ungereimtheiten übrigbleibt.

Natürlich gibt es auch noch deutlich exotischere Argumentationen. Zu nennen ist hier zum Beispiel der deutsche Autor Daniel Hermsdorf, der Hinweise auf eine über mehrere Generationen andauernde Vorbereitung für den 11. September 2001 vor allem in Filmklassikern seit den 1940er Jahren, aber auch auf dem Bild *Der Schrei* von Edvard Munch aus dem Jahr 1893 erkannt haben will.[26] Vorstellungen dieser Art werden jedoch häufig sogar innerhalb der Truther-Bewegung nur von Wenigen ernst genommen und bleiben zu vage, um sie ernsthaft naturwissenschaftlich zu hinterfragen.

Wie stichhaltig sind aber nun diese drei Kernaussagen der Truther-Bewegung? Hier lohnt sich ein detaillierter naturwissenschaftlicher Blick.

Der Einsturz der Zwillingstürme des World Trade Centers

Am Morgen des 11. September 2001 wurden die beiden Zwillingstürme des World Trade Centers, WTC 1 und WTC 2, kurz hintereinander von entführten Flugzeugen des Typs Boeing 767 getroffen. Die beschädigten Gebäude brannten und stürzten jeweils 102 und 56 Minuten nach den Einschlägen mehr oder weniger senkrecht ein.

Nach offiziellen Berichten wurden tragende Teile der Gebäude durch die Einschläge massiv beschädigt und in der Folge durch die Hitze der Brände aufgeweicht, bis sie einstürzten.[27] Genau diesen Effekt der Brände halten Truther für unmöglich.

Die Stabilität von Stahl bei Bränden

„Flugzeugtreibstoff zu verwenden, um Stahl zu schmelzen, ist schon eine erstaunliche Entdeckung“, erklärte der amerikanische Truther J. McMichael schon wenige Wochen nach den Anschlägen.[28] Der Blog eines anonymen Schweizer Betreibers mit dem Titel *Alles Schall und Rauch* findet die offizielle Erklärung völlig absurd, denn: „Warum schmilzt nicht ein Benzinmotor oder ein Düsentriebwerk, wo doch Treibstoff unter sehr hohem Druck darin verbrennt?“[29]

Die Einwände der Truther erscheinen auf den ersten Blick plausibel. Tatsächlich liegt der Schmelzpunkt von Baustahl, abhängig von der genauen Zusammensetzung, bei ca. 1500 Grad Celsius. Typische Brände in Innenräumen erreichen Temperaturen von 600 bis 1000 Grad, wozu auch die Auswertung von Aufnahmen des World Trade Centers passt. Aus der Farbe einer Flamme von Tiefrot über Gelb bis Blau lässt sich nämlich ihre Temperatur erkennen. Die DIN-Norm für das Brandverhalten von Baustoffen aus dem Jahr 1977 geht davon aus, dass Bauteile bei einem typischen Brand nach etwa 80 Minuten eine Temperatur von 700 Grad überschreiten.[30] Diese Temperaturen liegen weit unter dem Schmelzpunkt von Stahl. Sind die Einwände der Truther also stichhaltig?

Unseren Urgroßeltern wäre es weitaus offensichtlicher gewesen als uns heute, dass für die Verformbarkeit von Stahl nicht der Schmelzpunkt entscheidend ist: Sie konnten noch gelegentlich einen Schmied bei der Arbeit beobachten. Beim Schmieden ist gut zu erkennen, dass sich Stahl noch mit dem Hammer verformen lässt, wenn er nur dunkelrot glüht, also eine Temperatur von rund 700 Grad hat. Tatsächlich beginnt die Belastbarkeit von Baustahl schon bei 400 Grad abzunehmen und liegt bei 600 Grad nur noch bei der Hälfte des ursprünglichen Wertes.[31] Truther behaupten auch gerne, es sei nicht möglich, einen Abschnitt eines Stahlträgers in einem räumlich begrenzten Feuer so stark zu erhitzen, weil die Wärme durch die gute Leitfähigkeit des Materials abgeführt würde. Beim Schmieden wird jedoch oft ein Ende eines Werkstücks im Feuer sogar gelbglühend, also auf über 1000 Grad, erhitzt, während das andere Ende noch mit einem Schutzhandschuh angefasst werden kann.

Das österreichische Onlinemedium *Contra-Magazin* (dessen Betreiber im Netz eine bedenkliche Nähe zur Neonazi-Szene nachgesagt wird)[32] erklärte, wenn das World Trade Center durch Feuer eingestürzt sei, hätte auch der 24-stöckige Londoner Grenfell-Tower beim Großbrand im Juni 2017 einstürzen müssen: „So unterschiedlich dürfte die Bauweise auch nicht gewesen sein."[33] Tatsächlich bestanden die tragenden Teile beim World Trade Center aus Stahl, beim Grenfell Tower jedoch aus Beton.

2016 schaffte es sogar ein Truther-Artikel in eine Publikation der europäischen Fachgesellschaft für Physik. Darin wurde behauptet, nie vor und nie nach dem 11. September sei ein Stahlskeletthochhaus durch Feuer zum Einsturz gekommen.[34] Das ist spätestens seit Januar 2017 hinfällig, als das ansonsten unbeschädigte Plasco-Hochhaus in Teheran nach einem Großbrand einstürzte. Am 1. Mai 2018 stürzte in São Paulo das 24-stöckige, von Obdachlosen besetzte ehemalige Hauptquartier der brasilianischen Bundespolizei ebenfalls durch die Auswirkungen eines Brandes ein. Videoaufnahmen zeigen trotz der deutlich geringeren Höhe des Gebäudes eine weitere interessante Parallele zum World Trade Center: Das Gebäude stürzte absolut senkrecht in sich zusammen.

Der Verlauf der Einstürze – Beweis für eine Sprengung?

Die häufigsten anderen Einwände der Truther zu den offiziellen Berichten über die Zwillingstürme beziehen sich auf den Einsturzverlauf. Hierzu heißt es in der Regel, die Türme hätten erstens nicht annähernd senkrecht und zweitens nicht mit der beobachteten Geschwindigkeit einstürzen dürfen. Beides sei nur durch eine kontrollierte Sprengung zu erklären.

Zitiert wird hierzu gerne Van Romero, der Forschungsdirektor der Technischen Universität von New Mexico, der zuvor zwei Jahre lang Leiter des Sprengstoff-Testcenters der Universität gewesen war. Romero war noch am 11. September von einer Lokalzeitung telefonisch interviewt worden und hatte dabei erklärt, aus den Fernsehbildern habe er den Eindruck, es habe Sprengsätze in den Gebäuden gegeben. Romero war entgegen anderslautender Behauptungen allerdings kein Bauexperte, sondern Fachmann für Sicherheit beim Experimentieren und hatte zuvor vor allem im Strahlenschutz gearbeitet.[35] Wenige Tage später, nach Rücksprache mit Baustatikern, distanzierte sich Romero von seinen spontanen Äußerungen, was von Truthern jedoch nur als weiterer Beleg für eine Verschwörung angesehen wird.[36]

Der eingangs des Kapitels erwähnte Journalist Gerhard Wisnewski bescheinigt den Aussagen der US-Regierung zum Einsturzverlauf in einer Onlinepublikation des rechtsesoterischen Kopp-Verlags völlige Irrationalität: „Legt ein Holzfäller seine Axt an den Baum, meinen sie, fällt der Baum nicht in die Richtung der größten Beschädigung, sondern rauscht er nach ihrer Theorie senkrecht nach unten und löst sich dabei glatt auf." Das illustriert er noch mit einer Skizze eines Baumstamms, der beim Fällen zur Seite umkippt.[37] Dabei vergisst er offenbar, dass ein massiver Baumstamm schon rein geometrisch nicht senkrecht in sich zusammenstürzen kann, ein innen weitgehend hohles Gebäude aber durchaus.

Müsste ein beschädigter Wolkenkratzer aber nicht tatsächlich zur Seite umkippen? Schließlich treiben die Sprengmeister bei Abbruchsprengungen einen beträchtlichen Aufwand, um genau das zu verhindern. Hierzu muss man sich das enorme Gewicht der beiden Türme vor Augen führen. Jeder hatte ein Gewicht von rund 450 000 Tonnen – eine Gewichtskraft, die mit unserem Alltagsverstand schlicht nicht vorstellbar ist. Geht man vom Gewicht eines Autos als noch halbwegs begreifbarer Bezugsgröße aus, dann entspricht jeder der beiden Türme dem Gewicht von 375 000 aktuellen VW Golf. Wollte man diese Fahrzeuge Stoßstange an Stoßstange hintereinander aufreihen, so entspräche dies einer ununterbrochenen Autoschlange von Frankfurt quer über den Balkan bis ans Schwarze Meer.

Diese ungeheuren Gewichtskräfte nach unten auf den Felsuntergrund von Manhattan abzuleiten, war die Hauptherausforderung bei der Konstruktion der gigantischen Türme. Dazu ruhte jeder Turm auf 238 viereckigen, innen hohlen Stahlsäulen in der Fassade sowie 47 dickeren Säulen im Gebäudekern um die Aufzugschächte herum. Jedes zusätzliche Bauteil, jedes unnötig dicke Material gerade in den oberen Stockwerken hätte alle darunterliegenden Strukturen mit noch mehr Gewicht belastet. Die Querverstrebungen wurden daher auf das unbedingt notwendige Minimum beschränkt. New York liegt nicht in einem Erdbebengebiet, so dass als größte seitwärtige Belastung der Winddruck eines Hurrikans erwartet wurde – eine im Vergleich zu den enormen Gewichtskräften minimale Belastung. Die seitliche Stabilität kam daher nur aus den Verbindungen zwischen jeweils benachbarten Fassadensäulen, aus der Dachkonstruktion und aus den Etagenböden, die aus einer dünnen Betonplatte auf einem leichten Stahlgitterrahmen bestanden. Die ganze Struktur hat also weniger Ähnlichkeit mit einem Baumstamm als mit einer leichten Gitterkonstruktion aus sorgfältig angeordneten Streichhölzern.

Was mit einer solchen Konstruktion passiert, wenn sie ins Kippen gerät, kann man auf Videos vor allem vom Einsturz des Südturms, WTC 2, gut beobachten: Die etwa 30 Stockwerke oberhalb der Einschlagstelle beginnen zunächst tatsächlich in Richtung der größten Beschädigungen zu kippen, genau wie von Wisnewski erwartet. Bei einer Neigung von rund 30 Grad können aber die schwachen seitwärtigen Strukturen den enormen Gewichtskräften nicht mehr standhalten und der kippende Gebäudeteil kollabiert. Von diesem Moment an stürzen rund 100 000 Tonnen Stahl- und Betontrümmer senkrecht in die Tiefe und zerstören alles, was ihnen im Weg steht.

An dieser Stelle haben die Truther jedoch die nächsten Vorbehalte: Die herabstürzenden Trümmermassen scheinen die darunterliegenden Gebäudeteile mit sich in die Tiefe zu reißen, ohne dabei im Geringsten abgebremst zu werden. „Wie konnten diese Gebäude mit Fallgeschwindigkeit einstürzen?", fragte zum Beispiel der frühere Profi-Wrestler und spätere Politiker Jesse Ventura in einem Interview mit dem Truther Alex Jones. Damit wird unterstellt, dass die unteren Gebäudeteile gesprengt worden sein müssten, um den fallenden Teilen keinen Widerstand mehr entgegenzusetzen. Auf den Videos kann man jedoch sehen, dass sich die unteren Gebäudeteile bis zum Auftreffen der ersten Trümmer überhaupt nicht bewegen. Dann verschwinden sie zunächst einmal in einer riesigen Staubwolke, so dass man nicht erkennt, wie schnell die unteren Stockwerke tatsächlich einstürzen. Die Trümmer, die man außerhalb der Staubwolke mit ungebremster Fallgeschwindigkeit stürzen sieht, befinden sich tatsächlich im freien Fall, weil sie sich beim Kollaps der obersten Stockwerke vom Rest des Gebäudes gelöst haben.

Mit ihrer unsinnigen Vorstellung vom ungebremsten Sturz haben die Truther allerdings auch schon früh eine Theorie zum Einsturz kritisiert, die sich tatsächlich als falsch herausstellen sollte, nachdem sie es immerhin bis in einen Bericht der US-Katastrophenschutzbehörde FEMA geschafft hatte.[38] Danach wurde vermutet, dass in den brennenden Etagen die Aufhängungen der Etagenböden in der Hitze abgerissen waren und dadurch abstürzende Etagenböden die Böden darunter mit sich in die Tiefe gerissen hätten. Wegen der Ähnlichkeit mit einem Stapel typisch amerikanischer Pfannkuchen wurde dieser vermutete Effekt auch als „Pancaking“ bezeichnet. Danach hätten die tragenden Säulen über mehrere Stockwerke keine seitliche Stabilisierung mehr gehabt und wären schließlich eingeknickt.

Widerlegt wurde das erst durch eine sehr detaillierte Untersuchung der Norm- und Eichbehörde NIST im Jahr 2005.[39] Das NIST versuchte, Schlussfolgerungen aus dem Einsturz für zukünftige Bauvorschriften abzuleiten und machte dazu neben akribischen Simulationsrechnungen auch Experimente. So wurden die Etagenböden im Originalmaßstab nachgebaut und von unten durch Feuer erhitzt. Dabei rissen sie jedoch nicht wie erwartet an den Aufhängungen ab, sondern hingen in der Mitte durch, so dass an den Befestigungen starke Zugkräfte zur Etagenmitte hin entstanden. Die Böden sind also nicht nur als Stabilisierung der Säulen weggefallen – sie haben die Fassadensäulen aktiv nach innen gezogen und so deformiert und destabilisiert. Das passt auch exakt zu den auf Fotos erkennbaren Verformungen der Fassade und zum späteren Einsturzverlauf auf den Videos.

Der Einsturz der Zwillingstürme hat also tatsächlich wenig Geheimnisvolles. Ein Wolkenkratzer dieser extremen Höhe kann ab einem gewissen Neigungswinkel gar nicht anders als senkrecht einstürzen. Wie auf Fotos leicht zu erkennen ist, waren im Bereich der Einschläge viele der tragenden Fassadensäulen komplett durchtrennt. Nach detaillierten Simulationsrechnungen müssen auch in den Gebäudekernen jeweils mehrere Säulen massiv beschädigt worden sein. Dass eine solche Struktur ihre Stabilität verliert, wenn das noch stehende Material durch Hitze aufgeweicht wird, sollte eigentlich niemanden überraschen. Überraschender ist, dass die Feuerwehrführung einen kompletten Einsturz bis zum Schluss für unwahrscheinlich gehalten und ihre Löschtrupps im Gebäude belassen hat. Wer hätte aber die Verantwortung für den Rückzug der Feuerwehr übernehmen sollen, solange in den oberen Stockwerken noch Menschen auf Rettung warteten?

Die hier untersuchten (und bei näherem Hinsehen auch so ziemlich alle anderen) Widersprüche, die Truther in den offiziellen Erklärungen zum Einsturz der Zwillingstürme entdeckt haben wollen, sind also aus technischer Sicht nicht haltbar. Es ist daher nicht notwendig, eine andere Erklärung als die offizielle für den Einsturz anzunehmen. Ist aber eine unterstellte andere Erklärung überhaupt denkbar? Es könnte ja auch zwei naturwissenschaftlich mögliche Hergänge geben, zwischen denen man (zumindest derzeit) nicht entscheiden kann. Könnte die Erklärung der Truther also ebenso zutreffen?

Sind die Erklärungen der Verschwörungsgläubigen glaubwürdiger?

Das Problem ist, dass sich die Truther untereinander keineswegs einig sind, was rund um das World Trade Center tatsächlich passiert sein soll. So gibt es innerhalb der Truther-Szene heftige Diskussionen darüber, ob die Zwillingstürme überhaupt von Flugzeugen getroffen wurden oder ob die Vielzahl von Videoaufnahmen und tausende von Augenzeugenbeobachtungen von Flugzeugen durchweg Ergebnisse perfider Täuschungsmanöver sind.[40] Eine große Mehrheit derjenigen Truther, die nicht nur den Auftraggeber der Anschläge, sondern auch den eigentlichen Hergang um das World Trade Center bestreiten, stimmt dahingehend überein, dass die Ursache des eigentlichen Einsturzes eine kontrollierte Sprengung gewesen sein müsse. Auch hier gibt es jedoch Abweichler, die entweder hypothetische Strahlenwaffen[41] oder aber taktische Kernwaffen[42] als Einsturzursache behaupten. Auf diese Außenseiterbehauptungen im Detail einzugehen, würde den Rahmen dieses Buches sprengen. Sie basieren in der Regel auf völlig aus der Luft gegriffenen Eigenschaften angeblich existierender geheimer Waffensysteme. Bei Interesse fördert eine Internetsuche zu „9/11 directed energy weapons“ oder „9/11 mini nukes“ neben Darstellungen der Thesen auch zahlreiche mehr oder weniger fundierte Widerlegungen zutage.

Eine kontrollierte Sprengung wird von weit mehr Truthern behauptet oder zumindest impliziert, darunter auch von den deutschen Journalisten Bröckers und Wisnewski. Sie verdient daher eine etwas eingehendere Betrachtung. Auf grundsätzliche Aspekte von Abrisssprengungen wird noch im folgenden Abschnitt im Zusammenhang mit dem Nebengebäude WTC 7 eingegangen werden. Speziell im Fall der Zwillingstürme stellt sich jedoch vor allem die Frage, wo im Gebäude die Sprengung eigentlich stattgefunden haben soll.

Bei einer herkömmlichen Abbruchsprengung wird der größte Teil der Sprengladungen in den unteren Stockwerken angebracht, dazu je nach Gebäudetyp zusätzlich noch in einzelnen Stockwerken darüber, um ein bestimmtes Einsturzmuster zu erreichen. Das eigentliche Zerkleinern der oberen Gebäudestrukturen erfolgt dann beim Einsturz einfach durch die Schwerkraft. Eine solche Platzierung der Ladungen führt jedoch dazu, dass der Gebäudekörper insgesamt nach unten einsackt und nicht wie die Zwillingstürme von oben einstürzt, während der untere Gebäudeteil noch für mehrere Sekunden intakt bleibt.

Eine Sprengung auf der Höhe der Flugzeugeinschläge hingegen würde den bereits genannten eigenen Argumenten der Truther zum Einsturzverlauf, besonders zur Einsturzgeschwindigkeit widersprechen. Außerdem würde eine kontrollierte Sprengung im Bereich dieser Etagen in der Praxis voraussetzen, dass auch die Flugzeuge auf jeden Fall vorgetäuscht sein müssten: Der Einschlag eines tatsächlichen Flugzeugs in ein Gebäude ist mit so vielen Unwägbarkeiten verbunden, dass dabei mit hoher Wahrscheinlichkeit ein großer Teil der dort angebrachten Zündmechanismen entweder zerstört oder vorzeitig ausgelöst worden wäre.

Die meisten Truther, die von einer Sprengung ausgehen, behaupten daher, es müssten Sprengladungen auf fast jedem einzelnen Stockwerk in festgelegter Reihenfolge gezündet worden sein, um den beobachteten Einsturzverlauf auszulösen. Als Beleg werden mitunter kleine Staubwolken angeführt, die kurz vor und während des Einsturzes bei vielen Stockwerken vor der Fassade zu sehen waren. Diese sind jedoch ebenso gut durch das Zerbrechen der Verbindungen zwischen den einzelnen Bauteilen der Fassadensäulen zu erklären. Außerdem müssten dazu auf jedem Stockwerk nicht nur einzelne, sondern gleich eine große Anzahl der insgesamt 285 tragenden Säulen gesprengt worden sein; die Truther bestreiten ja selbst, dass die mindestens 30 benachbarten Fassadensäulen je Gebäude, die auf Fotos offensichtlich erkennbar von den Flugzeugen durchtrennt wurden, nennenswert zu einem Einsturz beigetragen haben könnten. Dies würde eine so absurd große Zahl von Sprengladungen an unterschiedlichen Stellen erfordern, dass es vollkommen unmöglich wäre, diese in einem voll vermieteten Bürogebäude praktisch überall einzubauen, ohne dass dies den vielen tausend dort arbeitenden Menschen auffällt.

Zum Einsturz der Zwillingstürme sind also auch die noch am wenigsten abseitigen Behauptungen der Truther aus naturwissenschaftlicher Sicht vollkommen unplausibel – ganz im Gegensatz zu den experimentell und rechnerisch nachgeprüften und auf tausenden von Seiten akribisch dokumentierten Ergebnissen des NIST.

Der Einsturz des Nebengebäudes World Trade Center 7

Der bekannte Schweizer Truther Daniele Ganser empfiehlt Gleichgesinnten, „sich streng auf den Einsturz von WTC 7 zu fokussieren, und alle anderen Aspekte von 9/11 zu ignorieren".[43] WTC 7 war ein vor dem 11. September relativ unbekanntes, 47-stöckiges Bürogebäude innerhalb des World-Trade-Center-Komplexes. Im Hochhauscluster von Lower Manhattan und direkt neben den gigantischen Zwillingstürmen gelegen, wirkt es auf Abbildungen eher unauffällig. Dennoch handelte es sich um einen beachtlichen Wolkenkratzer, der die Skylines aller deutschen Städte mit Ausnahme von Frankfurt deutlich überragt hätte. Wegen seiner großen Grundfläche übertraf es aber auch die höchsten Frankfurter Bürobauten erheblich an vermietbarer Fläche. Somit stellte auch der Bau von WTC 7 von der Statik her extreme Anforderungen und unterschied sich deutlich von Hochhäusern, wie wir sie aus dem Alltag kennen.

Rund 15 Jahre später gebaut und mit einer Natursteinverkleidung auf der Fassade, ähnelte das Gebäude optisch kaum den Zwillingstürmen. Die Konstruktion folgte jedoch den gleichen Prinzipien: Das Gebäude ruhte auf 81 senkrechten Stahlsäulen. Davon befanden sich 24 im Gebäudekern mit den Aufzügen und Treppenhäusern und 57 außen in der Fassade. Das unterscheidet sich erheblich von großen Bürobauten in Deutschland, wo in der Regel mit Stahlbeton gebaut wird und Architekten in vielen Fällen versuchen, tragende Strukturen in der Fassade zu vermeiden, was unter anderem mehr Tageslicht in den Büros ermöglicht.

Wegen des deutlich größeren, trapezähnlich-asymmetrischen Grundrisses konnte der Gebäudekern nicht wie in den Zwillingstürmen einfach direkt durch rechteckige Etagenbodenelemente mit der Fassade verbunden werden. Daher gab es ein System von Querträgern zwischen den Säulen, auf denen wiederum die Bodenelemente ruhten.

WTC 7 stand rund 100 Meter nördlich des Nordturms WTC 1, mit lediglich einem sechsstöckigen Gebäude dazwischen. Die Flugzeugeinschläge in den Zwillingstürmen und den Einsturz des weiter entfernten Südturms WTC 2 überstand es mit eher geringen Schäden. Beim Einsturz von WTC 1 wurde das bereits von Menschen geräumte Gebäude jedoch von einer Vielzahl zum Teil tonnenschwerer Trümmer getroffen, die auf der Südseite die Fenster und Bereiche der Fassadenverkleidung durchschlugen und mehrere Fassadensäulen zumindest verbogen. Nach knapp zwei Stunden, in denen die personell schon stark geschwächte New Yorker Feuerwehr mit einer Vielzahl anderer Brände in der Nachbarschaft zu tun hatte, wurden auch in WTC 7 Feuer in mehreren Stockwerken entdeckt. Wegen Schäden an der Wasserversorgung und an den Steigleitungen im Gebäude hatte die Feuerwehr große Schwierigkeiten, diese Brände zu bekämpfen. Da tragende Teile sichtbar verformt waren, das Gebäude bedrohliche Geräusche von sich gab und sich keine weiteren Personen darin aufhielten, gab die Feuerwehr die Löschversuche nach gut drei Stunden auf. WTC 7 brannte danach noch fast zwei Stunden weiter, bis es schließlich einstürzte.

Kann ein nur wenig beschädigtes Gebäude ohne eine Sprengung so einstürzen?

Für viele Truther ist allein die Tatsache, dass WTC 7 einstürzte, ohne von einem Flugzeug getroffen worden zu sein, ein hinreichender Beweis für eine Sprengung. Hinzu kommt, dass das Gebäude nicht wie die Zwillingstürme von oben her zusammengebrochen, sondern wie bei einer perfekt ausgeführten Abbruchsprengung in einem Stück in sich zusammengesackt ist. Videoaufnahmen vom Einsturz erwecken also rein vom Augenschein her durchaus den Eindruck einer Sprengung.

Ist dieser Augenschein aber wirklich ein Beweis für dunkle Machenschaften? Dass das Gebäude einstürzte, ist an sich nicht überraschend. Die Brände dauerten zum fraglichen Zeitpunkt in mehreren Stockwerken schon mindestens fünf Stunden und die Hitzeisolierung auf den Stahlstrukturen war zwar moderner als in den Zwillingstürmen, aber nur für Brände von bis zu zwei Stunden Dauer ausgelegt. Dass der Einsturz im unteren Teil des Gebäudes begonnen hat und nicht wie bei den Zwillingstürmen oben, wäre ebenfalls zu erwarten: Fotos und Videos zeigen, dass die Brände hauptsächlich in den unteren Stockwerken wüteten, wo auch die größten Schäden durch eingeschlagene Trümmer aufgetreten waren.

Der genaue Einsturzhergang blieb jedoch unklar, bis 2008 der Abschlussbericht des NIST zum WTC 7 vorgelegt wurde.[44] Dafür war das gesamte Gebäude Bauteil für Bauteil im Rechner nachmodelliert und der Einfluss der Brände auf die tragenden Teile simuliert worden. So war eine überraschende Schwachstelle in der Konstruktion des Gebäudes klar geworden: die Querträger, auf denen die Etagenböden auflagen. An ihren Enden lagen diese Träger auf Winkeln, die an den senkrechten Säulen angeschweißt waren, und waren dort mit relativ dünnen Schrauben gegen Verrutschen gesichert. An den Querträgern waren aber wiederum seitwärts die Träger der Etagenböden befestigt. Dehnten sich diese Etagenböden bei Erhitzung aus, konnten die Querträger durch die Scherkräfte von den Winkeln heruntergebrochen werden und abstürzen (siehe Abb. 1).

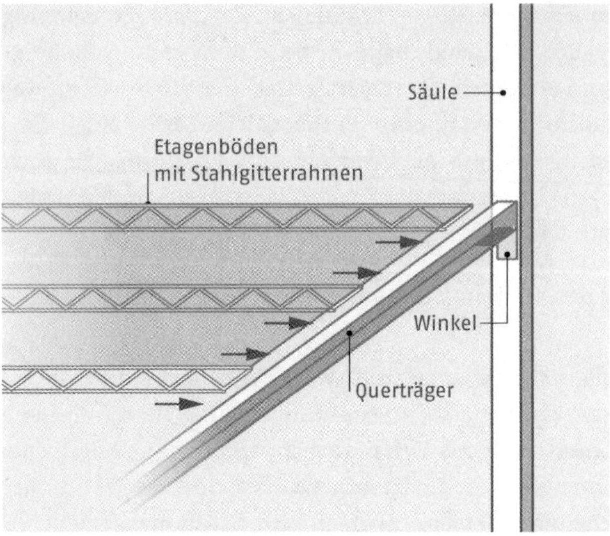

Abb. 1 Aufhängung der Etagenböden an den tragenden Säulen über Querträger. Bei Erhitzung und daraus resultierender Ausdehnung der Etagenböden können die Querträger von den Winkeln heruntergedrückt werden.

Um wie viel dehnt sich so ein Stahlrahmen eines Etagenbodens nun aber bei einem Feuer realistischerweise aus? Für eine solche Berechnung verwendet man den Längenausdehnungskoeffizienten des Materials. Der Längenausdehnungskoeffizient von Stahl liegt bei 0,0000117 pro Grad Celsius. Das bedeutet, wenn man ein einen Meter langes Stahlteil um ein Grad erwärmt, dehnt es sich um 0,0117 Millimeter aus. Das ist nicht viel. Die Träger der längsten Etagenböden waren aber über 15 Meter lang. Erwärmt man einen 15 Meter langen Stahlträger um 450 Grad, dann ergibt das schon eine Ausdehnung von acht Zentimetern – genug, um einzelne Querträger aus der Halterung zu brechen. Das passiert schon bei einer Temperatur, bei der die Träger vom Material her noch fast ihre volle Tragkraft haben müssten und sich abgesehen von der thermischen Ausdehnung kaum verformen.

Die abgebrochenen Querträger samt allen daran befestigten Etagenböden schlagen dann auf die Etagenböden darunter auf und können dazu beitragen, diese ebenfalls aus den Halterungen zu reißen, ähnlich dem Pancaking, das zunächst als Einsturzursache bei den Zwillingstürmen vermutet worden war. Die Säulen haben in der Höhe dieser Stockwerke in einzelnen Richtungen keine seitliche Stabilisierung mehr und können einknicken, zumal auch andere Scherkräfte in der Gebäudestruktur auftreten und der Stahl mit noch weiter steigenden Temperaturen nach und nach an Tragkraft verliert. Entscheidend für den Einsturz von WTC 7 wäre danach jedoch in erster Linie die thermische Ausdehnung, nicht die reduzierte Tragkraft des erhitzten Stahls.

Angenommen, die Modellrechnung träfe bis dahin zu und dies sei die Einsturzursache, wie sollte der Einsturz dann aussehen? Das kann man durchaus zunächst einmal betrachten, ohne auf die weiteren Simulationen des NIST zurückzugreifen, falls man diesen nicht vertraut. Die längsten freien Querträger, an denen auch die längsten Etagenböden befestigt sind, hängen an den Säulen im östlichen Teil des Gebäudekerns. Genau dort sind auf Fotos und Videoaufnahmen auch die größten und ausdauerndsten Brände zu erkennen. Sollten dort die Querträger tatsächlich aus ihren Halterungen gedrückt worden sein, dann sollten die östlichsten Säulen des Gebäudekerns zuerst ihre Stabilität verloren haben. Aufgrund der kurzen, in den höheren Stockwerken noch stabilen Querverbindungen sollten sie zunächst die übrigen Säulen des Gebäudekerns mit sich reißen, bis schließlich auch die Fassadensäulen in die Tiefe gezogen werden, ganz ähnlich wie bei einer perfekt ausgeführten Abbruchsprengung. Betrachtet man nun Videos des Einsturzes von WTC 7 (z. B. https://www.youtube.com/watch?v=JnLcUxV1dPo), erkennt man, dass als Erstes der östliche Teil der Dachaufbauten einstürzt, der sich direkt über den östlichen Säulen des Gebäudekerns befand. Einige Sekunden später verschwinden zunächst die weiteren Dachaufbauten, die auf dem Rest des Gebäudekerns standen; erst dann folgt die Fassade, von den bereits eingestürzten Kernsäulen sichtbar nach innen gezogen. Der Einsturz verlief also exakt so, wie er bei dieser Ursache zu erwarten gewesen wäre.

Ist das der Beweis, dass es keine Sprengung gegeben hat? Nein. Es ist nur ein Beweis, dass es einen plausiblen, logischen und nach Simulationsrechnungen unvermeidlichen Mechanismus des Einsturzes ganz ohne eine Sprengung gibt. Der NIST-Bericht sagt aber selbst, dass die gezielte Zerstörung einer einzigen Säule im östlichen Gebäudekern über mehrere Etagen zu einem ähnlichen Einsturzverlauf führen würde. Wie plausibel ist also die von Truthern behauptete Sprengung?

Wäre eine Sprengung überhaupt realistisch möglich?

Dazu muss man zunächst einmal konstatieren, dass das Sprengen gerade einer Stahlkonstruktion alles andere als einfach ist. Das mussten im November 2015 die Sprengexperten des österreichischen Bundesheers feststellen, die das Kesselhaus des ehemaligen Kohlekraftwerks Voitsberg sprengen sollten. Trotz 1700 Sprengladungen mit insgesamt 666 Kilogramm Sprengstoff war das Gebäude nach der Sprengung zwar einsturzgefährdet, aber nicht eingestürzt.[45] Bringt man eine Sprengladung außen an einer zu zerstörenden

Struktur an, dann verpufft die meiste Energie der Sprengung wirkungslos in der Außenluft. Betonteile werden vor einer Sprengung daher in der Regel angebohrt, um den Sprengstoff mitten im zu zerstörenden Material zünden zu können. Bei Stahlträgern ist das nicht möglich. Dafür werden sogenannte Schneidladungen verwendet, bei denen der Sprengstoff außen von schweren Metallen wie Kupfer oder Blei umschlossen ist, die die Druckwelle der Explosion zurückwerfen und auf das zu zerstörende Material fokussieren.[46]

Auch dafür müssen aber die zu zerstörenden Stahlteile von allen Seiten frei zugänglich sein. Vor Abbruchsprengungen werden die Etagen, in denen Ladungen angebracht werden, daher in der Regel komplett entkernt. In gleich mehreren vermieteten Büroetagen den kompletten Innenausbau und die Hitzeisolierung bei auch nur einer der Stahlsäulen zu entfernen, um Sprengladungen anzubringen, wäre schwerlich möglich, ohne damit aufzufallen.

Noch ein zweiter Aspekt einer Sprengung wäre kaum zu verbergen. Wer einmal eine Abbruchsprengung aus der Nähe miterlebt hat, kennt die typische Geräuschabfolge: Ein scharfer Knall (mitunter auch mehrere hintereinander) bei der Zündung der Sprengladungen, dann in den Sekunden danach das tiefe Donnern, während das Gebäude einstürzt.[47] Eine geräuschlose Sprengung gibt es nicht. Allerdings enthalten weder der Ton von Videoaufnahmen noch Augenzeugenberichte vom Einsturz des WTC 7 den unvermeidlichen lauten Knall einer dafür erforderlichen großen Sprengung – nur den Lärm des Einsturzes selbst.

Viele Truther meinen jedoch zu wissen, wie man die Stahlträger hätte durchtrennen können, sogar ohne den Knall einer Explosion: Immer wieder taucht in Online-Diskussionen Thermit auf, ein Gemisch aus Aluminium und Eisenoxid, das nach dem Entzünden unter extremer Hitzeentwicklung und ohne Luftzufuhr zu Aluminiumoxid und Eisen reagiert. Bekannt ist Thermit als einer der Hauptbestandteile von Wunderkerzen. Technisch angewendet wird es vor allem zum Schweißen von Eisenbahnschienen.[48] Durch Zusätze wie Bariumnitrat kann man die Reaktion beschleunigen und die enthaltene Energie damit schneller abgeben. Mit solchen Thermitgemischen, die als *Thermate* (englisch), Nanothermit oder militärisches Thermit bezeichnet werden, in geeigneten Behältnissen soll es jedoch auch möglich sein, Löcher oder Schlitze in Metallplatten zu brennen. *Thermate*-Handgranaten werden militärisch als Brandsätze gegen Gebäude oder leicht gepanzerte Fahrzeuge eingesetzt.[49] Könnte Thermit eine der Säulen von WTC 7 durchtrennt haben? In einer TV-Dokumentation für *National Geographic* gelang es mit rund 75 Kilogramm Thermit in einer trichterähnlichen Vorrichtung nicht, ein relativ dünnes Kastenprofil aus Stahl zu durchtrennen.[50] Es ist jedoch gut möglich,

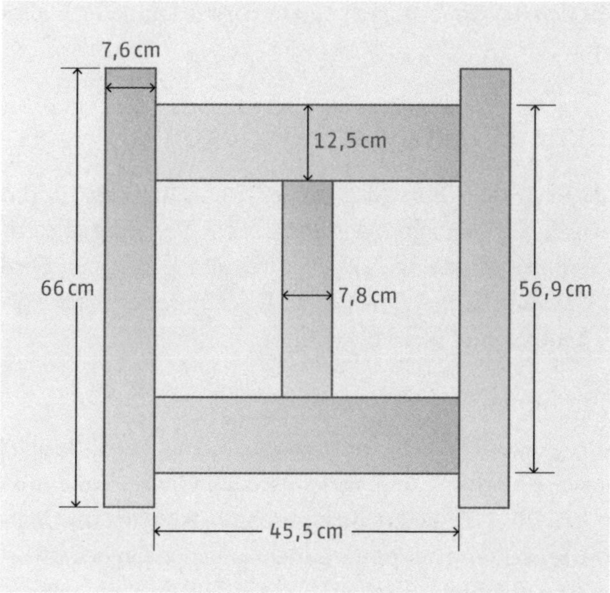

Abb. 2 Querschnitt durch eine Säule des Gebäudekerns von WTC 7 auf der Höhe der unteren Stockwerke. Die großen Wandstärken lassen ein Durchschneiden mit Thermit oder ähnlichen Substanzen unrealistisch erscheinen.

dass die Form der verwendeten Vorrichtung schlicht ungeeignet war. Auf *Youtube* kursieren Videos eines privaten Bastlers, dem es offenbar gelingt, mit Hilfe geschweißter Metallstrukturen ähnlich einer Schneidladung, gefüllt mit einem Material, das er als *Thermate* bezeichnet, Schlitze in Stahlträger mit wenigen Millimetern Wandstärke zu brennen.[51] Dieser Effekt lässt sich allerdings nicht beliebig maßstäblich vergrößern, und die Kernsäulen von WTC 7 hatten eine Wandstärke von bis zu 12,5 Zentimetern massivem Stahl und eine Innenstruktur, die von außen her für eine solche Vorrichtung gar nicht zugänglich gewesen wäre (siehe Abb. 2). Damit blieben als realistische Angriffspunkte allenfalls noch die Verbindungen zwischen zwei Säulenbauteilen. Insgesamt kann man wohl nicht mit letzter Sicherheit ausschließen, dass es eventuell möglich gewesen wäre, mit einer entsprechend großen Vorrichtung und einer thermitähnlichen Substanz auch eine dieser Säulen zu durchtrennen. Es ist jedoch unmöglich, dass Vorbereitungen dieser Art in einer vermieteten Büroetage unbemerkt geblieben wären.

Entstanden ist die Thermit-Hypothese vor allem, weil in den Trümmern rund um das World Trade Center aluminiumoxidhaltige Partikel entdeckt wurden. Da sowohl die Flugzeuge als auch die Fassadenverkleidung der Zwillingstürme zu großen Teilen aus Aluminium bestanden, ist das Vorkommen von Aluminiumoxid in den Trümmern nach einem Großbrand jedoch alles andere als überraschend.

Das verschwundene Flugzeug am Pentagon

Gut eine halbe Stunde nach dem Einschlag des zweiten Flugzeugs in das World Trade Center wurde das Pentagon, der Sitz des US-Verteidigungsministeriums, von einer entführten Boeing 757 getroffen. 64 Personen an Bord und 125 Personen im Gebäude kamen ums Leben. Das zumindest ist die offizielle Version; einige Truther sind nicht überzeugt.

Wo sind die Flugzeugtrümmer?

„Kann ein Gebäude ein ganzes Flugzeug verschlingen?", fragt zum Beispiel der schweizerisch-deutsche Mediator und Verkaufscoach Oliver Ekmann in seinem Buch aus dem Jahr 2012. Er liefert auch gleich die Antwort mit, warum diese Frage in den USA seiner Ansicht nach nicht angemessen beantwortet wird: „Amerikaner sind nicht sehr gescheit. [...] Sie sind faul und naiv, so sehr, dass der Freiheit unwürdig sind."[52] „Tatsächlich wurde eine Boeing 757 nie gefunden", behauptet eine im Netz häufig verlinkte Onlinepräsentation mit dem Titel *Pentagon Strike*.[53] „Findet die Boeing!", forderte schon 2002 eine Website mit Fotos der Absturzstelle, die als Quelle das „Voltaire-Netzwerk" des später nach Syrien emigrierten französischen Autors Thierry Meyssan angab.[54]

Tatsächlich sehen Fotos des Pentagon am 11. September nicht unbedingt so aus, wie man sich den Schauplatz eines Flugzeugabsturzes vorstellt. Weder auf den frühen Aufnahmen der Pentagon-Fassade aus der ersten halben Stunde nach dem Anschlag noch auf späteren Bildern, nachdem der beschädigte Gebäudeteil eingestürzt war, sind offensichtliche, große Flugzeugteile zu erkennen. Das unterscheidet sich deutlich von den Bildern, wie wir sie von häufig erwähnten Abstürzen kennen, zum Beispiel dem PanAm-Anschlag von Lockerbie 1988, der Kollision über Überlingen 2002, dem Abschuss von Flug MH17 über der Ostukraine 2014 oder dem wahrscheinlichen Anschlag auf ein russisches Charterflugzeug über dem Sinai 2016. In allen vier Fällen zerbrachen die Flugzeuge jedoch schon in großer Höhe und die einzelnen Teile stürzten ohne Antrieb und vom Luftwiderstand abgebremst zu Boden. Bilder mit großen Bruchstücken gibt es auch bei Abstürzen kurz nach dem Start oder vor der Landung, die bei niedrigen Geschwindigkeiten eher den Charakter missglückter Notlandungen haben.

Abb. 3 Abfolge von drei Bildern vom Aufprall eines F-4-Kampfflugzeugs auf einen Betonblock mit einer Geschwindigkeit von 775 Kilometern pro Stunde. Die Flugzeugteile kollabieren praktisch vollständig. Fotos: Sandia National Laboratories

In den weitaus selteneren Fällen, dass ein Flugzeug mit hoher Geschwindigkeit frontal gegen einen Berg prallt, ergeben sich andere Bilder. Dann bleiben in der Regel nur kleine Wrackteile, die schon aus relativ geringer Entfernung kaum mehr als solche zu erkennen sind. Zu sehen ist das zum Beispiel auf Bildern der Abstürze eines Schweizer F-18-Kampfflugzeugs am Sustenpass 2016, eines russischen Suchoi Superjets am Vulkan Salak in Indonesien 2012 und von Germanwings Flug 9525 in den Pyrenäen 2015. In allen diesen Fällen sind die aufgefundenen Trümmer bestenfalls noch auf Nahaufnahmen als Flugzeugteile zu erkennen. Bezeichnenderweise kursieren gerade um den letztgenannten Flug auch Verschwörungsbehauptungen, die ebenfalls mit dem Fehlen großer Wrackteile auf den Bildern begründet werden.[55]

Was in diesen Fällen passiert, erkennt man am besten auf einem kurzen Video des Crashtests eines F-4-Phantom-Kampfflugzeugs gegen einen 3,66 Meter dicken Betonblock, das im Internet in vielen Versionen kursiert (Standbilder siehe Abb. 3). Durchgeführt wurde der Test 1988 vom amerikanischen Sandia-Nationallabor, um die Kräfte zu messen, die beim Aufprall eines solchen Flugzeugs auf die Kuppel eines Kernkraftwerks auftreten würden.[56] Die Struktur des 17,50 Meter langen Flugzeugs kollabiert beim Aufschlag auf den massiven Beton vollständig, so dass es komplett in einer kaum mehr als einen Meter tiefen Staubwolke verschwindet. Das Innere eines Flugzeugs besteht eben zum größten Teil aus Luft.

In allen diesen Fällen verteilten sich viele kleine Trümmerteile um den Aufschlagpunkt am massiven Gestein oder Beton. Was passiert aber, wenn ein Flugzeug mit hoher Geschwindigkeit gegen ein Gebäude prallt, dessen Inneres ebenfalls zum großen Teil aus Luft besteht? Solche Fälle sind zum Glück selten. Wo dies nach 2001 passiert ist, handelte es sich eher um kleine, langsame Propellerflugzeuge: 2002 am Pirelli-Hochhaus in Mailand, 2006 am Belaire-Wohnhochhaus in New York und 2010 am Finanzamt in Austin. Der in Videoaufnahmen am besten dokumentierte Fall ist naturgemäß der Einschlag des zweiten Flugzeugs des 11. September in WTC 2. Dass das Flugzeug hier vollständig im Gebäude verschwindet und keine großen Teile sichtbar bleiben, dürfte zumindest jene Truther nicht überzeugen, die glauben, dass auch im World Trade Center gar keine Flugzeuge einschlugen und alle Videos nur eine Täuschung sind. Ein halbwegs vergleichbarer Fall ist der Absturz eines Fracht-Jumbos der El-Al 1992 in ein Wohnhochhaus in Amsterdam, bei dem auf Bildern ebenfalls keine großen Wrackteile erkennbar sind. Auch über diesen Absturz werden Behauptungen über geheime Regierungsaktivitäten verbreitet, zum Teil von denselben Personen wie zum 11. September, aber in der Regel wird nicht bestritten, dass es sich um ein Flugzeug gehandelt hat.[57]

Es ist also alles andere als überraschend, dass auf Aufnahmen, die als Totale den gesamten beschädigten Flügel des Pentagons zeigen, keine großen Flugzeugteile zu erkennen sind. Es gibt jedoch eine Vielzahl von Nahaufnahmen vor und im Gebäude, auf denen eindeutig die unterschiedlichsten Teile eines Verkehrsflugzeugs zu erkennen sind. Hierzu gehören Teile der Außenhaut, zum Teil mit dem Schriftzug der Fluggesellschaft, Turbinenteile, Strukturteile mit dem flugzeugtypischen grünlichgelben Korrosionsschutz aus Zinkphosphat und, besonders markant, Fahrwerkteile. Die Authentizität dieser Bilder wird inzwischen auch von Teilen der Truther-Bewegung anerkannt.[58] Augenzeugen berichteten darüber hinaus bereits in den ersten Tagen nach dem Anschlag von verbrannten Leichen von Passagieren, die noch an ihre Sitze angeschnallt waren.[59] Die von Truthern gerne eingeforderten Bilder von Todesopfern wurden aus verständlichen Gründen nicht an die Presse gegeben; einige sind jedoch als Beweismittel aus dem Verfahren gegen den Terrorhelfer Zacarias Moussaoui öffentlich zugänglich.[60]

Die gesuchten Flugzeugtrümmer gab es am Pentagon also tatsächlich – sie waren nur kleiner, als man das von Abstürzen mit niedrigeren Aufschlaggeschwindigkeiten kennt, und sie lagen am Ende größtenteils im Gebäude.

Zu wenige Schäden am Gebäude?

Nach Ansicht vieler Truther passen aber nicht nur die vermeintlich fehlenden Wrackteile, sondern auch die Schäden am Gebäude nicht zum Einschlag eines Flugzeugs von der Größe einer Boeing 757. Sie stützen sich dabei vor allem auf Bilder, die in den ersten 30 Minuten nach dem Einschlag aufgenommen wurden, bevor der am stärksten beschädigte Teil des Gebäudeflügels einstürzte. Die Bilder sind aus großer Entfernung aufgenommen und die Sicht ist durch Rauch und Löscharbeiten stark behindert. Neben diversen oberflächlich erscheinenden Beschädigungen ist vor allem ein Loch in der Fassade zu erkennen, kaum groß genug für einen Flugzeugrumpf, geschweige denn, dass ein ganzes Verkehrsflugzeug darin verschwinden könnte. Selbst auf Aufnahmen, die nach dem Einsturz des schmalen Gebäudesegments entstanden sind, scheinen die umliegenden Fassadenbereiche für den Einschlag eines Flugzeugs mit 38 Metern Flügelspannweite recht wenig beschädigt. Immer wieder wird auch auf noch intakte Fensterscheiben direkt neben dem eingestürzten Bereich verwiesen. Die überschaubar erscheinenden Schäden sind umso verblüffender, als man bei den Einschlägen am World Trade Center deutlich sehen kann, wie die tragenden Säulen der Fassade von den Trag-

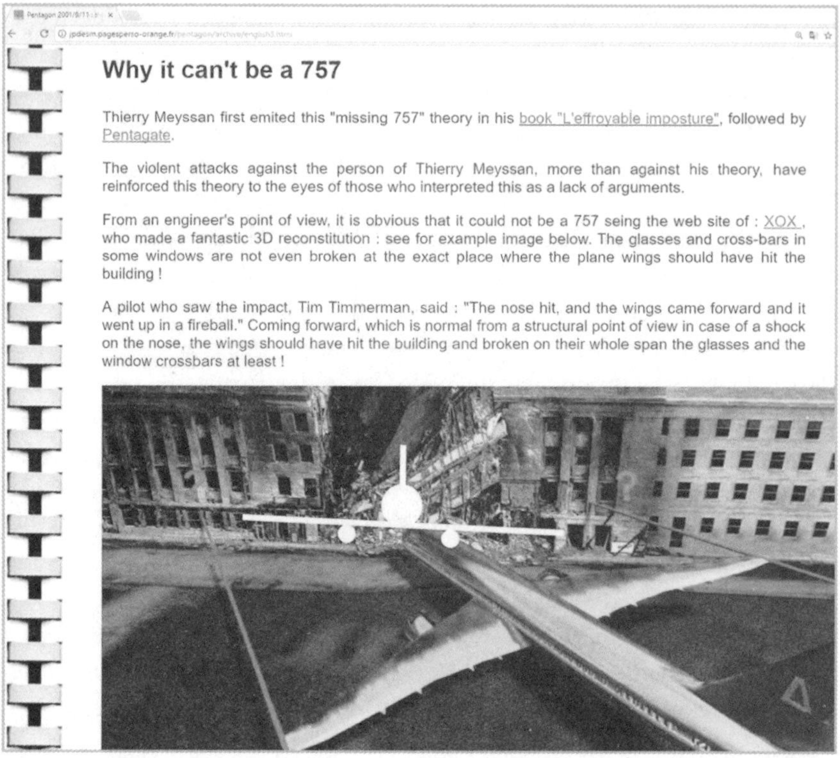
Why it can't be a 757

Thierry Meyssan first emited this "missing 757" theory in his book "L'effroyable imposture", followed by Pentagate.

The violent attacks against the person of Thierry Meyssan, more than against his theory, have reinforced this theory to the eyes of those who interpreted this as a lack of arguments.

From an engineer's point of view, it is obvious that it could not be a 757 seing the web site of : XOX , who made a fantastic 3D reconstitution : see for example image below. The glasses and cross-bars in some windows are not even broken at the exact place where the plane wings should have hit the building !

A pilot who saw the impact, Tim Timmerman, said : "The nose hit, and the wings came forward and it went up in a fireball." Coming forward, which is normal from a structural point of view in case of a shock on the nose, the wings should have hit the building and broken on their whole span the glasses and the window crossbars at least !

Abb. 4 Screenshot der Bildmontage einer Boeing 757 vor der Fassade des Pentagons, von einer typischen Truther-Internetseite.[61] Dem Screenshot in weiß überlagert sind die tatsächlichen, maßstabsgerechten Dimensionen einer Boeing 757. Aufgrund des Einschlagswinkels geben die im Bild enthaltenen Linien von den Tragflächenspitzen mit den Fragezeichen tatsächlich die ungefähre Breite zu erwartender Spuren am Gebäude wieder, aber das abgebildete Flugzeug ist im Verhältnis zum Gebäude viel zu groß.

flächen wie von einem Messer durchtrennt wurden. Solche Schäden scheinen am Pentagon nicht vorzuliegen.

Hierzu ist zu beachten, dass es sich beim Pentagon nicht um ein gewöhnliches Bürogebäude handelt. Der Komplex aus miteinander verbundenen Gebäuderiegeln, die in fünf konzentrischen, von Innenhöfen getrennten Fünfecken angeordnet sind, ist geprägt von den Anforderungen seiner Bauzeit mitten im Zweiten Weltkrieg. Den kriegsbedingten Mangel an Baustahl kompensierten die Statiker durch den Einsatz von Unmengen Beton. Zusätzliche Stabilitätsreserven waren erforderlich, weil unter Zeitdruck mit dem Bau begonnen werden musste, bevor die Baupläne endgültig fertiggestellt waren und weil nicht klar war, ob ursprüngliche Büroetagen nicht später als Archiv genutzt würden. Der Eindruck des beginnenden Bombenkrieges in Europa tat ein Übriges. So sind die Außenmauern des Pentagons erheblich massiver, als das für einen gerade fünfstöckigen Bürobau üblich wäre.

Dies unterscheidet sich erheblich von den kastenförmigen Stahlprofilen in den Fassadensäulen der Zwillingstürme, deren Wandstärke nach oben hin immer dünner wurde, um Gewicht zu sparen. Die massiven, in Säulen verdickten Betonwände des Pentagons setzen einem aufschlagenden Flugzeug allein durch ihre Masse einen ganz anderen Widerstand entgegen. Würden sie tatsächlich von einer flachen Struktur wie einer Tragfläche durchschnitten, dann sackte das Gebäude darüber entsprechend nach, so dass der entstandene Spalt weitgehend wieder geschlossen und somit auf Bildern schwer erkennbar, der Beton darüber aber rissig würde. Der Grund liegt darin, dass Beton ohne die in heutigen Stahlbetonbauten üblichen Stahlarmierungen zwar viel Druck absorbieren kann, aber bei Zugkräften leicht bricht.

Nach dem Bombenanschlag auf ein Behördengebäude in Oklahoma City mit 168 Toten im Jahr 1995 wurden die Glasscheiben der Außenfenster an vielen Regierungsgebäuden durch kugel- und splittergeschützte Verbundscheiben ersetzt. So erklärt sich leicht, warum in der Außenfassade Fenster direkt neben der Einschlagstelle standgehalten haben, während auf Bildern aus den Innenhöfen die meisten Scheiben zerbrochen sind.

Auf der französischen Internetseite *silentbutdeadly* tauchten erstmals 2002 als „3d Test“ betitelte Bildmontagen auf[62], die bis heute in der Truther-Szene verbreitet und in Diskussionen verwendet werden. Sie zeigen eine Boeing 757 vor der Fassade des Pentagons. Eingezeichnete Linien verlängern die Tragflächenspitzen auf die Gebäudefassade. Rein optisch entsteht sofort der Eindruck, das riesige Flugzeug könne keinesfalls zu den vergleichsweise begrenzten Schäden auf der Fassade passen. Dieser Eindruck täuscht nicht: Projiziert man den Umriss einer Boeing 757 maßstabsgerecht auf die Fassade, so erkennt man, dass das abgebildete Flugzeug im Verhältnis zur Fassade viel zu groß dargestellt ist (siehe Abb. 4). Das ist auf jedem Foto einer kompletten Gebäudeseite des Pentagons leicht zu überprüfen, wenn man die Flugzeugspannweite von 38 Metern rechts neben dem Mittelportal auf die Gebäudelänge von 281 Metern abbildet. Die Breite der Schäden an der Fassade sollte aufgrund des Einschlagswinkels ca. 48 Meter betragen (siehe Abb. 5), so dass die eingezeichneten Linien trotz des überdimensionierten Flugzeugs ungefähr die korrekte Breite der Einschlagzone auf der Fassade wiedergeben. Tatsächlich sind auch auf einer entsprechenden Breite Schäden an der Fassa-

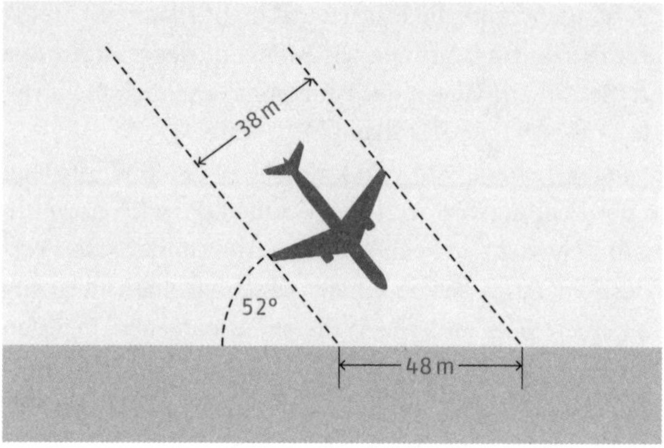

Abb. 5 Skizze des Einschlagswinkels, der Spannweite des Flugzeugs und der Breite der zu erwartenden Schäden auf der Fassade.

de zu erkennen. So ist die Fassadenverkleidung zwischen den Fenstern im Erdgeschoss auf Abb. 4 fast bis zum linken Bildrand zertrümmert.

Eine tatsächliche, maßstabsgerechte 3d-Modellierung des Flugzeugeinschlags am Pentagon, einschließlich der beobachteten Schäden an Laternenpfählen und Bäumen vor dem Gebäude, findet sich in einer Computeranimation des Ingenieurbüros Integrated Consultants Inc., die auf *Youtube* kostenlos anzusehen ist.[63]

Wo war die US-Flugabwehr?

Regelmäßig taucht gerade im Zusammenhang mit dem Pentagon auch die Behauptung auf, es müsse möglich gewesen sein, wenigstens dieses Flugzeug vor dem Einschlag abzuschießen, verfüge das Pentagon doch bekanntlich über ein vollautomatisches Flugabwehrsystem mit Boden-Luft-Raketen. Diese These findet sich zum Beispiel beim bereits erwähnten Thierry Meyssan[64], auf dem Schweizer Blog *Alles Schall und Rauch*[65] sowie in einer offiziellen Beschwerde an den Schweizer Rundfunk[66]. Hier wird regelmäßig einfach vorausgesetzt, dass ein solcher Abschuss aufgrund des vorhandenen Wissens zulässig gewesen wäre. In Deutschland wäre er das bis heute eindeutig nicht: In seiner Entscheidung zum Luftsicherheitsgesetz 2006 entschied das Bundesverfassungsgericht, dass der Abschuss eines Flugzeuges mit unbeteiligten Personen an Bord verfassungswidrig wäre, selbst wenn das die einzige Möglichkeit darstellte, einen großen Terroranschlag mit deutlich mehr Toten zu verhindern.

Selbst wenn der Beschluss zu einem solchen Abschuss rechtzeitig getroffen worden wäre, ist klar, dass Abfangjäger auf alle Fälle zu spät eintreffen mussten. Der Grund dafür ist, dass es zehn Jahre nach dem Ende des Kalten Krieges schlicht keinen Anlass gab, für einen größeren Luftangriff auf das US-Festland gerüstet zu sein. In der ganzen Osthälfte der USA gab es 2001 nur vier jederzeit startbereite Alarmrotten von je zwei Abfangjägern, davon zwei weit südlich in Florida. Die nächste Alarmrotte bei New York befand sich im 300 Kilometer entfernten Otis/Massachusetts, bei Washington im 200 Kilometer entfernten Langley/Virginia. Es ist gut dokumentiert, wann erkennbar wurde, dass überhaupt ein Flugzeug entführt worden war, dass es sich um einen großen Terroranschlag und keinen Unfall handelte (zweiter Einschlag am World Trade Center) und dass auch eine Bedrohung für Washington bestand.[67] Angesichts dieses Zeitablaufs, einer Startzeit von normalerweise zehn Minuten, bis eine Alarmrotte in der Luft ist, und einer Flugzeit mit Unterschall von knapp sieben Minuten für 100 Kilometer ist offensichtlich, dass Abfangjäger erst nach dem Einschlag in Washington eintreffen konnten. Dort hätten sie sich auch zunächst einen Überblick über die Lage im geschäftigen Luftraum machen und das richtige Flugzeug finden müssen.

Wie steht es aber mit den angeblichen vollautomatischen Flugabwehrraketen am Pentagon selbst? Das Pentagon ist nur durch eine Autobahn und eine kleine Parkanlage vom Gelände des Reagan National Airport getrennt, an dem täglich mehr Passagiere landen als in Berlin-Tegel oder Hamburg. Die Anflugroute zur Landebahn 15 führt direkt über das Pentagon. Spätestens seit dem versehentlichen Abschuss eines Verkehrsflugzeugs über dem Persischen Golf durch das AEGIS-System des US-Kreuzers *Vincennes* 1988 sollte offensichtlich sein, wie absurd die Vorstellung ist, ein solches System direkt neben einem Verkehrsflughafen zu betreiben. Bei öffentlichen Führungen durch das Pentagon wurden in den 1990er Jahren Fragen nach angeblichen Flugabwehrraketen noch recht unbefangen damit beantwortet, dass das Gebäude im Kriegsfall (und bei geschlossenem Flughafen) durch Soldaten mit von der Schulter abgeschossenen tragbaren Stinger-Flugabwehrraketen geschützt werden könne.

War es ein Angriff mit einem Marschflugkörper?

Wenn Truther nun aber nicht an den Einschlag einer Boeing 757 ins Pentagon glauben, welche Erklärung haben sie dann für die Schäden dort, und ist diese aus naturwissenschaftlicher Sicht plausibler? Tatsächlich kursierten kurz nach den Anschlägen ganz unterschiedliche Behauptungen über die Vorgänge am Pentagon. So sollte der Flugzeugabsturz nur eine Schutzbehauptung sein, um darüber hinwegzutäuschen, dass die Regierung nicht in der Lage gewesen sei, einen gewöhnlichen Autobombenanschlag auf das

Pentagon zu verhindern.[68] Der Urheber des „3d Test“ auf *silentbutdeadly* wollte ursprünglich belegen, dass dort statt einer Boeing 757 ein kleineres Verkehrsflugzeug, zum Beispiel eine 737, abgestürzt sei.[69] Daneben kursierte eine Theorie, die Schäden am Pentagon seien von einem noch wesentlich kleineren Kampfflugzeug verursacht worden.[70] Die große Mehrheit derjenigen Truther, die bis heute den Einschlag einer Boeing 757 ins Pentagon bestreiten, geht jedoch wie Thierry Meyssan davon aus, dass es sich um einen Angriff mit einem amerikanischen Marschflugkörper handelt.[71]

Neben den angeblich zu kleinen Schäden am Gebäude stützt sich die Argumentation dazu überwiegend auf zwei Videos von Überwachungskameras an einer Parkplatzeinfahrt auf dem Pentagon-Gelände. Die Videos, die im Zuge des Verfahrens gegen den Terrorhelfer Zacarias Moussaoui veröffentlicht wurden, sind die einzigen bekannten Aufnahmen, die den Einschlag ins Pentagon direkt zeigen.[72] Das auftreffende Objekt ist jedoch darin nur in einzelnen Standbildern und sehr schemenhaft zu erkennen.

Jean-Pierre Desmoulins setzt für die Videos die Frequenz normaler Fernsehaufnahmen von 24 Bildern pro Sekunde voraus und errechnet daraus und aus fragwürdigen Entfernungsabschätzungen für das anfliegende Objekt eine Geschwindigkeit von mehreren tausend Stundenkilometern.[73] Marschflugkörper überwinden Flugabwehrsysteme jedoch durch ihre guten Tiefflugeigenschaften und bewegen sich daher mit Geschwindigkeiten unter 1000 Stundenkilometern, ähnlich der von Verkehrsflugzeugen. Des Rätsels Lösung wird deutlich, wenn man die kompletten Videos ansieht: Kurz vor dem Einschlag hält ein Fahrzeug an der Parkplatzeinfahrt, die Schranke öffnet sich und das Fahrzeug fährt durch. Dieser Ablauf, der etwa zehn Sekunden gedauert haben müsste, umfasst auf den Videos jeweils zehn Einzelbilder. Es handelt sich bei den Aufnahmen also nicht etwa um Bewegtbilder wie im Fernsehen, sondern um Standbilder im Sekundentakt, was damals bei Überwachungskameras nicht unüblich war. Peter Wakefield Sault meint auf den Aufnahmen einen Marschflugkörper im Bild zu erkennen, obwohl ein solcher Flugkörper mit je nach Modell 30 bis 60 Zentimetern Durchmesser viel zu klein wäre, um auf dem verschwommenen Bild aus großer Entfernung überhaupt sichtbar zu sein.[74]

Tatsächlich ist auf den Videos sehr deutlich zu erkennen, was im Pentagon eingeschlagen sein muss – allerdings erst in den Sekunden nach dem Einschlag. Über der Einschlagstelle bildet sich ein großer Feuerball von zuerst gelber, dann roter Farbe, der sich schließlich in schwarzen Rauch auflöst. In Spielfilmen werden solche eindrucksvollen Feuerbälle gerne verwendet, um Explosionen aller Art darzustellen, so dass sich bei vielen Betrachtern der

Eindruck festgesetzt hat, so müsse eine tatsächliche Explosion aussehen. Erzeugt werden solche Feuerbälle aber tricktechnisch in der Regel durch das Abbrennen großer, mit Propangas gefüllter Plastiksäcke. Die gelb-rote Flamme entsteht da, wo sich der Brennstoff mit der Luft vermischt und verbrennt. Sprengstoffe wie TNT, zum Beispiel im Sprengkopf eines Marschflugkörpers, verbrennen aber nicht an der Luft, sondern ihre Bestandteile reagieren miteinander. Dabei entsteht kein Feuerball, sondern nur ein kurzer Lichtblitz, gefolgt von Staub und Trümmerteilen aus der Druckwelle der Explosion. In Videoaufnahmen von Marschflugkörpern, die auf *Youtube* reichlich zu finden sind, erkennt man ansonsten nur eine meist schmale, in Flugrichtung rückwärts gerichtete Stichflamme, wo der von der Explosion zerstäubte restliche Brennstoff des Treibsatzes an der Luft verbrennt.[75] Große runde Feuerbälle, wie auf den Pentagon-Aufnahmen zu sehen, sind hingegen typisch für Flugzeugunglücke, bei denen das vom Aufschlag zerstäubte Kerosin an der Luft einen sehr ähnlichen Effekt hat wie das entweichende Propangas in der Tricktechnik. Auch hierfür finden sich auf *Youtube* reichlich Beispiele.[76]

Zusammenfassend muss man festhalten, dass alle drei Kerneinwände der Verschwörungsgläubigen zu den Vorgängen am 11. September aus naturwissenschaftlich-technischer Sicht keineswegs stichhaltig sind. Vielmehr beruhen sie auf einem oberflächlichen Anschein, an den offiziellen Rekonstruktionen der Ereignisse könne „etwas nicht stimmen". Sie lassen sich jedoch bei guter naturwissenschaftlicher Allgemeinbildung und mit überschaubarem Rechercheaufwand durchgängig widerlegen. Hinzu kommt, dass die alternativen Erklärungen, wie eine solche False-Flag-Operation abgelaufen sein sollte, unplausibel sind und zum Teil in deutlichem Widerspruch zu den Beobachtungen stehen, mit denen sie eigentlich belegt werden sollen. Es gibt also keinerlei vernünftige Begründung dafür, zu bezweifeln, dass die Zwillingstürme und WTC 7 tatsächlich durch die Folgen der Flugzeugeinschläge und die daraus resultierenden Brände eingestürzt sind und dass das Pentagon tatsächlich von der entführten Boeing 757 getroffen wurde. Ein sehr ähnliches Bild ergibt sich bei anderen naturwissenschaftlich-technischen Einwänden zu den Ereignissen des 11. September.

Das bedeutet natürlich nicht, dass es im Zusammenhang mit dem 11. September keinerlei geheime Machenschaften der US-Regierung oder verbundener Institutionen gegeben haben könnte. So ist zum Beispiel mit naturwissenschaftlichen Ansätzen nicht auszuschließen, dass amerikanische oder verbündete Geheimdienste Vorwissen von den Anschlägen hatten, das nicht genutzt wurde, oder dass einzelne Ermittlungsergebnisse verschwiegen werden, um Schwächen noch existierender Sicherheitssysteme geheim zu halten.

Es gibt jedoch keinen vernünftigen Grund, am grundsätzlichen Hergang der Ereignisse zu zweifeln oder in den kompletten Anschlägen eine False-Flag-Operation zu sehen.

Die Zweifel an den Ermittlungsergebnissen zum 11. September knüpfen jedoch an ein grundsätzliches Misstrauen gerade der amerikanischen Öffentlichkeit gegenüber der eigenen Regierung an, das eine lange Tradition hat. So weisen sie große Ähnlichkeiten mit einer früheren Verschwörungsbehauptung auf, die ihnen möglicherweise sogar den Weg bereitet hat.

Apollo aus Hollywood

Die Mondlandung und die angeblichen Fehler bei ihrer Inszenierung

Es war nur eine kleine Provokation für einen Verschwörungsgläubigen, aber ihr folgte ein beachtlicher Faustschlag von einem 72-Jährigen.

Buzz Aldrin war 1969 als Mitglied der Apollo-11-Mission der zweite Mensch auf dem Mond nach Neil Armstrong. Zu seiner Zeit waren Astronauten noch keine Wissenschaftler, sondern überwiegend ehemalige Berufssoldaten der US-Luftwaffe. Hart und draufgängerisch zu sein gehörte zum Selbstbild der Männer, deren Einsätze jederzeit zu sprichwörtlichen Himmelfahrtsmissionen werden konnten. Die Besatzungen von Apollo 1, Soyuz 1 und Soyuz 11 starben in ihren Raumkapseln und diverse andere Astronauten und Kosmonauten stürzten bei Übungs- und Testflügen ab, unter ihnen auch der erste Kosmonaut, Juri Gagarin. Aldrin selbst litt in den ersten Jahren nach der Mondlandung zudem unter Alkoholabhängigkeit und Depressionen, so dass man auch viele Jahre später nicht überrascht sein durfte, dass er auf persönliche Anfeindungen emotional heftig reagieren würde.

Im September 2002 wurde Aldrin vom Verschwörungs-Filmemacher Bart Sibrel in ein Hotel in Hollywood gelockt, unter dem Vorwand eines seriösen TV-Interviews. Stattdessen bezeichnete Sibrel den Astronauten schon bei der Begrüßung als Dieb, in der Folge auch als Feigling und Lügner, bedrängte Aldrin körperlich und verlangte von ihm, auf die Bibel zu schwören, dass er auf dem Mond gewesen sei – für viele gläubige Amerikaner wie Aldrin eine klare Gotteslasterung. Schließlich beendete der 72-jährige Astronaut das Gespräch mit einem beherzten rechten Haken an Sibrels Kinn.

Bei aller Schadenfreude der Raumfahrt-Fans stellt sich die Frage: Wie kommen Menschen wie Sibrel auf die Behauptung, alle sechs bemannten Mondlandungen hätten nicht stattgefunden – und könnten sie vielleicht doch Recht haben? Waren die Mondlandungen vielleicht tatsächlich Täuschungsmanöver live vor den Augen der Welt? False-Flag-Operationen in einem ganz engen Sinne zum Schaden der eigenen Bevölkerung können die Mondlandungen jedenfalls nicht gewesen sein, denn ein Schaden wäre allenfalls dem amerikanischen Steuerzahler entstanden, der das milliardenschwere Apollo-Programm finanzieren musste.

Gibt es Beweise, dass mit den Mondlandungen etwas nicht stimmt?

Als Ausgangspunkt der Verschwörungsbehauptungen rund um die Mondlandungen wird heute meist das Buch *We Never Went to the Moon* von Bill Kaysing aus dem Jahr 1976 angegeben.[77] Kaysing selbst beruft sich darin auf angebliche Umfragen und Presseberichte, die schon im Jahr 1969 die erste Mondlandung in Frage gestellt haben sollen. In seinem Buch finden sich bereits die wichtigsten Argumente und angeblichen Beweise, mit denen bis heute behauptet wird, die Mondlandungen hätten nicht stattgefunden. Auf eine technische Qualifikation oder besondere Kenntnisse der Apollo-Missionen stützte sich Kaysing dabei nicht: Er hatte nach einem geisteswissenschaftlichen Studium zwar einige Jahre als Verfasser technischer Dokumentationen für einen Hersteller von Raketenteilen gearbeitet, sich aber schon mehrere Jahre vor der ersten Mondlandung nur noch als freiberuflicher Autor von Ratgeberbüchern für Motorradfahrer oder für landwirtschaftliche Selbstversorger durchgeschlagen. Die Landung von Apollo 11 hatte er laut seinem Buch nicht einmal im Fernsehen gesehen. Sein persönlicher Grund, nicht an eine Mondlandung zu glauben, war, dass die Raketentriebwerke, die stark genug für einen Start Richtung Mond waren, nach seinen Erinnerungen an seine Arbeit in der Branche nicht verlässlich genug gewesen seien, um ihnen Menschen anzuvertrauen.

Sein letzter Kontakt mit Raketentechnik, wohlgemerkt als technischer Autor, nicht etwa als Ingenieur, war bei der ersten Mondlandung allerdings schon sieben Jahre her – bei einer Technologie, die insgesamt erst seit 25 Jahren existierte, konnte sich da unendlich viel verändert haben. Kaysing ging von veralteten Grobabschätzungen für das Versagensrisiko einzelner Komponenten aus und rechnete daraus ein absurdes Gesamtrisiko hoch, dass irgendeine Komponente versagen musste. Tatsächlich versagten bei allen Apollo-Flügen irgendwelche Geräte. Bei Apollo 13 führte der Ausfall der Sauerstoffversorgung zum vorzeitigen Abbruch des Mondlandeversuchs und hätte die Mission ohne viel Glück und Improvisationstalent beinahe in einem Desaster enden lassen.

Abgesehen von diesem persönlichen, sachlich völlig unbelegten Unglauben präsentiert Kaysing bereits einige der zentralen Argumente, die von Gleichgesinnten bis heute vorgebracht werden:

- Unter den Steuerdüsen der Landefähre ist kein Krater zu erkennen, wie ihn eine Rakete auf der Erde in weichem Boden hinterlassen würde.

- Auf den Bildern von der Mondoberfläche sind im Hintergrund am dunklen Himmel keine Sterne zu erkennen, als seien die Aufnahmen in einer Halle entstanden.
- Bei Aufnahmen von Astronauten oder Landefähren im Gegenlicht ist die unbeleuchtete Vorderseite hell genug, um alle Details zu erkennen, obwohl die Schatten nicht wie auf der Erde durch Streulicht aus der Atmosphäre erhellt werden sollten.

Diese Argumente folgen dem gleichen Muster, das auch bei den Behauptungen über eine False-Flag-Operation am 11. September vorherrscht: Anstatt nachprüfbare Belege für eine eigene These vorzulegen, verweist auch Kaysing hauptsächlich auf vermeintliche Inkonsistenzen in den Darstellungen der NASA und folgert daraus auf eine großangelegte Täuschung. Seitdem ist eine Anzahl strukturell ähnlicher Argumente hinzugekommen. Die wichtigsten und am häufigsten wiederholten (zum Beispiel beim deutschen Autor Gernot Geise[78]) lauten:

- Auf vielen Bildern von der Mondoberfläche erscheinen Schatten nicht parallel, und Schatten gleich großer Objekte erscheinen nicht gleich lang, was der Sonne als einziger Lichtquelle zu widersprechen scheint.
- Auf Fernsehbildern von Mondlandungen scheinen die dort aufgestellten Flaggen im Wind zu flattern – aber ohne Atmosphäre kann es auf dem Mond auch keinen Wind geben.
- Außerhalb des Erdmagnetfelds, das auch Besatzungen von Raumstationen in einer Erdumlaufbahn schützt, mussten die Apollo-Kapseln lebensgefährlicher Strahlung ausgesetzt sein.

Die überwiegende Mehrzahl der sonstigen Argumente für eine vorgetäuschte Mondlandung ist den genannten sechs strukturell sehr ähnlich und lehnt sich zum Teil an diese an. Drei dieser sechs Argumente fallen in den Bereich der Optik, zwei sind mechanischer Natur und die letzte betrifft mit dem Strahlenschutz ebenfalls ein Arbeitsgebiet der Physik. Alle sind also einer naturwissenschaftlichen Überprüfung gut zugänglich.

Kein Krater unter der Landefähre

Zum anscheinend fehlenden Krater unter der Landefähre ist zunächst einmal festzuhalten, dass ein Raketentriebwerk in festem Gestein auch auf der Erde keinen Krater hinterlassen würde. Den durch Wind, Wasser, Pflanzen, Tiere und Mikroorgansimen geformten Mutterboden, den wir von der Erde kennen, gibt es auf dem Mond nicht. Die Astronauten berichteten von einer wenige Zentimeter dicken Staubschicht auf festem Gesteinsuntergrund. Flaggen konnte man auf dem Mond nur aufstellen, indem man den Fuß der senkrechten Stange mit einem Hammer in den Boden schlug. Tatsächlich meldete auch Neil Armstrong selbst schon wenige Minuten nach dem Ausstieg aus der Landefähre von Apollo 11 per Funk, dass unter dem Triebwerk nur leichte Bodenerosion und eben kein Krater zu erkennen sei – eine der ersten interessanten Erkenntnisse über den Untergrund an der Landestelle.

Dazu muss man auch beachten, dass die Landefähre sich während der Landung seitwärts bewegt hat, der Strahl also nicht lange auf eine Stelle gerichtet war, und dass der Schub des Triebwerks im Vergleich zu Raketenstarts auf der Erde winzig war. Die gesamte Landefähre samt Treibstoff für den Rückstart hatte eine Masse von nur rund 7000 Kilogramm. Die Gewichtskraft auf dem Mond, der nur ein Sechstel der Schwerkraft der Erde hat, betrug also nur etwas über eine Tonne. Dieses Gewicht musste bei der Landung gerade genug abgebremst werden, um halbwegs weich aufzusetzen. Hinzu kommt, dass die Abgase eines Raketentriebwerks, die unter dem Druck der Erdatmosphäre einen relativ gebündelten Strahl bilden, im luftleeren Raum eher fächerförmig auseinanderströmen. Das lässt sich besonders gut auf Videos von nächtlichen Raketenstarts beobachten, wo der Lichtschein des Triebwerks zunächst als schmaler Streifen, in größerer Höhe aber als breit auseinanderlaufender Trichter zu sehen ist. Dadurch verteilte sich der Abgasstrahl, der gut eine Tonne Gewicht tragen musste, auf mehrere Quadratmeter Boden und hinterließ auf dem Gestein nur leichte, streifenförmige Erosionsspuren, die auf Armstrongs Nahaufnahmen gut zu erkennen sind.

Keine Sterne am Himmel

Obgleich sich die Hasselblad-Mittelformatkameras auf den Apollo-Missionen erheblich von heutigen Digitalkameras unterscheiden und einzelne Eigentümlichkeiten der Aufnahmen tatsächlich auf Eigenschaften der Kameras zurückzuführen sind, lassen sich die wichtigen hier genannten fotografischen Argumente relativ problemlos mit heutiger Technik auf der Erde überprüfen.

Beachten muss man dabei, dass die Lichtverhältnisse auf dem Mond vor allem von der fehlenden Atmosphäre geprägt sind. Streulicht aus der Atmosphäre in Form eines blauen oder bei Wolken weißen Himmels gibt es auf dem Mond nicht. Auch bei Sonnenschein ist der Himmel dort einfach schwarz, und wie nachts auf der Erde muss es eigentlich problemlos möglich sein, Sterne am Himmel zu erkennen. Auf den Fotos von den Apollo-Missionen sind aber keine Sterne zu sehen. Wie kann das sein?

Abb. 6 Aufnahme des Mondes während der Mondfinsternis am 15.6.2011 in Jalta/Ukraine. Strukturen auf der Mondoberfläche sind zu erkennen, aber das Licht der Sterne ist zu schwach für diese Belichtungseinstellungen. Technik: Canon EOS 500D, Tamron Zoom 18–270 mm bei 270 mm, ISO 200, 1/80 Sekunde, Blende 5,6

Der Grund ist einfach: Die Belichtung der Kameras auf den Apollo-Missionen war so eingestellt, dass die im grellen Sonnenlicht extrem hellen Flächen des Mondbodens, der Raumanzüge und der Landefähre korrekt abgebildet wurden. Bei diesen Einstellungen ist das Licht der Sterne so schwach, dass es auf dem Film keine erkennbaren Abbilder verursacht. Auf einigen Aufnahmen von Apollo 14, die lediglich die Schattenseite der Landefähre und die Erde, aber keine Mondoberfläche enthalten, ist sehr schwach der Planet Venus zu erkennen, der deutlich heller ist als alle Sterne.[79]

Tipps für eigene Beobachtungen

Diese Erklärung ist im Internet leicht zu finden, aber lässt sie sich auch nachprüfen? Das ist mit einer Kamera mit Teleobjektiv und manueller Belichtungseinstellung sogar sehr einfach. Man fotografiert von der Erde bei klarem Nachthimmel (also wie auf dem Mond ohne nennenswertes Streulicht aus der Atmosphäre) den Mond und einen Ausschnitt des umgebenden Himmels (siehe Abb. 6). Stellt man die Belichtung so ein, dass auf der Aufnahme Strukturen der Mondoberfläche zu erkennen sind, dann sieht man auf dem Bild keine Sterne. Wählt man die Belichtung hingegen so, dass die Sterne zu erkennen sind, dann ist der Mond nur noch als einheitlich weiße, stark überbelichtete Fläche zu sehen.

Abb. 7 Buzz Aldrin auf dem Mond während der Apollo-11-Mission. Diese häufig gezeigte Version des Bildes ist nachträglich auf ein geeignetes Format beschnitten, im Kontrast verstärkt und oben um einen schwarzen Streifen erweitert worden. Bildquelle: NASA Bild AS11-40-5903

Zu viel Licht auf der Schattenseite?

Ob man Strukturen auf der Schattenseite einer menschlichen Gestalt oder der Landefähre erkennen kann, liegt ebenfalls an der Belichtung. Kaysing zeigt dazu das wohl bekannteste Bild der Apollo-11-Mission, die ikonische Gegenlichtaufnahme von Buzz Aldrin allein auf der Mondoberfläche stehend (Abb. 7). Hierzu bezeichnen Kaysing und seine Nachfolger es als „Anomalie", dass Aldrins Körpervorderseite beleuchtet ist, obwohl die Sonne hinter ihm steht.

Abb. 8 Aufnahme eines Spielzeugastronauten auf einer grauen Decke, mit einer einzelnen Lichtquelle von hinten beleuchtet. Ein über die gesamte Szenerie gespanntes schwarzes Tuch simuliert den dunklen Himmel. Das Streulicht auf der Vorderseite der Figur stammt somit ausschließlich vom Untergrund. Das Visier der verwendeten Spielfigur spiegelt weniger als das von Aldrin, das als eine Art Sonnenbrille diente. Technik: Canon EOS 500D, Tamron Zoom 18–270 mm bei 65 mm, ISO 6400, 1/8 Sekunde, Blende 4,5

Streulicht kommt zwar auf der Erde am Tag überwiegend aus der Atmosphäre, zum Teil aber eben auch von Oberflächen. Anderenfalls könnte man nachts in Räumen mit nur einer Lichtquelle keine Gegenstände im Schatten sehen. Auf den Apollo-Aufnahmen kommt das Streulicht überwiegend von der Mondoberfläche. Das resultierende diffuse Licht erzeugt einen sehr ähnlichen Effekt wie das indirekte Blitzen in der Fotografie, bei der der Blitz gegen die Decke oder eine andere helle Oberfläche gerichtet wird. Dann muss nur noch die Belichtungseinstellung der Kamera so gewählt werden, dass dieses Licht ein gutes Bild ergibt. Sofern die Belichtung nicht perfekt gelungen war, konnte sie bei derart wichtigen Bildern innerhalb gewisser Grenzen auch noch in einer sorgfältig kontrollierten Entwicklung korrigiert werden.

Tipps für eigene Beobachtungen

Auch dieser Streulichteffekt lässt sich auf der Erde gut nachstellen (siehe Abb. 8). Dies erfordert eine Kamera mit variabler Belichtungseinstellung, idealerweise mit Selbstauslöser. Um Streulicht aus der Atmosphäre oder von Decke und Wänden auszuschließen, sollte die Szenerie nach oben hin komplett mit schwarzen Tüchern abgehängt werden. Eine einzelne Lichtquelle hinter dem aufzunehmenden Motiv simuliert die Sonne. Um ungefähr der Mondoberfläche zu entsprechen, sollte der Untergrund mittel- bis dunkelgrau und uneben sein.

Dass die Lichtverhältnisse auf Apollo-Aufnahmen oft seltsam extrem und unnatürlich erscheinen, liegt jedoch auch daran, dass uns viele dieser Bilder heute vor allem in bearbeiteten Versionen mit verstärktem Kontrast begegnen. Das lässt die Bilder dramatischer, aber eben auch unnatürlicher erscheinen. Um bestimmte Bildformate zu erreichen, wurden die Bilder außerdem oft schon von der NASA an den Rändern beschnitten und teilweise der ohnehin schwarze Himmel durch eine schwarze Fläche fortgesetzt. Dies ist von der NASA selbst ausführlich dokumentiert.[80] Teilweise findet sich auch dasselbe Bild auf der NASA-Internetseite in unterschiedlichen Bearbeitungen in der Bildergalerie[81] und in den Missionsdokumentationen[82].

Die Schatten sind nicht parallel

Naiverweise sollte man, wie viele Verschwörungsgläubige, erwarten, dass die Schatten paralleler, gleich langer Objekte zwangsläufig auch gleich lang und parallel sein müssten. Da eine Kamera die dreidimensionale Welt auf eine zweidimensionale Fläche abbildet, erscheinen Schatten, aber auch tatsächlich parallele Objekte, auf der Fläche des Bildes jedoch nicht unbedingt parallel. Das ist vor allem in den Ecken des Bildes der Fall, selbst bei den relativ wenig verzeichnenden 80-mm-Normalobjektiven, mit denen zwei der drei Apollo-11-Mittelformatkameras ausgestattet waren. Beim 60-mm-Weitwinkel der sogenannten Datenkamera sollte dieser Effekt noch stärker ausfallen. Dass beim Fotografieren entlang des eigenen Schattens die Schatten anderer Objekte mit diesem in einem Fluchtpunkt am Horizont zusammenzulaufen scheinen, ist ein normaler Effekt der Perspektive, der in der Malerei seit der Renaissance genutzt wird. Dennoch werden selbst solche banalen Perspek-

Abb. 9 Unheimliche Begegnung: Auf unebenem Untergrund erscheinen Schatten gleich großer paralleler Objekte unter Umständen weder gleich lang noch parallel. Technik: Canon EOS 500D, Tamron Zoom 18–270 mm bei 35 mm, ISO 6400, 1/1500 Sekunde, Blende 27

Abb. 10 Bei ebenem Untergrund kann der Eindruck nicht paralleler Schatten einfach durch die Perspektive entstehen. Technik: Canon EOS 500D, Tamron Zoom 18–270 mm bei 18 mm, ISO 6400, 1/4000 Sekunde, Blende 22

tiveneffekte immer wieder als Beleg für das Vorhandensein mehrerer Lichtquellen präsentiert.[83] Schatten erscheinen noch häufiger nicht parallel, wenn der Boden, wie auf den Aufnahmen der Mondoberfläche unschwer zu erkennen, uneben ist. Hinzu kommt, dass die Landefähren eine Vielzahl stark reflektierender Oberflächen hatten, die hellere Flächen innerhalb eines Schattens erzeugen können, welche dann ebenfalls als Beleg für mehrere Lichtquellen herhalten müssen.[84]

Tipps für eigene Beobachtungen

Praktisch alle angeblichen Anomalien zum Schattenwurf in den Apollo-Bildern lassen sich an einem sonnigen Tag relativ problemlos selbst nachstellen. Besondere Kameratechnik ist dazu nicht erforderlich. Bestens ausgestattet sind hierfür jedoch in der Regel Kinder: Hilfreich sind eine Sandkiste (ersatzweise wie in Abb. 9 oder 10 ein mit Sand oder Asche gefüllter Pappkarton) und einige gleich große Spielfiguren.

Die Fotos der Mondlandungen enthalten also tatsächlich wenig Geheimnisvolles, wenn man die Technik und die Rahmenbedingungen der Aufnahmen korrekt einbezieht. Wie sieht es aber mir den Fernsehaufnahmen aus?

Ein Fähnchen im Wind?

Der am häufigsten vorgebrachte Einwand zu den Apollo-Fernsehbildern ist, dass die auf dem Mond aufgestellten Flaggen sich im Wind zu bewegen scheinen, obwohl dort ohne Atmosphäre eben auch kein Wind wehen kann.

Was sollte die Flaggen also in Bewegung versetzen? Diese Frage ist eigentlich falsch gestellt, denn das Einsetzen des senkrechten Halterohrs in den zuvor in den Boden gehämmerten Fuß war schwerlich möglich, ohne die Flagge in Bewegung zu versetzen. Auf den Aufnahmen ist teilweise zu erkennen, wie die Astronauten sich bemühen, die schwingenden Flaggen mit der Hand zur Ruhe zu bringen, was mit den Handschuhen der Raumanzüge nicht einfach ist. Physikalisch interessant ist also die Frage, was eine einmal schwingende Flagge auf der Erde bei Windstille zum Stillstand bringt und was sich daran auf dem Mond ändert.

Um die Energie einer Schwingung zu absorbieren, braucht man einen sogenannten dissipativen Prozess, der diese Energie in eine in der Regel ungeordnetere Energieform, letztlich in Wärme, umwandelt. In Frage kommen hierfür mechanische Reibung im Stoff, Reibung im Flaggenmast, auf den sich die Bewegung der Flagge übertragen könnte, oder der Luftwiderstand. Bei den Flaggen handelte es sich um gewöhnliche bedruckte Nylonfahnen von 1,50 Metern Länge, wie sie damals in jedem amerikanischen Kaufhaus für wenige Dollar zu erwerben waren. Befestigt waren sie an einem senkrechten Aluminiumrohr und einer oberen Querstrebe.

Die am einfachsten abzuschätzende Reibungskraft ist der Luftwiderstand auf der Erde, für den gängige Formeln eine halbwegs sinnvolle Größenordnung liefern. Nimmt man als Modell für den nicht von der Querstrebe stabilisierten unteren Teil des Stoffs eine gerade Fläche von 0,7 Quadratmetern an, die sich in einer halben Sekunde um 15 Zentimeter durch die Luft bewegt, dann errechnet sich dafür ein Luftwiderstand von ca. 0,04 Newton entsprechend der Gewichtskraft einer Masse von vier Gramm. Da eineinhalb Quadratmeter handelsüblicher Fahnenstoff eine Masse von nur rund 200 Gramm haben, ist leicht ersichtlich, dass eine solche Bremskraft allein ausreichen sollte, um die Schwingung in wenigen Sekunden abzubremsen. Das Traggestänge hat trotz leichter Aluminiumbauweise eine Masse von mehr als vier Kilogramm und schwingt selbst mit einer wesentlich höheren Resonanzfrequenz. Das macht die Energieübertragung von der Flagge auf das Gestänge relativ ineffizient, so dass die Flagge auf diesem Weg mit Sicherheit nur wenig abgebremst wird. Wie gering die Bremswirkung durch Reibung im Stoff ist, erkennt man daran, wie leicht sich der Stoff unter seinem eigenen Gewicht biegt. Selbst diese relativ geringe Kraft ist zum größten Teil elastisch: Biegt sich der Stoff wieder gerade, dann wird die für die Verformung benötigte Energie wieder abgegeben. Dieser Teil des Widerstands im Stoff bremst also die Schwingung nicht nennenswert ab.

Auf der Erde wird eine schwingende Fahne somit zum allergrößten Teil durch den Luftwiderstand abgebremst. Eine Fahne auf dem Mond wird dagegen, einmal angestoßen, um ein Vielfaches länger und wegen der geringeren Schwerkraft auch langsamer herumschwingen, bis sie schließlich zum Stillstand kommt. Das Schwingen der Flaggen auf dem Mond, das auf den Apollo-Fernsehbildern zu sehen ist, ist also vollkommen normal und unter solchen Umständen genau in dieser Form zu erwarten.

Astronauten total verstrahlt?

Somit bleibt als letzter der sechs genannten Einwände die Frage, ob Astronauten die Strahlung eines Mondflugs ohne schwere Schäden hätten überleben können. Als mögliche Gefährdungen gelten dabei zum einen die Strahlung auf der Mondoberfläche, zum anderen Zonen starker Strahlung auf dem Weg zum Mond. Diese Zonen, auch als Van-Allen-Gürtel bezeichnet, entstehen dadurch, dass sich dort die Strahlung von der Sonne und aus dem All konzentriert, die vom Erdmagnetfeld um die Erde herumgeleitet wird und vor der uns das Erdmagnetfeld normalerweise schützt. Auf dem Weg zum Mond liegen diese Zonen auf den ersten zehn Prozent der Wegstrecke. Sie wurden von der NASA selbst mittels des Explorer-1-Satelliten 1958 entdeckt und die Erkenntnisse veröffentlicht. Inzwischen sind diese Strahlungszonen durch Sonden aus den USA, Russland, China und Indien detailliert vermessen und die Ergebnisse in wissenschaftlichen Zeitschriften publiziert worden. Die Beurteilung der resultierenden Risiken in der öffentlichen Diskussion krankt bedauerlicherweise an der gleichen Kombination von Unkenntnis und Panikmache wie die Diskussion über technische Strahlungsquellen auf der Erde. Hinzu kommt, dass radioaktive Strahlung typischerweise in einem verwirrenden Durcheinander unterschiedlicher Messgrößen und Einheiten beschrieben wird. Der Übersichtlichkeit halber sind im Folgenden alle Zahlenangaben in die Form der im heutigen Strahlenschutz üblichen Größe Äquivalentdosis mit der Einheit Millisievert umgerechnet.

In den extremsten Zonen des Van-Allen-Gürtels liegt die Strahlendosis in der Größenordnung von 400 Millisievert pro Stunde. Ein ungeschützter Astronaut müsste dort nach zwei bis drei Stunden mit akuter, wenngleich noch nicht lebensgefährlicher Strahlenkrankheit rechnen. Mit der Geschwindigkeit von rund 25 000 Stundenkilometern hatten die Apollo-Kapseln diese Bereiche jedoch innerhalb weniger Minuten durchflogen. Ein Rechenbeispiel mit Schulmathematik ergab als Gesamtdosis während des kompletten Durchfliegens des Van-Allen-Gürtels rund 100 Millisievert außerhalb der Kapseln, und das Metall der Kapseln schirmte zudem einen guten Teil der Strahlung ab.[85]

Die Strahlung auf dem Mond ist noch weitaus weniger dramatisch. Hier gibt es zum einen die durchdringende Strahlung aus dem All und von der Sonne, die während des Ausstiegs nicht durch die Kapsel abgeschirmt wird, aber um Größenordnungen geringer ist als im Van-Allen-Gürtel. Genaue Messungen der indischen Chandrayaan-1-Sonde im Jahr 2008 ergaben in Mondnähe Strahlungsdosen um 0,1 Millisievert pro Stunde, also etwa ein Millisievert für einen kompletten Außeneinsatz.[86] Für eine Dauerbesiedlung des Mondes wäre das ein Problem – für einen solchen kurzen Einsatz nicht.

Dazu kommt noch, dass die oberste Staub- und Gesteinsschicht des Mondes eine höhere Radioaktivität aufweist als die Erdoberfläche. Das kommt daher, dass Produkte radioaktiver Zerfälle im Boden, die von der Energie des Zerfalls nach oben geschleudert werden und auf der Erde in der Atmosphäre verbleiben oder mit dem Regen wieder im Boden versickern, sich auf dem Mond einfach an der Oberfläche absetzen. Hier handelt es sich um radioaktive Stoffe, die schädlich sein können, wenn sie in den Körper gelangen, die jedoch hauptsächlich Alpha- und Beta-Strahlung mit kurzer Reichweite abgeben. Diese Strahlung kann keinen Raumanzug, im Fall von Alpha-Strahlung nicht einmal eine einzige Seite dieses Buches durchdringen. Problematisch war diese Radioaktivität nur, weil die Astronauten darauf achten mussten, vor dem Rückflug möglichst wenig Staub unverpackt in ihre Raumkapsel zu tragen, wo er hätte in ihren Körper gelangen können.

Da die Astronauten natürlich Dosimeter zur Messung ihrer persönlichen Strahlendosen trugen, kennt man ihre tatsächlichen Belastungen sehr genau. Im Durchschnitt lagen sie bei 12 Millisievert für den gesamten Flug einschließlich dem Einsatz auf dem Mond. Das liegt gut im Bereich der berechneten Werte und ist deutlich weniger als die Dosis bei langen Einsätzen auf Raumstationen wie Skylab, MIR oder ISS.[87] Es entspricht etwa der Dosis, der ein typischer Deutscher unvermeidlich oder freiwillig durch natürliche und medizinische Quellen im Verlauf von zwei bis drei Jahren ausgesetzt ist. Eine ähnliche Erhöhung seiner persönlichen Lebenszeitdosis wie die Astronauten auf dem Mondflug erlebt man auch, indem man für 10 bis 20 Jahre statt in Frankfurt in einem der noblen Vororte im Taunus oder statt in Köln in der Eifel lebt. Wenn man annimmt, dass das Krebsrisiko bis zu kleinsten Dosen linear zur Strahlendosis ist, kann man daraus tatsächlich eine minimale Erhöhung des Krebsrisikos errechnen. In der Häufigkeit tatsächlicher Erkrankungen konnte ein solches rechnerisches Risiko durch kleine Strahlendosen aber nie bestätigt werden, nicht einmal nach dem Reaktorunglück von Tschernobyl. So ist es nicht überraschend, dass die meisten Apollo-Astronauten ein für sportliche Männer normales Alter erreicht haben.

In der Summe ist also keine der zentralen Begründungen von Kaysing und seinen Nachfolgern, warum die Mondlandungen nicht stattgefunden haben könnten, stichhaltig. Sie basieren vielmehr auf Unwissenheit, Nichtverstehen von Zusammenhängen oder möglicherweise auch bewusster Verdrehung von Tatsachen. Teilweise sind die vorgelegten „Beweise" für eine Fälschung der Mondlandungen auch von geradezu rührender Naivität. So erklärt der deutsche Verschwörungsautor Gernot Geise, die Außeneinsätze der Astronauten könnten unmöglich in einem Vakuum gefilmt worden sein, weil sich sonst die kompletten Raumanzüge hätten aufblähen müssen, so „dass die Astronauten eine gewisse Ähnlichkeit mit dem bekannten ‚Michelin-Männchen' bekommen hätten". Geise kommt offensichtlich nicht auf die Idee, dass die Anzüge aus mehr als einer Schicht bestanden haben müssen, von denen die äußeren vor allem dem mechanischen Schutz bei Stürzen oder bei geologischen Arbeiten gedient haben dürften. Die Druckstabilisierung musste in den inneren Schichten erfolgen und ein Aufblähen auf alle Fälle verhindern, um eine bestmögliche Beweglichkeit der Astronauten zu wahren. In dieser Hinsicht wurden an die Mondanzüge völlig andere Anforderungen gestellt als zum Beispiel an die Raumanzüge, die in der heutigen Zeit bei freischwebenden Außeneinsätzen an Raumstationen verwendet werden.

Abb. 11 In dieser Aufnahme von der Apollo-17-Landung meinen Verschwörungsgläubige in der schemenhaften Gestalt in einer Spiegelung im Helmvisier statt des fotografierenden zweiten Astronauten einen Kulissenarbeiter mit Jeans und langen Haaren zu sehen. Bildquelle: NASA Bild as17-141-21608

Dennoch tauchen auch 50 Jahre später immer noch angeblich neue „Beweise“ für eine Inszenierung der Mondlandungen auf. So meinte 2017 ein *Youtube*-Filmemacher, in der Spiegelung im Helmvisier eines Astronauten einen Kulissenarbeiter erkannt zu haben.[88]

Das Entkräften all dieser Einwände bedeutet aber nur, dass die Mondlandungen nicht zwingend inszeniert gewesen sein müssen. Es schließt zunächst einmal nicht aus, dass sie es dennoch waren. Wie müsste eine solche Inszenierung aber nun nach Ansicht der Verschwörungsgläubigen abgelaufen sein und wie realistisch ist das?

Wie sollen die Aufnahmen der Mondlandung entstanden sein?

Während viele spätere Autoren, die die Echtheit der Mondlandungen bestreiten, kaum darauf eingehen, was ihrer Ansicht nach tatsächlich passiert sein soll, liefert Kaysing eine detaillierte Beschreibung eines angeblichen „Apollo Simulation Project". Er beschreibt eine komplette geheime Organisationsstruktur nach dem Vorbild des Manhattan Project zur Entwicklung der ersten Kernwaffen. Auch unter den genutzten Standorten führt Kaysing die im Manhattan Project genutzten Kernwaffentestgelände in der Wüste von Nevada auf. In der Folge beschreibt er einen Ablauf der inszenierten Mondflüge, bei dem eine leere und deutlich schwächere Saturn-V-Trägerrakete nach kurzem Flug in den Südpazifik gestürzt worden sein soll, während die beim Start am Boden verbliebenen Astronauten mit einem geheimen Flugzeug von Cape Canaveral nach Nevada verbracht wurden.

Zum Teil verliert sich Kaysings Darstellung in bizarren Details wie den opulenten Buffets, die die Beteiligten in Nevada erwartet haben sollen. Er beschreibt sogar, einschließlich anzüglicher Bilder, die Astronauten seien für die Dauer ihrer vorgetäuschten Reise in einer unterirdischen Basis von eigens angeheuerten wohlgerundeten Hostessen aus dem nahen Las Vegas unterhalten worden. Die eigentlichen Mondlandungen seien, mit Hollywood-Tricktechnik dargestellt und absichtlich um einige Sekunden verzögert, live aus der Wüste von Nevada übertragen worden. Schließlich seien die Astronauten zu einer „supergeheimen, getarnten Insel südlich von Hawaii" geflogen, dort samt der Apollo-Kapsel von einem schweren Transportflugzeug des Typs Lockheed Galaxy aufgenommen und außer Sichtweite der Suchschiffe in den Pazifik abgeworfen worden.

Eines bleibt Kaysing in seinem Buch jedoch schuldig: irgendwelche nachprüfbaren Belege für seine Geschichte. Sofern er überhaupt Informationsquellen erwähnt, sind es angebliche anonyme Informanten. Stattdessen verstrickt sich seine detailreich ausgeschmückte Darstellung in eine Anzahl von Widersprüchen und sachlichen Fehlern:

- Kaysing schreibt ausdrücklich, die Mondlandungen seien in Nevada dargestellt und live im Fernsehen übertragen worden. Zwei Seiten weiter schreibt er, der gesamte Funkverkehr sei lange vorher aufgezeichnet und von den unterschiedlichen Funkstationen auf der Erde nur noch abgespielt worden. Unter diesen Umständen wäre es jedoch sinnvoller gewesen, sich das Risiko einer Live-Übertragung zu sparen und auch die Landungen selbst vorher aufzuzeichnen.

- Die angeblich für die Inszenierung der Rückkehr von Kaysing ausdrücklich erwähnte Lockheed Galaxy existierte zum Zeitpunkt von Apollo 11 zwar schon als Prototyp, ausgeliefert wurde die erste Maschine jedoch erst fünf Monate danach.
- Auch in den Weiten des Pazifiks war es in den 1970er Jahren nicht mehr möglich, die Existenz einer ganzen Insel geheim zu halten. Es gibt zwar auch südlich von Hawaii einzelne unbewohnte Inseln mit Landebahnen aus dem Zweiten Weltkrieg, zum Beispiel Cooper Island auf dem Palmyra-Atoll; für eine rund 300 Tonnen schwere Galaxy mit ihren 68 Metern Spannweite sind solche Landeplätze jedoch viel zu klein. Wie zum Beispiel in Google Earth unschwer zu erkennen ist, ist der befestigte Teil der Landebahn auf Cooper Island nicht einmal 20 Meter breit.
- Kaysing schreibt, um den auszustrahlenden Ton der Übertragungen abhörsicher zu den um den Erdball verteilten Bodenstationen zu schicken, seien neben angemieteten Telefon-Standleitungen vor allem Ultraniedrigfrequenzsender eingesetzt worden, die ansonsten Signale zu getauchten U-Booten senden. Diese seien besonders sicher, weil ihre langen Radiowellen in der Nähe der Sendeanlagen für Menschen tödlich seien. Dabei wusste er offensichtlich nicht, dass bei so niedrigen Sendefrequenzen gar keine Sprachsignale übertragen werden können, sondern allenfalls eine extrem langsame Datenübermittlung von einzelnen Zeichen pro Minute möglich ist. Damit der Empfänger überhaupt in der Lage ist, eine Sendefrequenz zu isolieren und ein Signal zu empfangen, müssen die Informationen, die ja in einer Veränderung der Größe oder der Frequenz des Signals codiert sind, nämlich zwangsläufig eine Datenrate haben, die erheblich niedriger ist als die Sendefrequenz selbst.

Vor allem der letzte Punkt deutet darauf hin, dass Kaysings detaillierte Darstellung schlicht ein Phantasieprodukt aus interessant, empörend oder geheimnisvoll klingenden Versatzstücken ist, die er irgendwo aufgeschnappt hat. Tatsächlich änderte er Jahre später für eine Fernsehdokumentation seine Geschichte und behauptete nun, die Astronauten hätten sich während des gesamten vorgetäuschten Mondflugs in der Raumkapsel auf einer niedrigen Erdumlaufbahn befunden, während es sich bei den Bildern vom Mond um Aufzeichnungen gehandelt hätte.[89]

Auch Kaysing war offensichtlich klar, dass man mit einer derart plumpen Inszenierung zumindest die Sowjets nicht hätte täuschen können, die über eigene Raumfahrttechnologie nebst entsprechenden Kommunikations- und Überwachungsmöglichkeiten verfügten und zumindest Teile der Apollo-Missionen selbst mitverfolgen konnten. Er erklärte daher die Sowjetregierung kurzerhand zum heimlichen Komplizen ihres Erzfeindes. Schließlich habe es nie ein ernsthaftes Problem zwischen beiden Ländern gegeben und die Überlegenheit der sowjetischen Raumfahrt sei ohnehin weltweit unbestritten geblieben. Auf den Widerspruch dazu, dass er selbst zuvor erklärt hat, der Sinn der ganzen Aktion sei vor allem Propaganda im Kalten Krieg gewesen, geht er nicht ein.

Wie Kaysing tun sich auch andere Autoren schwer mit der Notwendigkeit, das Schweigen von zehntausenden unvermeidlicher Mitwisser über inzwischen 50 Jahre zu erklären. Anders als beim 11. September gäbe es diese Mitwisser nicht nur in den USA und verbündeten Ländern, sondern auch bis in die höchsten Führungsebenen der damaligen Sowjetunion und unter unabhängigen Forschern einer Vielzahl von Ländern, die zum Beispiel inzwischen die Möglichkeit hatten, mitgebrachtes Mondgestein zu untersuchen.

Ein weiteres Problem für die Vertreter von Verschwörungsbehauptungen um die Mondlandung hat sich erst in jüngster Vergangenheit ergeben. Lange Zeit konnten sie sich darauf berufen, dass es nicht möglich war, von der Erde oder von Satelliten aus mit Teleskopen Spuren der Mondlandungen zu erkennen. Das war von Anfang an nur zum Teil richtig, denn die eigens bei den Mondlandungen platzierten Laserreflektoren ließen sich schon in den 1970er Jahren von der Erde aus anvisieren und die von ihnen reflektierten Laserblitze vom Streulicht der Mondoberfläche unterscheiden. Dies wird genutzt, um den sich langsam verändernden Abstand der Erde zum Mond fortlaufend zu vermessen. Hierzu wird ein kurzer Laserpuls auf die betreffende Region des Mondes gerichtet und das reflektierte Signal über ein Teleskop registriert. Die Entfernung wird dann aus der Laufzeit des Lichts berechnet. Möglich ist dies nur, wenn man mit dem Teleskop exakt die Positionen der Reflektoren auf dem Mond und somit die Landestellen anvisiert. In Deutschland erfolgt dies seit 1991 am Observatorium Wettzell im Bayerischen Wald, das vom Bundesamt für Kartographie und Geodäsie gemeinsam mit der Technischen Universität München (TUM) betrieben wird. Zu den Mitwissern einer Verschwörung müssten also auch die beteiligten Mitarbeiter und Studenten der TUM gehören.

Seit wenigen Jahren ist aber ein noch direkterer Nachweis menschlicher Aktivitäten möglich. Raumsonden, die den Mond umrunden und mit hochauflösenden Bildern vermessen, können die Spuren der Apollo-Landungen direkt sehen. Auf den Aufnahmen des amerikanischen Lunar Reconnaissance Orbiters (LRO) sind die Unterteile der Landefähren, Mondfahrzeuge und sogar die aufgestellten Flaggen zu erkennen. Inzwischen haben japanische, indische und chinesische Sonden ebenfalls Spuren der Apollo-Landungen direkt auf dem Mond nachgewiesen.

In der Summe sind also auch hier die angeblichen Belege für das Bestehen einer Verschwörung bei kritischer Überprüfung mit naturwissenschaftlichen Mitteln vollkommen gegenstandslos. Zum großen Teil ist dafür noch nicht einmal Fachwissen erforderlich, sondern nur gesunder Menschenverstand und gegebenenfalls eine gute Kamera, um Dinge einfach selbst nachzuprüfen. Auf der anderen Seite stecken die Erklärungen, wie genau eine inszenierte Mondlandung abgelaufen sein sollte, voller Behauptungen, die von unbewiesen über fragwürdig bis vollkommen lächerlich reichen.

Letztlich ist die Vorstellung von den vorgetäuschten Mondlandungen aber eine der harmloseren Verschwörungsbehauptungen unserer Zeit. Gerade der US-Regierung werden noch ganz andere, weitaus finsterere Machenschaften unterstellt.

Die Erdbebenmaschine

Wie eine kleine Forschungsanlage in Alaska die Welt terrorisieren soll

Eigentlich war Claudia von Werlhof eine angesehene Wissenschaftlerin. Als Vertreterin des deutschsprachigen Ökofeminismus erlangte sie in entsprechenden Kreisen schon in den 1970er Jahren eine gewisse Bekanntheit und erhielt 1988 die erste Professur für Frauenforschung in Österreich. Anfang 2010 spekulierte sie dann in einem Interview mit der Tageszeitung *Der Standard*, das vorangegangene verheerende Erdbeben in Haiti könne künstlich ausgelöst worden sein. Ein amerikanisches Forschungszentrum namens HAARP könne nämlich „auf Grundlage der Tesla-Technologie" künstliche Erdbeben auslösen, und das Beben in Haiti könnte dazu dienen, „die militärische Besetzung des Landes durch US-Truppen zu ermöglichen".[90] Die gleiche Behauptung war zuvor vom venezolanischen Diktator Hugo Chávez unter Berufung auf angebliche Berichte der russischen Nordmeerflotte verbreitet[91] und vom staatlichen Rundfunk des Iran übernommen[92] worden.

Aus Wissenschaftskreisen für ihre Verschwörungsspekulationen heftig kritisiert, erhielt Werlhof Beistand von der Kommunistischen Partei Österreichs. Daneben hat sie aber offenbar auch Freunde am anderen Ende des politischen Spektrums. So ist sie in zwei fast einstündigen Interviews auf dem Online-Videoportal nexworld.tv zu sehen.[93] Nexworld ist aus dem Videoprojekt Secret.tv des Verschwörungsautors und Nazi-Mystikers Jan van Helsing alias Jan Udo Holey hervorgegangen.[94] Van Helsing ist vor allem durch sein Buch *Geheimgesellschaften und ihre Macht im 20. Jahrhundert* bekannt, das mehrere Jahre als volksverhetzend beschlagnahmt war.[95] Auf dem rechtsesoterischen Onlineportal Quer-Denken.tv ließ Werlhof sich mehrfach von Michael Friedrich Vogt interviewen. Vogt war selbst einmal Professor in Leipzig, verlor seine Stellung aber wegen der Verharmlosung des Hitler-Stellvertreters Rudolf Heß und der Teilnahme an einem Treffen mit Spitzenfunktionären der NPD.[96] Später war er Mitinitiator mehrerer Reichsbürgerkongresse.[97] 2016 trat Werlhof auch auf Vogts Quer-Denken-Kongress auf – neben Aktivisten der neurechten Szene wie Jürgen Elsässer, Franz Hörmann und Christoph Hörstel.[98]

Claudia von Werlhof ist jedoch nicht die Einzige, die hinter dem geheimnisvollen Forschungszentrum HAARP düstere Absichten zu erkennen meint: Die Behauptung, die Anlage diene dazu, künstliche Erdbeben auszulösen, findet sich in einer Vielzahl von Onlinemedien, aber auch in Büchern.[99] Eine Google-Suche nach der Stichwortkombination „HAARP Erdbeben" ergab im März 2018 mehr als 40 000 deutschsprachige Treffer. Andere Autoren bringen die gleiche Anlage mit militärisch motivierten Wettermanipulationen oder mit gezielter Kontrolle über die Gedanken von Menschen in Verbindung.

Was ist HAARP eigentlich?

Um sich ein Bild von der behaupteten Gefährlichkeit der Anlage machen zu können, ist es sinnvoll, sich zunächst einmal mit einigen Grundlagen zu der Anlage und ihrer Funktion vertraut zu machen. HAARP steht für *High Frequency Active Auroral Research Program* – der Name bezeichnet also einen Hochfrequenzsender zur Polarlichtforschung. Die ab 1993 gebaute und 2006 fertiggestellte Anlage befindet sich in Gakona, einer 200-Einwohner-Siedlung in Alaska, 300 Kilometer entfernt von der nächsten größeren Stadt Anchorage.

Der wichtigste Bestandteil der Anlage sind 180 Funkantennen, die in einem Gittermuster auf einer Fläche von 400 Metern Länge und 340 Metern Breite angeordnet sind. Die einzelnen Antennen selbst sehen ähnlich aus wie die, die Amateurfunker auf ihrem Haus haben, und auch die Sendefrequenzen liegen zwischen den Frequenzbändern des normalen Kurzwellenfunks. Die bei HAARP ausgesandten Kurzwellen dienen jedoch nicht dazu, Informationen an einen anderen Ort zu übermitteln. Die Funktion und die Forschungsaufgaben der Anlage haben dennoch viel mit den Besonderheiten des Kurzwellenfunks zu tun. Beides hängt zusammen mit dem komplexen Zusammenspiel der Strahlung von der Sonne mit dem Erdmagnetfeld und der Atmosphäre.

Die Strahlung der Sonne besteht nicht nur aus Licht. An der Sonnenoberfläche werden auch ständig Elektronen und leichte Atomkerne freigesetzt, die sich mit hoher Energie als sogenannter Sonnenwind ins All ausbreiten. In Sonnenstürmen, großen Plasmaeruptionen an der Sonnenoberfläche, kann die Intensität dieser Teilchenstrahlung für einige Stunden oder Tage deutlich ansteigen. Nähern sich diese Teilchen der Erde, dann werden sie aufgrund ihrer elektrischen Ladung durch das Erdmagnetfeld abgelenkt. So wird der größte Teil dieser Teilchenstrahlung um die Erde herumgelenkt und konzentriert sich im bereits im Zusammenhang mit den Mondflügen erwähnten Van-Allen-Gürtel. Vor allem in der Nähe der Pole, wo die Feldlinien des Erdmagnetfelds praktisch senkrecht zur Erdoberfläche stehen, kann aber dennoch ein nennenswerter Anteil dieser Teilchen die obersten Bestandteile der Erdatmosphäre erreichen.

In diesen Höhen, zwischen 80 und einigen hundert Kilometern, ist die Atmosphäre so dünn, dass wir sie eigentlich gar nicht als solche ansprechen würden. Dort umkreist zum Beispiel die internationale Raumstation ISS die Erde, und sie kollidiert dabei mit so wenigen Molekülen der Atmosphäre, dass sie trotz ihrer enormen Geschwindigkeit von 7,66 Kilometern pro Sekunde nur einen minimalen „Luftwiderstand“ erfährt und pro Tag nur rund 100 Meter an Höhe verliert.

Wird in diesen Höhen ein Elektron aus einem Molekül herausgerissen, dann hat auch dieses Elektron eine lange freie Wegstrecke vor sich, ehe es wieder mit einem Molekül kollidiert und eventuell eingefangen werden kann. Dieses Herauslösen von Elektronen aus Atmosphärenmolekülen (Ionisation) kann durch geladene Teilchen des Sonnenwindes passieren, aber auch durch hochenergetische elektromagnetische Wellen (Röntgen- und Gammastrahlung), die durch das Erdmagnetfeld nicht abgelenkt werden und ungehindert auf die Erdatmosphäre treffen. Solche Strahlung erreicht uns ebenfalls von der Sonne, aber auch aus den Tiefen des Alls. Das führt dazu, dass in diesen extremen Höhen der Anteil negativ geladener freier Elektronen und positiv geladener, ionisierter Restmoleküle im Verhältnis zu normalen, elektrisch neutralen Molekülen um ein Vielfaches höher ist als in Bodennähe. Man bezeichnet diesen Bereich der hohen Atmosphäre daher auch als Ionosphäre.

Spannend wird es, wenn ein solches freies Elektron von einer Radiowelle erfasst wird. Eine solche Welle ist letztlich nichts weiter als ein elektrisches Feld, das im Fall von Kurzwellen einige Millionen Mal pro Sekunde seine Richtung wechselt. Das Elektron wird also durch die Radiowelle ständig hin und her beschleunigt. In Bodennähe würde das dazu führen, dass es ständig auf Luftmoleküle trifft und wieder abgebremst oder eingefangen wird. In der Ionosphäre kann es sich aber praktisch frei bewegen. In seiner Bewegung wird es wie die geladenen Teilchen des Sonnenwindes vom Erdmagnetfeld abgelenkt. Solange die Frequenz nicht zu hoch ist, das beschleunigende Feld also nicht zu schnell seine Richtung wechselt, kann das so beschleunigte Elektron im Erdmagnetfeld schwingen und selbst wieder eine elektromagnetische Welle erzeugen, die als Echo der ursprünglichen Funkwelle zur Erde zurückfällt. Ist die Frequenz zu hoch, dann schwingen die Elektronen auf zu kurzen Strecken, und die Welle kann die Ionosphäre durchqueren, ohne ein solches Echo zu erzeugen. Das passiert zum Beispiel bei der heute im Radio vorherrschenden Ultrakurzwelle (UKW, ab 85 MHz) oder bei Fernsehsignalen im VHF- oder UHF-Bereich. Bei sehr niedrigen Frequenzen werden die

Wege der Elektronen hingegen sehr lang, bis sie die Richtung wechseln, und die Wahrscheinlichkeit steigt an, dass sie doch mit einem Molekül kollidieren und ihre Energie dadurch verloren geht. Mittel- und Langwellenfunk werden daher zu einem großen Teil in der Ionosphäre absorbiert. Bei der Kurzwelle (ca. 2 bis 30 MHz) ist das Echo jedoch stark genug, dass die Wellen sogar mehrfach zwischen Ionosphäre und Erdboden hin und her reflektiert werden können. Das führt dazu, dass Kurzwellensignale bei guten Bedingungen um die halbe Erde empfangen werden können, was vor allem vor der regelmäßigen Nutzung von Kommunikationssatelliten und Internet von Bedeutung war.

Anders als bei Radiosendern werden bei HAARP Kurzwellen mit hoher Leistung nicht in alle Richtungen abgestrahlt, sondern nach oben, in einen relativ begrenzten Bereich des Himmels konzentriert. So können in diesem begrenzten Bereich die freien Elektronen deutlich stärker beschleunigt werden. Treffen diese auf hohe Energie beschleunigten Elektronen auf ein Molekül, dann können sie es ionisieren, also weitere Elektronen daraus herauslösen. Diese können dann wiederum beschleunigt werden und neue Moleküle ionisieren. HAARP kann also in einem kleinen Bereich der Ionosphäre, direkt über der Anlage, die Anzahl der freien Elektronen erhöhen und diese gleichzeitig auf ungewöhnlich hohe Energien beschleunigen. Dieser Vorgang wird auch als „Aufheizen" der Ionosphäre bezeichnet, obwohl es sich um einzelne Teilchen handelt, auf die Alltagsvorstellungen von einer Temperatur eigentlich nicht anwendbar sind.

Wird ein freies Elektron in der Ionosphäre von einem positiv geladenen Molekül eingefangen, wodurch das Molekül wieder elektrisch neutral wird, dann wird dabei Energie in Form eines Lichtteilchens, eines Photons, abgegeben. Dieses Photon kann, muss aber nicht, dem Frequenzbereich des sichtbaren Lichts angehören. Das passiert in der Ionosphäre ständig. Wo die Kurzwellen von HAARP die Anzahl der freien Elektronen stark erhöht haben, können sich die freigesetzten Photonen zu Lichteffekten aufsummieren, die sich mit empfindlichen Kameras aufnehmen lassen und eine gewisse Ähnlichkeit mit Polarlichtern haben. Tatsächlich ist der Entstehungsmechanismus von Polarlichtern weitgehend der gleiche. Bei natürlichen Polarlichtern werden die zusätzlichen freien Elektronen jedoch nicht durch die Beschleunigung anderer Elektronen aus der Ionosphäre freigesetzt, sondern durch hochenergetische Teilchen aus dem Sonnenwind, die, wie bereits erwähnt, vor allem in den Polarregionen das Erdmagnetfeld durchdringen können. Da mit dem Sonnenwind erheblich mehr Energie auf die Ionosphäre trifft, können natürliche Polarlichter erheblich heller sein als das von HAARP produzierte Leuchten und sind daher wesentlich leichter mit bloßem Auge zu sehen.

Diese Ähnlichkeit hat offenbar dazu geführt, dass im Namen von HAARP von Polarlichtforschung die Rede ist, obwohl die Forschungsthemen dort weit umfassender sind. Das Forschungsziel von HAARP ist ein grundsätzlich besseres Verständnis der elektromagnetischen Vorgänge in der hohen Atmosphäre. Auch wenn diese Vorgänge den Funkverkehr schon seit einem Jahrhundert beeinflussen und seit rund 40 Jahren mehr oder weniger kontinuierlich bemannte Raumstationen in der Ionosphäre kreisen, gibt es zu diesem Teil unserer Umwelt als Gesamtphänomen und in seinem Zusammenspiel mit der Erde noch viele offene Fragen. Unmittelbare Auswirkungen auf unser Leben kann zum Beispiel das bessere Verstehen der Auswirkungen von Sonnenstürmen auf die Schutzschichten der Erde (Magnetfeld, Ionosphäre, tiefere Atmosphärenschichten) haben. In der Vergangenheit haben durch Sonnenstürme induzierte Ströme mitunter Schäden in Strom- und Telegrafennetzen verursacht. Anlagen, an denen ähnliche Forschung betrieben werden kann, gibt es noch in Arecibo auf Puerto Rico, in Vasilsursk östlich von Moskau sowie über mehrere Standorte verteilt in Skandinavien.

In den Begründungen für die ursprüngliche Planung und Finanzierung von HAARP tauchten auch einige militärisch relevante Forschungsthemen auf, über die die Anlage Aufschluss bringen sollte. So gab es die Überlegung, zusätzliche freie Elektronen in der Ionosphäre könnten dazu beitragen, die Reichweite des Ultraniedrigfrequenzfunks zu verbessern, mit dem kurze Botschaften zu getauchten U-Booten geschickt werden können. Außerdem hoffte man, damit die Signale weit entfernter Kernwaffentests oder gar des Starts von Interkontinentalraketen sicherer zu erkennen. Schließlich gab es sogar die haarsträubende Idee, nach einem Krieg mit Kernwaffen könnte man durch mehr freie Elektronen in der Ionosphäre die Folgen dort freigesetzter radioaktiver Strahlung für Satelliten abmildern. Diese Forschungsthemen stammen ganz offensichtlich aus dem Kalten Krieg und waren schon beim Baubeginn 1993 und erst recht bei der Fertigstellung von HAARP 2003 technologisch und politisch weitgehend überholt. So ist im Zeitalter der Satellitenkommunikation und des abgestimmten Einsatzes mit anderen Einheiten die Bedeutung des extrem langsamen und nur in einer Richtung laufenden Ultraniedrigfrequenzfunks für die Kommunikation mit U-Booten deutlich gesunken.[100]

Erkenntnisse über die Ionosphäre gewinnt man natürlich nicht dadurch, dass man nur in sie hineinstrahlt. Zu den Experimenten von HAARP gehört also eine Vielzahl von Messgeräten, teils in der Station selbst, teils an anderen

Standorten in der weiteren Umgebung. Hiermit misst man typischerweise eine bestimmte Eigenschaft der Ionosphäre jeweils mit und ohne die Effekte der HAARP-Kurzwellensender. Zudem kann man den Einfluss unterschiedlicher äußerer Bedingungen, vor allem hinsichtlich des Sonnenwindes, auf diese Messungen beobachten. Gemessen wird dabei zum einen die Strahlung, die durch die Ionosphäre hindurchkommt, vor allem in Form von Radiowellen von der Sonne oder aus dem All; zum anderen kann das Echo von Funk- oder Radarsignalen aus der Ionosphäre bei unterschiedlichen Frequenzen bestimmt werden. Hinzu kommen elektromagnetische Signale, die in der Ionosphäre selbst entstehen und von denen die Polarlichter die bekanntesten sind. Schließlich werden auch Faktoren überwacht, die nicht von der Ionosphäre beeinflusst werden, aber selbst einen Effekt auf die Ionosphäre haben, die also die anderen Messungen beeinflussen können. Hier ist an erster Stelle das Erdmagnetfeld zu nennen, das sich gerade in den Polarregionen unter dem Einfluss des Sonnenwindes deformieren kann.

Alle diese Messungen gemeinsam können helfen, ein besseres Gesamtbild des Systems von Erdmagnetfeld, Ionosphäre und Sonnenwind zu erhalten. Daraus können sich möglicherweise auch Beiträge zur Beantwortung der schon erwähnten, aber heutzutage kaum noch relevanten militärischen Fragestellungen ergeben. In erster Linie gehören solche Messungen jedoch zur Grundlagenforschung und sollen eher ein grundsätzliches Verständnis von Zusammenhängen schaffen als einzelnen Anwendungen dienen.

Welche Belege gibt es für HAARP als Geheimwaffe?

Was ist aber nun von den Behauptungen von Verschwörungsgläubigen wie Claudia von Werlhof zu halten, tatsächlich handle es sich bei HAARP um eine geheime Waffe, die dazu diene, Erdbeben oder Wetterkatastrophen auszulösen oder unsere Gedanken zu manipulieren? Sucht man bei Autoren, die HAARP als Höllenmaschine darstellen, nach Belegen für ihre Behauptungen, dann fällt auf, dass sie sich damit deutlich weniger Mühe geben als die 11.-September-Truther oder die Anhänger der Mondlandungsverschwörung. Es finden sich zwar regelmäßig ausführliche Beschreibungen, welche verheerenden Schäden die Anlage anrichten könne, aber meist eher wenige Anhaltspunkte dazu, woran man das denn erkennen würde. Ein paar Themen tauchen allerdings einigermaßen regelmäßig auf.

Zu diesen angeblichen Belegen gehören praktisch jegliche Beobachtungen ungewöhnlicher Wolken, insbesondere aber wellenförmige Wolkenmuster oder einzelne runde Lücken in ansonsten durchgehenden Wolkendecken.

Derartige Wolkenbeobachtungen werden im folgenden Kapitel zu Chemtrails genauer behandelt, wo auch HAARP noch einmal auftauchen wird. Daher sollen hier zunächst die anderen Argumente betrachtet werden.

HAARP als geheime Militäranlage

Verschwörungsseiten im Internet bezeichnen HAARP als „Wahnsinns-Projekt, das bereits seit Jahren unter strengster Geheimhaltung in Alaska von den US-Militärs entwickelt wird".[101] „Gut versteckt in einem Wäldchen" befinde sich die Anlage „auf einem extra errichteten Militärstützpunkt".[102]

Tatsächlich ist der Standort der Anlage alles andere als geheim. Wer HAARP als Suchbegriff in Google Maps eingibt, bekommt den Standort des Labors angezeigt, und das Areal, auf dem die Antennen aufgestellt sind, ist in der Satellitenbildansicht auch gut zu erkennen. Die Zufahrt liegt direkt am Highway 1, der Hauptverbindungsstraße von Alaskas größter Stadt Anchorage nach Kanada. Nutzer haben auf Google Maps auch eigene Fotos von der Einfahrt des Geländes hochgeladen, einschließlich eines dekorativen Selbstporträts direkt vor dem Tor mit den entsprechenden Schildern.[103] Der einfache, gut mannshohe Maschendrahtzaun mit drei Reihen Stacheldraht, der die Anlage umschließt, ist sicher geeigneter, Bären vom Plündern der Mülltonnen abzuhalten, als professionelle Spione oder Saboteure abzuschrecken. Die Anlage liegt tatsächlich im Wald – das ist in der Region auch kaum vermeidbar, denn abgesehen von Gebirgen und Flussläufen sind große Teile Süd- und Zentralalaskas von endlosen borealen Wäldern bedeckt, die große Ähnlichkeit mit den Wäldern Nordskandinaviens oder der sibirischen Taiga haben. Der Abstand zu bewohntem Gebiet und der Wald zwischen den Messgeräten und der Straße sind auch sinnvoll, weil zumindest die Geräte zur Beobachtung von Lichtemissionen aus der Ionosphäre empfindlich gegenüber gestreutem Licht vom Boden sind.

Die Schilder auf Aufnahmen der HAARP-Einfahrt weisen die Anlage als Gelände der US-Luftwaffe aus, und tatsächlich wurde HAARP hauptsächlich aus den Budgets von Luftwaffe und Marine finanziert und in den ersten Jahren auch unter Federführung der Luftwaffe betrieben. Die University of Alaska Fairbanks war jedoch von Anfang an am Betrieb der Anlage beteiligt. Schon in der Planung und auch später im Betrieb kamen die beteiligten Wissenschaftler von einer Vielzahl ziviler Universitäten und Forschungsinstitute,[104] darunter auch Studenten sowie ausländische Forscher, zum Beispiel aus Japan, der Ukraine[105] und China[106].

Die Finanzierung der rund 250 Millionen Dollar teuren Anlage aus Mitteln des Militärs war von Anfang an nicht unumstritten. Der Grund dafür war vor allem, dass, wie bereits erwähnt, die militärische Relevanz der dortigen Forschung mit moderner Kommunikationstechnik nach dem Zusammenbruch der Sowjetunion schon Anfang der 1990er Jahre eher fragwürdig war.[107] Es wurde vermutet, dass es dem wichtigsten Förderer des Projekts, dem Senator von Alaska, Ted Stevens, vor allem darum ging, ein von der Bundesebene finanziertes prestigeträchtiges Forschungsprojekt in seinen strukturschwachen Heimatstaat zu holen. Dass reine Grundlagenforschung von zivilen Wissenschaftlern über den Verteidigungshaushalt finanziert wird, ist aufgrund einer Eigentümlichkeit der amerikanischen Forschungslandschaft jedoch nicht unüblich. In den USA gibt es kein nationales Forschungsministerium, naturwissenschaftliche Grundlagenforschungszentren werden daher aus den Haushalten unterschiedlicher Ministerien mitfinanziert – in den meisten Fällen vom Energieministerium oder eben vom Verteidigungsministerium.[108] Die NASA als unabhängige Regierungsbehörde (ähnlich wie die amerikanische Post) gehört übrigens nicht dazu, sondern hat ihren eigenen Haushalt.

Im Frühjahr 2014 erklärte die zuständige Abteilung des Pentagons, das letzte vom Militär beauftragte Forschungsprojekt sei abgeschlossen, und noch im Sommer desselben Jahres werde HAARP geschlossen und später abgerissen. Nach Protesten der beteiligten Wissenschaftler wurde der Betrieb zunächst noch um ein Jahr verlängert und dann von der University of Alaska Fairbanks ohne militärische Beteiligung übernommen. Der Verkauf des Grundstücks an die Universität zog sich länger hin, so dass noch auf Fotos aus dem Sommer 2017 Schilder am Tor das Grundstück als Militärgelände auswiesen. Tatsächlich ist HAARP inzwischen aber eine rein zivile Forschungseinrichtung im Besitz einer öffentlichen Universität.

Schon seit die Anlage noch unter militärischer Leitung stand, wird dort eine Form der Transparenz gepflegt, die in der Wissenschaft nicht selbstverständlich ist: Die Daten von einigen Messgeräten, die auch für Forscher außerhalb der eigenen Projekte hilfreich sein könnten, werden in Echtzeit im Internet veröffentlicht. Diese Offenheit hat aber gerade nicht dazu beigetragen, Verschwörungsbehauptungen zu vermeiden. Nach den Erdbeben von Haiti 2010[109] und Japan 2011[110] wurden diese veröffentlichten Daten des HAARP-Magnetometers präsentiert, um die Behauptung zu belegen, HAARP habe die Erdbeben ausgelöst. Dieses Gerät misst jedoch einfach nur kleinste Schwankungen des Erdmagnetfelds, die durch den stetig schwankenden Strom elektrisch geladener Teilchen von der Sonne ausgelöst werden. Sie werden bei HAARP überwacht, weil sie die Ergebnisse der anderen Messgeräte beeinflussen können. Die Funkwellen von HAARP haben auf das Erdmagnetfeld hingegen überhaupt keinen Einfluss. Die spektakulär aussehenden Aufzeichnungen, die als angebliche Belege präsentiert werden, zeigen einfach nur irgendwelche Schwankungen im Erdmagnetfeld, wie sie auch an anderen Tagen oder an anderen Standorten aufgezeichnet wurden.

Wer HAARP tatsächlich für eine geheime, im Wald versteckte Militärbasis hält, dem sei der jährlich im Sommer stattfindende Tag der offenen Tür empfohlen, an dem jeder Interessierte die Anlage besichtigen und Fragen stellen kann. Angesichts der über HAARP kursierenden Horrorberichte sollte man erwarten, dass Verschwörungsgläubige trotz des abgelegenen Standortes in Scharen nach Gakona strömen sollten, um die Höllenmaschine mit eigenen Augen zu sehen. Zum Tag der offenen Tür 2017 kamen jedoch, trotz einer eigens eingerichteten Busverbindung aus Fairbanks, ganze 220 Besucher.

Was ist mit den technischen Zeichnungen und Patenten?

Regelmäßig werden Behauptungen, bei HAARP handle es sich um ein geheimes Waffensystem, mit Patenten oder erkennbar alten technischen Zeichnungen belegt. Ursprung der angeführten Zeichnungen sind in der Regel ebenfalls Patentschriften, wobei die Quelle in vielen Fällen nicht angegeben ist. Hierzu muss man sich zunächst einmal verdeutlichen, was ein Patent eigentlich ist. Ein Patent ist ein gewerbliches Schutzrecht, das innerhalb seines Geltungsbereichs (meist eines Landes oder eines gemeinsamen Wirtschaftsraums wie der EU) dem Patentinhaber ermöglicht, anderen die Nutzung seiner Idee zu verbieten. Ein Patent, insbesondere eines des US-Patentamtes, würde nichts dazu beitragen, Russland oder China am Nachbau eines amerikanischen Waffensystems zu hindern. Im Gegenteil: Wer ein Patent anmelden will, muss es in einer Patentschrift genau darstellen, und diese Patentschrift ist anschließend für jeden einsehbar, bei vielen Patentämtern heute ganz einfach im Internet. Patentschutz ist also mit Geheimhaltung unvereinbar und somit für jegliche „Geheimwaffen" vollkommen ungeeignet. Dass ein Patent für eine Erfindung gewährt wurde, bedeutet auch nicht, dass diese Erfindung technisch umsetzbar oder überhaupt physikalisch möglich ist. Geprüft wird lediglich, dass noch niemand anders die gleiche Erfindung patentiert hat.

Einige dieser Zeichnungen und Patente stehen zu HAARP in überhaupt keinem sinnvollen Zusammenhang. So findet sich eine Skizze, auf der ein sich auffächernder Strahl von einem Sender auf der Erde an einer mehrere Erdradien entfernten runden Fläche reflektiert wird und, wieder gebündelt, zu einem Empfänger auf einem anderen Erdteil fällt.[111] Hier soll offenbar der

Eindruck erweckt werden, durch Reflektion an der Ionosphäre könnten die von HAARP gesendeten Radiowellen gebündelt an einen bestimmten Punkt gesendet werden. Tatsächlich wird, was immer von der Ionosphäre an Kurzwellen auf die Erde zurückfällt, nicht gebündelt, sondern vielmehr in unterschiedliche Richtungen gestreut. Die abgebildete Skizze stammt aus einer Patentschrift für einen Folienspiegel auf einer Erdumlaufbahn, der Laserstrahlen fokussiert zu einem bestimmten Punkt zurückwerfen sollte.[112] Das Patent aus dem Jahr 1993 sollte der Telekommunikation dienen, war aber aufgrund der deutlich einfacheren Kommunikation über moderne Satelliten schon damals vollkommen veraltet.

Auf derselben Website werden auch mehrere Patente für ein „Power Beaming System" zitiert. Dieses schlägt eine Methode zur drahtlosen Energieübertragung durch Mikrowellenstrahlung vor.[113] Unabhängig von der Frage, ob eine solche Lösung praktikabel oder gar vorteilhafter als ein Kabel wäre, bezieht es sich auf völlig andere Frequenzen als den Kurzwellenfunk von HAARP und bräuchte daher auch völlig anders geformte Antennen. Übrigens bezieht sich keines der genannten Patente auf eine Verwendung als Waffensystem.

Interessanter im Zusammenhang mit HAARP sind mehrere Patente eines gewissen Bernard Eastlund, die von Verschwörungsgläubigen besonders gerne zitiert werden. Eastlund beschreibt darin vom Grundsatz her tatsächlich eine Anlage, die das gleiche Funktionsprinzip wie HAARP benutzen sollte. Die eigentlichen Erfindungen in Eastlunds Patenten bezogen sich auf die Idee, mit einer solchen Anlage in der Arktis Elektronen in der Ionosphäre so stark im Erdmagnetfeld zum Schwingen zu bringen, dass sie selbst wieder ein Magnetfeld erzeugen, durch das sie nach oben aus der Ionosphäre herausgeschleudert werden. Entlang der Feldlinien des Erdmagnetfelds sollten diese Elektronen dann einen weiten Bogen durch das All beschreiben und sich schließlich über der Antarktis wieder der Erde nähern. Im dort dichter werdenden Erdmagnetfeld sollten die Elektronen zurückgeworfen werden und auf der gleichen Bahn zur Arktis zurückfliegen. Diese hin und her reflektierten Elektronen sollten einen künstlichen Strahlungsgürtel bilden, dem Eastlund allerlei phantastische Möglichkeiten zur Veränderung von Wetter und Umwelt andichtete.[114] Etwas realistischer klingt schon seine Behauptung, dieser Strahlungsgürtel könne als eine Art Schutzschild die Elektronik hindurchfliegender Interkontinentalraketen stören. Wie praktikabel ist aber diese Idee und was hat sie tatsächlich mit den Fähigkeiten von HAARP zu tun?

Eastlunds ursprüngliches Forschungsgebiet war die Bewegung geladener Teilchen im Magnetfeld zukünftiger Kernfusionsreaktoren. Es ist also davon auszugehen, dass er die Bewegung der Elektronen im Erdmagnetfeld korrekt berechnet hat. Das Problem bei seiner „Erfindung“ ist die benötigte Energie. Eastlund berechnet selbst, um die Elektronen aus der Ionosphäre herauszubeschleunigen, würde man eine Energiedichte von 10 000 Watt pro Quadratmeter in 250 Kilometern Höhe brauchen. Das ist siebenmal mehr, als selbst am Äquator an Sonnenenergie senkrecht auf die Atmosphäre fällt. HAARP könnte im Vergleich dazu in der gleichen Höhe maximal Strahlungsdichten in der Größenordnung von einem Milliwatt pro Quadratmeter erzeugen – wenn nicht schon ein großer Teil der Energie in tieferen Schichten der Ionosphäre absorbiert würde.

Man bräuchte für Eastlunds Idee also nicht nur eine Anlage mit der millionenfachen Leistung von HAARP, sondern auch völlig absurde Energiemengen, um diese Anlage zu betreiben. Nicht umsonst beschreibt Eastlund in seinen Patenten (allerdings ohne eine realistische Abschätzung der tatsächlich benötigten Energiemengen), wie die Energie für eine solche Anlage aus dem in Alaska vorhandenen Erdgas erzeugt werden könnte. Das passt recht gut dazu, dass Eastlund zum fraglichen Zeitpunkt für eine Tochtergesellschaft der Atlantic Richfield Company (ARCO) arbeitete, ein Erdöl- und Erdgasunternehmen mit umfassenden Aktivitäten in Alaska. Die Gesamtsendeleistung von HAARP wird im Zusammenhang mit der Frage, ob die Behauptungen über die Anlage überhaupt stimmen können, noch eine Rolle spielen. Hier ist nur festzuhalten, dass das Eastlund-Patent Anlagen mit um viele Größenordnungen höherer Leistung als HAARP voraussetzt und somit kein Beweis dafür sein kann, dass HAARP diese Fähigkeiten hat. Die Idee, einen solchen Strahlungsgürtel als Raketenabwehr zu erzeugen, gab es auch schon einmal in den 1950er Jahren. Damals war jedoch angedacht, die Strahlung durch die Zündung von Kernwaffen in der Ionosphäre zu erzeugen. Nach den drei Kernwaffentests der Argus-Reihe 1958 kam man jedoch zum Ergebnis, dass ein solcher Strahlungsschild sich zu schnell auflösen würde, um einen nennenswerten Schutz zu bieten.[115]

Aber vor HAARP warnen doch sogar die Vereinten Nationen und die EU, oder?

„UN-Dokument enthüllt: HAARP-Waffe ist vergleichbar mit Atombombe“, titelt die Reichsbürgerseite *Der BRD-Schwindel*.[116] Der christlich-mystische *Endzeit-Blog* sieht eine „HAARP-Bombe im UNO-Bericht“.[117] Auch die amerikanische Seite *2012 – The Awakening* sieht in einem UNO-Bericht den Beweis, dass HAARP eine Art von Nuklearexplosionen hervorrufen kann.[118] Bei einem Bericht der Vereinten Nationen muss es sich ja um eine vertrauenswürdige Quelle handeln – liegt hier also der Beweis für die Gefährlichkeit der kleinen Forschungsstation im fernen Alaska?

Alle diese Artikel beziehen sich auf die gleiche Quelle: eine Pressemeldung der UN über die Anhörung eines Sonderausschusses der UN-Vollversammlung zur Entkolonisierung vom 14. Juni 2007.[119] In der Sitzung waren nach einem Antrag Kubas die Vertreter diverser separatistischer Splittergruppen aus dem US-Außengebiet Puerto Rico gehört worden. Die Pressemeldung fasst deren Aussagen zusammen, ohne dass irgendein Gremium der UN dazu inhaltlich Stellung nehmen würde. Der Sonderausschuss beschäftigt sich vor allem auf Betreiben Kubas immer wieder mit Puerto Rico, obwohl sich in Abstimmungen dort regelmäßig nur eine winzige Minderheit (zuletzt beim Volksentscheid 2017 1,5 Prozent)[120] der Einwohner für eine Abspaltung von den USA ausspricht.

Die Aussage, HAARP hätte die gleiche Wirkung wie ein nuklearer Sprengsatz, stammt aus der Stellungnahme der Vertreterin einer „Patriotischen Front von Arecibo", die auch unbelegte Behauptungen über eine angebliche Kernwaffenfabrik in Puerto Rico verbreitet. Sucht man im Internet nach Informationen über die „Patriotische Front von Arecibo", so findet man neben Zitaten aus Anhörungen dieses UN-Ausschusses lediglich Erwähnungen in Auflistungen obskurer linker Gruppen in privaten Blogs sowie einen Aufruf zu einer Gedenkkundgebung auf der Seite eines lokalen Fernsehsenders. Die Organisation hat anscheinend weder eine eigene Website noch wird sie regelmäßig in den Medien erwähnt. Das Interesse an Verschwörungsbehauptungen zu HAARP steht offensichtlich im Zusammenhang zum Observatorium von Arecibo, das ebenfalls zur Ionosphärenforschung genutzt werden kann. Das Observatorium mit seinem markanten, in einer Bodenmulde hängenden Hauptspiegel ist bekannt aus diversen Filmen, darunter *James Bond: GoldenEye* und *Contact*.

Kurz zusammengefasst handelt es sich bei der vermeintlichen Stellungnahme der UN schlicht um die Behauptung einer einzelnen politischen Extremistin, die auf Betreiben der kubanischen Regierung ihre Geschichten in einem UN-Ausschuss vortragen durfte.

Die UN werden jedoch noch in einem weiteren Kontext als Kronzeuge gegen HAARP herangezogen. So schreibt der Autor Jerry E. Smith in seinem Buch über HAARP, die *Environmental-Modification*-(ENMOD-)Konvention der UNO verbiete ausdrücklich den Einsatz von Techniken, die durch gezielte Manipulation natürlicher Prozesse „Erdbeben, Flutwellen, Klima- und Wetterveränderungen auslösen könnten". Die UNO hätte sich ja nicht die Mühe machen müssen, solche Umweltveränderungen zu verbieten, wenn nicht jemand die Technologie hätte, sie umzusetzen.[121] Auch deutsche Verschwörungsautoren zitieren die ENMOD-Konvention als Beleg dafür, dass HAARP tatsächlich als Waffe diene.[122]

Tatsächlich stammt die ENMOD-Konvention schon aus dem Jahr 1977. Sie wurde also mehr als zehn Jahre vor der angeblichen Erfindung von HAARP als Waffensystem durch den Patentanmelder Eastlund verfasst. Sie war seinerzeit bewusst offen formuliert, um eine Vielzahl auch nur vage vorstellbarer militärisch relevanter Umweltveränderungen abzudecken. Hintergrund waren einerseits der amerikanische Einsatz von Entlaubungsmitteln im Vietnamkrieg, andererseits Versuche Syriens, vor dem Sechstagekrieg durch Umleitung der Jordanzuflüsse im Golan Regionen in Israel und Jordanien buchstäblich das Wasser abzugraben. Solche Methoden der Kriegführung sind auch nicht neu: Schon Geschichtsschreiber des 19. Jahrhunderts verbreiteten die vermutlich irrigen Thesen, die Römer hätten nach der Zerstörung Karthagos den Boden gezielt unfruchtbar gemacht und in Germanien Waldgebiete mit dem Ziel gerodet, widerspenstigen Germanen im Kampf die Verstecke zu nehmen. Die Idee vom Menschen verursachter Erdbeben braucht ebenfalls nicht sonderlich viel Phantasie. Ein nennenswerter Teil der in Deutschland auftretenden kleineren Erdbeben entsteht durch den Einsturz alter Bergwerksstollen. Auch die Überlegung, mittels unterirdischer Kernwaffenzündungen Schäden durch Erschütterungen an der Erdoberfläche zu erzeugen, während die Strahlung im Boden eingeschlossen bleibt, ist nicht weit hergeholt.

Im Fall der genannten UN-Unterlagen ist es also die Interpretation durch die Verschwörungsgläubigen, die Anlass zum Kopfschütteln gibt. Es gibt allerdings mindestens eine offizielle Stellungnahme eines anderen multinationalen Gremiums, bei der die Behauptung, HAARP sei ein Waffensystem, tatsächlich von offiziellen Volksvertretern geäußert wurde.

„Europäisches Parlament gibt Warnungen vor HAARP heraus", titelte 2011, als eine der Ersten unter vielen amerikanischen Webseiten, das *Exopolitics Institute*, das sich ansonsten eher über angebliche Kontakte von Regierungen zu Außerirdischen auslässt.[123] Der häufig geteilte Artikel bezieht sich auf einen Vorgang, der zum damaligen Zeitpunkt schon zwölf Jahre zurücklag. 1999 hatte das Europäische Parlament einen Entschließungsantrag, letztlich also eine Meinungsäußerung ohne irgendeine rechtliche Wirkung, beschlossen, in dem das damals noch im Bau befindliche HAARP allen Ernstes als Waffe bezeichnet wird. Der bizarre Vorgang nahm seinen Anfang 1995 mit einem Antrag der finnischen Abgeordneten Elisabeth Rehn, in dem es, ganz harmlos, um die Frage ging, wie militärische Ressourcen, zum Beispiel

Truppenübungsplätze, für den Umweltschutz genutzt werden könnten. HAARP kam in diesem ursprünglichen Antrag überhaupt nicht vor. In den folgenden Jahren durchlief die Beschlussvorlage mehrere Ausschüsse, wobei immer wieder neue Forderungen und Erläuterungen angefügt wurden.[124]

Die entscheidenden Passagen zu HAARP wurden durch einen Unterausschuss des Ausschusses für auswärtige Angelegenheiten, Sicherheit und Verteidigungspolitik eingefügt. Vorangegangen war eine Anhörung des Unterausschusses über „HAARP und nichttödliche Waffen". Der Unterausschuss wollte darin offenbar einen Vertreter der US-Regierung anhören, die zu der bizarren Veranstaltung jedoch niemanden entsandte. Wer hingegen teilnahm, war der Verschwörungsautor Nick Begich, von dem im Zusammenhang mit HAARP noch zu reden sein wird. Auf Begich beruft sich denn auch die Begründung des merkwürdigen Antrags. Als weitere Quelle wird die amerikanische Verschwörungsautorin Rosalie Bertell genannt. Von Begich stammt offenbar die absurde Behauptung in dem Parlamentsbeschluss, HAARP könne Löcher in der Ionosphäre verursachen, von denen man nicht wisse, ob sie sich wieder schließen würden. So könnten Löcher im Schutz der Erde vor kosmischer Strahlung entstehen, behauptet ernsthaft der Beschluss des Europäischen Parlaments. Wer immer den Beschlusstext verfasst hat, verstand weder etwas von HAARP (das die Ionosphäre allenfalls lokal verstärken, aber keine Löcher erzeugen kann) noch von der Ionosphäre. Die Ionosphäre besteht, wie schon erwähnt, aus einem Beinahe-Vakuum, in dem sich lediglich einzelne Moleküle und freie Elektronen bewegen. Wie es möglich sein soll, in diesem Beinahe-Vakuum Löcher zu erzeugen, die sich nicht durch die Bewegung der Teilchen automatisch wieder schließen, bleibt wohl das Geheimnis der EU-Parlamentarier. Vor der kosmischen Strahlung wird die Erde nicht durch die Ionosphäre, sondern durch das Erdmagnetfeld und die Moleküle der Atmosphäre geschützt.

Das sind aber nicht die einzigen absurden inhaltlichen Fehler im Beschlusstext. So findet sich im 1999 beschlossenen Text unter Berufung auf Rosalie Bertell die Behauptung: „Seit den 50er Jahren führen die USA Atomexplosionen im Van-Allen-Gürtel durch." Der Van-Allen-Gürtel beginnt in einer Höhe von 700 Kilometern über der Erde. In solchen Höhen gab es überhaupt jemals nur einen Kernwaffentest: *Argus-3* über dem Südatlantik am 6. September 1958.[125] Der letzte US-Kernwaffentest über der Erdoberfläche war *Tightrope* am 4. November 1962 und der letzte US-Test überhaupt fand am 23. September 1992 statt.[126] 1963 wurde der „Vertrag über das Verbot von Kernwaffenversuchen in der Atmosphäre, im Weltraum und unter Wasser" und 1996 der umfassende Kernwaffenteststoppvertrag jeweils mit Zustimmung der USA geschlossen. Wenigstens das hätten EU-Parlamentarier 1999 wissen müssen.

Welche Abgeordneten genau für die einzelnen Inhalte dieser Nonsens-Resolution verantwortlich sind, ist aus dem Protokoll leider nicht ersichtlich. Eine Sternstunde der europäischen Demokratie ist dieser Beschluss jedenfalls nicht.

Aber das kann doch nicht von allein passieren!

Regelmäßig werden als „Beweise" für die Gefährlichkeit von HAARP Ereignisse oder Beobachtungen präsentiert, die angeblich auf keine andere Art zu erklären sind. Dass das Nichtverstehen anderer Ursachen kein Beleg für eine aus der Luft gegriffene Behauptung sein kann, wird dabei ignoriert. So kursierte bereits wenige Tage nach dem Erdbeben von Haiti im Januar 2010 ein Text im Netz, der bis heute verbreitet wird, mit dem Titel: „13 Gründe, zu vermuten, dass HAARP das Beben von Haiti verursacht hat". Darin heißt es: „Das Erdbeben war tatsächlich nicht auf einer großen Verwerfung, sondern ziemlich weit südlich von der Grenze der Nordamerikanischen und Karibischen Platte. Dort gibt es normalerweise keine Beben, schon gar keine so großen."[127] Tatsächlich verläuft die Bruchlinie zwischen den beiden großen Platten gut 100 Kilometer entfernt, entlang der Nordküste der Insel Hispaniola, auf der Haiti und die Dominikanische Republik liegen. An dieser Bruchlinie lag auch das rund zehnmal stärkere Erdbeben, das 1946 Gebiete im Norden der Dominikanischen Republik verwüstete. Im Süden Haitis war es tatsächlich in jüngerer Vergangenheit relativ ruhig.

Schaut man weiter in die Geschichte, wurde aber gerade die 2010 stark betroffene Hauptstadt Port-au-Prince in der Neuzeit schon mindestens zweimal fast vollständig verwüstet: In der Beschreibung der Insel berichtete der Lokalhistoriker Moreau de Saint-Méry im 18. Jahrhundert, ein Erdbeben am 18. Oktober 1751 und die mehrfachen Nachbeben an den folgenden Tagen hätte nur ein einziges der steinernen Gebäude der Stadt überstanden. Am 3. Juni 1770 seien noch einmal große Teile der Stadt zerstört worden.[128] Der Grund dafür ist, dass Hispaniola eben nicht auf der eigentlichen Karibischen Platte liegt, sondern auf einem Bruchstück zwischen den beiden Platten. Zu erkennen ist dies auch am Verlauf der Gebirgsketten jeweils im Norden und im Süden der Insel. Die südliche Begrenzung dieses Bruchstücks, die *Enriquillo-Plantain-Garden*-Verwerfung, verläuft direkt durch die südlichen Vorstädte von Port-au-Prince. Aktuelle geophysikalische Untersuchungen zeigen, dass die Beben von 1751 und 1770 wesentlich stärker gewesen sein müssen als das von 2010 und dass sich die seitdem wieder aufgebauten Spannungen entlang der Verwerfung durch das jüngste Beben nicht einmal annähernd gelöst haben.[129] Port-au-Prince lebt also weiterhin mit der Gefahr einer noch größeren Verwüstung.

Zu den 13 Gründen, die in der Onlinequelle genannt werden, beziehen sich gleich mehrere auf sogenannte „HAARP-Wolken", die um das Beben herum gesehen worden sein sollen. Ungewöhnlich erscheinende Wolkenformen werden noch im folgenden Kapitel zu Chemtrails ausführlicher behandelt. Die anderen „Gründe" drehen sich vor allem um Falschmeldungen und Spekulationen, die in den ersten Stunden nach der Katastrophe in den Medien kursierten – ein häufiges Phänomen, das auch im Zusammenhang mit dem 11. September eine Rolle spielt.

Das gleiche Argumentationsmuster findet sich auch ein Jahr später nach dem Tōhoku-Erdbeben vor der Küste von Japan, bei dem unter anderem das Kraftwerk in Fukushima zerstört wurde. Ein beliebtes Motiv sind dabei Fernsehaufnahmen eines Hafenbeckens, in dem sich eine Verwirbelung im Wasser gebildet hat und ein Boot unkontrolliert im Kreis getrieben wird. Im Text zu einem typischen *Youtube*-Video dieser Art heißt es: „Spiralformen die sich gegen den Uhrzeigersinn drehen, sind künstlich erzeugte Erdbeben. Immer nach einem HAARP-Einsatz, entsteht am Erzeugungsort und unmittelbar in der Nähe davon, ein solches Schauspiel. Entweder an der Erdoberfläche mit den Wolken, oder im Meer."[130]

Der Verfasser dieses Textes hat offenbar seit längerer Zeit keinen ausführlichen Wetterbericht mehr gesehen, denn auf der Nordhalbkugel drehen sich die Wolken in jedem Tiefdruckgebiet spiralförmig gegen den Uhrzeigersinn. Der Grund dafür ist einfach die Erddrehung. Am 50. Breitengrad, also zum Beispiel in Mainz, hat man am Boden einen Abstand von 4095 Kilometern zur Erdachse. Durch die Erddrehung einmal in 24 Stunden bewegt sich hier also ständig der Boden mit einer Geschwindigkeit von 1072 Stundenkilometern Richtung Osten.

Ein Luftpaket über Mainz muss sich bei Windstille natürlich mit gleicher Geschwindigkeit mit dem Erdboden mitbewegen. Wir nehmen an, dieses Luftpaket würde durch tieferen Luftdruck über Norddeutschland bis zum 52. Breitengrad nach Norden gesaugt, müsste auf gerader Linie also ungefähr nach Bielefeld gelangen. In Bielefeld ist man aber näher am Nordpol und hat nur noch einen Abstand von 3922 Kilometern zur Erdachse – der Erdboden bewegt sich durch die Erddrehung also nur noch mit 1026 Stundenkilometern in Richtung Osten. Das Luftpaket ist aber nicht fest mit dem Erdboden verbunden, wird sich also durch seine Trägheit zunächst weiter mit 1072 Stundenkilometern nach Osten bewegen. Es wird den darunterliegenden

Erdboden in der Bewegung nach Osten überholen und statt über Bielefeld zum Beispiel über Magdeburg ankommen. Durch Reibung am Erdboden und dabei entstehende Turbulenzen wird es dann irgendwann so weit abgebremst, bis es sich wieder mit dem Boden mitbewegt. Ein zweites Luftpaket am 54. Breitengrad (das wäre über der Nordsee, in der Nähe der Insel Helgoland) würde sich nur mit 980 Stundenkilometern Richtung Osten bewegen, weil der Erdboden (oder vielmehr die Wasseroberfläche) so weit im Norden nur 3745 Kilometer von der Erdachse entfernt ist. Würde dieses Luftpaket ebenfalls durch niedrigen Luftdruck Richtung Bielefeld gesaugt, dann würde es hinter der Erddrehung in Rückstand geraten – statt über Bielefeld käme es also möglicherweise über dem niederländischen Den Haag an.

In der Summe ergeben diese Ablenkungen eine Rotation gegen den Uhrzeigersinn um das Zentrum des angenommenen Tiefdruckgebiets über Bielefeld. Das gilt selbstverständlich ganz unabhängig von der Frage, ob es die Stadt Bielefeld tatsächlich gibt. Auf der Südhalbkugel führt einen hingegen eine Bewegung nach Süden näher zum Pol und damit zur Erdachse. Daher drehen sich Tiefdruckgebiete auf der Südhalbkugel im Uhrzeigersinn. Diese Ablenkung durch die Erddrehung bezeichnet man auch als Corioliskraft, obwohl tatsächlich außer dem Luftdruckgefälle gar keine Kraft wirkt.

Sieht man in dem wirbelnden Wasser auf dem Video also einfach einen Effekt der Erddrehung? Mit Sicherheit nicht, denn das Hafenbecken hat deutlich weniger als einen Kilometer Durchmesser und seine Nordseite ist damit nur minimal näher an der Erdachse als die Südseite. Des Rätsels Lösung erkennt man auf Aufnahmen, die einige Sekunden früher beginnen, während der Hubschrauber mit der Kamera noch anfliegt und das gesamte Hafenbecken im Bild ist.[131] Durch die Hafeneinfahrt in einer Ecke des Beckens strömt das Wasser wie ein Strahl ein und an einer Seite des Beckens entlang, wodurch das gesamte Wasser im Hafenbecken in Drehung versetzt wird. Derselbe Effekt, wenngleich deutlich langsamer und dadurch unsichtbar, dürfte in diesem Hafenbecken durch Ebbe und Flut entstehen. Auch beim Ablaufen des Wassers aus der Badewanne kann man entgegen anderslautenden Kindergeschichten nicht am Strudel erkennen, ob man sich auf der Nord- oder Südhalbkugel befindet. Die Drehrichtung des Strudels ergibt sich einfach aus der Position des Abflusses der Wanne und der zufällig gerade vorherrschenden Bewegungsrichtung im Wasser.

Tipps für eigene Beobachtungen

Bevor Sie das nächste Mal Ihre Badewanne füllen, rufen Sie sich zunächst die Bilder des Strudels im Hafenbecken in Erinnerung, indem Sie online nach Videos zu Begriffen wie „Japan Strudel Erdbeben" suchen. Benutzen Sie die Handbrause, um das Wasser in die Wanne laufen zu lassen und richten Sie den Strahl von einer Ecke her an einer Seite der Wanne entlang, ähnlich wie das Wasser in Japan durch die Hafeneinfahrt geströmt ist. Variieren Sie den Winkel der Handbrause und beobachten Sie, wie sich die Verwirbelung auch mit steigendem Wasserstand verändert. Während sich die Wanne füllt, kann tatsächlich der Eindruck entstehen, es bilde sich ein Strudel um einen unsichtbaren Abfluss in der Mitte der Wanne.

Falls Sie die Badewanne regelmäßig befüllen, notieren Sie sich, ob der Strudel beim Ablaufen im Uhrzeigersinn oder entgegengesetzt dreht. Bei einem Ablauf in der Mitte oder in der Mitte einer Beckenseite sollte die Drehrichtung zufällig sein, außer Sie wären vorher jeweils immer in gleicher Richtung aus der Wanne aufgestanden. Wannen, deren Ablauf in einer Ecke liegt, sollten eine Drehrichtung bevorzugen (in der Regel die, in der das Wasser erst an der langen, dann an der kurzen Kante entlang zum Abfluss fließt).

Ist es überhaupt möglich, dass HAARP als irgendeine Art von Waffe wirkt?

Wie in den vorherigen Kapiteln bleibt auch zu HAARP deutlich festzuhalten, dass die vorgebrachten Argumente der Verschwörungsgläubigen aus naturwissenschaftlicher Sicht in keiner Weise überzeugen. Ein Beweis, dass HAARP eine Waffe sein muss, wurde von ihnen keinesfalls erbracht.

Dennoch muss man sich auch hier die Frage stellen, ob die HAARP zugeschriebenen verheerenden Wirkungen, wenn schon nicht erwiesen, so doch wenigstens denkbar sein könnten. Zu prüfen wäre also, ob es sich bei HAARP wenigstens vom Prinzip her um eine große, inzwischen seit Jahrzehnten andauernde False-Flag-Operation handeln könnte. Nicht gemeint sein können damit jene militärischen Forschungsaufgaben, die schon bei der Finanzierung von HAARP als offizielle Begründungen für das Projekt genannt wurden. Erstens waren diese nie geheim und zweitens könnte man bei der Verbesserung des Langwellenfunks, dem Aufspüren geheimer Kernwaffentests oder dem Abmildern der Folgen von Kernwaffenexplosionen kaum behaupten, dies erfolge zum Schaden der eigenen Bevölkerung. Tatsächlich werden der Anlage im Zusammenhang mit der Behauptung, es handle sich um eine

Geheimwaffe, vor allem drei Effekte nachgesagt, die hier zum Teil schon erwähnt wurden:[132]

- HAARP könne gezielt Erdbeben auslösen,
- HAARP könne das Wetter steuern und verheerende Unwetter oder Dürrekatastrophen verursachen,
- HAARP könne durch direkte Einflussnahme auf das menschliche Gehirn Gedanken manipulieren.

Für alle drei behaupteten Schadwirkungen lässt sich eine Bedingung definieren, die mindestens erfüllt sein müsste und die sich schon bei der Frage der Umsetzbarkeit des Patents von Bernard Eastlund als K.-o.-Kriterium erwiesen hat: Völlig unabhängig von den Details des behaupteten Wirkungsmechanismus müsste eine gewisse Mindestenergie für den Prozess zur Verfügung stehen.

Wie viel Energie bräuchte man?

Wenn man davon spricht, ein Erdbeben als Waffe auszulösen, kann es ja nicht darum gehen, nur Energien freizusetzen, die sich als tektonische Spannungen im Boden bereits aufgebaut haben und sich früher oder später an gleicher Stelle ohnehin entladen hätten. Ein solches vorzeitiges Entladen der aufgebauten Spannungen würde im Ergebnis ja dazu führen, dass die resultierenden Schäden langfristig geringer ausfallen würden, als wenn sich die Energie weiter hätte aufbauen können – ein recht menschenfreundliches Verständnis einer Geheimwaffe. Um ein Erdbeben wirklich zu verursachen, müsste der auslösende Mechanismus also Energiemengen bereitstellen, die in irgendeiner Form in ähnlicher Größenordnung liegen wie die Energie, die beim Beben freigesetzt werden soll. Im Fall des japanischen Tōhoku-Bebens mit einer Momenten-Magnitude von mindestens 9,0 entspräche dies ungefähr einer Energie von 2×10^{18} Joule oder, in einer etwas vertrauteren Einheit, 800 Milliarden Kilowattstunden. Das ist etwa ein Drittel mehr als der Stromverbrauch der gesamten Bundesrepublik Deutschland in einem Jahr.

Eine angebliche Erklärung dafür, wie die Energie von HAARP dennoch ausreichen könne, um Erdbeben zu erzeugen, präsentierte Nick Begich in einem Video, das wenige Tage nach der Katastrophe von Haiti verbreitet wurde.[133] Begich ist einer der beiden Autoren des Buches *Angels don't Play this HAARP*, aus dem viele der besonders abstrusen Behauptungen stammen, die über HAARP im Internet kursieren. Zu Beginn des Videos brüstet sich Begich mit seinem Doktortitel, ohne zu erwähnen, dass es sich um eine Ehrendoktorwürde von einer ominösen Alternativmedizinschule aus Sri Lanka handelt.[134] Er erklärt, die Energie von HAARP würde sich durch Resonanz verstärken, so dass mehr Energie zur Verfügung stehe, als tatsächlich gesendet wurde. Als Beispiel erklärt er, auch Brücken könnten durch Resonanz einstürzen, wenn Soldaten im Gleichschritt darauf marschieren.

Offensichtlich hat Begich nicht verstanden, was Resonanz eigentlich ist. In einer resonanten Schwingung wird die Energie der Anregung nicht verstärkt, sondern lediglich mehr oder weniger verlustarm gespeichert, so dass sie sich über einen gewissen Zeitraum aufsummieren kann, während das System schwingt. Gegenspieler der Resonanz ist die Reibung, die diese Schwingung ständig abbremst. Im Erdreich ist die Reibung so groß, dass die Schwingung eines Erdbebens innerhalb weniger Sekunden in Wärme umgewandelt wird. Außerdem erklärt Begich, diese resonante Schwingung müsste auf tektonische Spannungen treffen, die bereits kurz vor der Entladung stünden, um ein großes Beben auszulösen. Dass das Beben durch eine solche Entladung wie schon erwähnt sogar schwächer würde, als wenn sich die Spannung weiter aufbauen könnte, ist ihm offensichtlich nicht klar.

Eine noch abenteuerlichere pseudophysikalische Erklärung präsentiert der deutsche Blog *Schnittpunkt 2012*.[135] Dort wird behauptet, HAARP führe in der Ionosphäre zur Bildung von Blasen. Beim Zusammenfallen dieser Blasen könnten Schockwellen entstehen, die dann die Erdbeben auslösen. Wie schon erwähnt, herrscht in der Ionosphäre ein Vakuum, in dem lediglich einzelne Teilchen herumfliegen. Von was sollten Blasen in einem Vakuum umgeben sein und welches Medium sollte dort Schockwellen übertragen?

Den Gipfel naturwissenschaftlichen Unsinns zu HAARP bildet allerdings ein Video von dem der Reichsbürgerszene nahestehenden deutschen Verschwörungsblogger Conrebbi über das japanische Tōhoku-Beben.[136] Conrebbi verwechselt elektromagnetische Wellen mit Schallwellen, verwendet Begriffe wie Amplitude, Superfluidität oder kritischer Punkt, ohne sie auch nur ansatzweise zu verstehen, und meint, man könne die enorme Masse von zehn Kilometern Erdkruste erschüttern, indem man durch Radiowellen Wasservorkommen in der Tiefe zum Verdampfen bringt.

Wenn von Wetterkontrolle die Rede ist, muss man sich zunächst auf einzelne Wetterphänomene festlegen, die man betrachten möchte. Aus naheliegenden Gründen ist eines der am häufigsten genannten Phänomene, wenn von Wetter als Waffe die Rede ist, ein tropischer Wirbelsturm, wie er über dem Atlantik als Hurrikan, über dem Pazifik als Taifun und über dem indischen Ozean als tropischer Zyklon bezeichnet wird. Wollte man einen solchen Sturm nicht etwa nur geringfügig umlenken, sondern tatsächlich erzeugen, so müsste man dafür eine Energiemenge aufbringen, die zumindest grob an die Größenordnung der Energie heranreicht, die ein solcher Sturm freisetzt.

Denkt man an die Energie eines Wirbelsturms, so fällt als Erstes offensichtlich der Wind ins Auge, der im Fall solcher Stürme tatsächlich vernichtend sein kann. Die Bewegungsenergie eines gleichmäßigen Windes über einer geraden Fläche zu berechnen, ist nicht schwer. Das Windfeld eines tropischen Wirbelsturms ist allerdings deutlich komplexer, weil es sich mit der Höhe und dem Abstand zum Mittelpunkt jeweils nichtlinear verändert. Entscheidend ist außerdem nicht die in der Bewegung gespeicherte Energie, sondern die, die jeden Tag durch Reibung in der Grenzschicht zum Untergrund verbraucht wird. Für eine Grobabschätzung muss man also deutlich vereinfachende Annahmen heranziehen. Die Hurrikan-Forschungsabteilung des amerikanischen Wetteramtes NOAA hat eine solche Abschätzung für einen durchschnittlichen Hurrikan vorgenommen und kommt auf einen Energieverlust des Sturms in der Größenordnung von 10^{17} Joule pro Tag.[137] Setzt man zudem für die Zeit von der Entstehung vor der Küste Westafrikas über den Weg zur Karibik und dann nach Norden bis zur allmählichen Auflösung über dem Nordatlantik einen Lebenszyklus von zehn Tagen an, dann landet man in der gigantischen Größenordnung von 10^{18} Joule, die auch das Tōhoku-Erdbeben erreicht hat.

Der Wind ist aber, so merkwürdig das klingt, in einem tropischen Wirbelsturm eher ein Nebenprodukt. Der entscheidende Mechanismus, der einen solchen Sturm antreibt und in Gang hält, ist die Verdunstung von Wasser und anschließende Kondensation in Regentropfen. Wie im Fall von Hurrikan Katrina, der 2005 New Orleans verwüstete, kann es auch gerade die enorme Regenmenge sein, die die Zerstörungskraft eines solchen Sturms ausmacht. In einem durchschnittlichen Hurrikan fallen in einem Durchmesser von rund 1300 Kilometern (das entspricht fast viermal der Fläche der Bundesrepublik) täglich im Mittel 15 Liter pro Quadratmeter. Das ergibt die gigantische Menge von 25 000 Milliarden Litern Regen am Tag. Multipliziert mit einer Verdampfungswärme von rund 2500 Kilojoule pro Liter kommt man auf rund 6×10^{19} Joule, somit pro Tag auf die Energiemenge von 30 Tōhoku-Erdbeben oder den Stromverbrauch der Bundesrepublik in 40 Jahren. Selbst wenn man annimmt, dass man nur ein Prozent dieser Energie bräuchte, um den Hurrikan in irgendeiner Form umzulenken, so wäre das immer noch mehr Energie, als irgendeine menschliche Technik handhaben könnte.

Selbst wenn man keinen tropischen Wirbelsturm, sondern einfach nur ein gewöhnliches mitteleuropäisches Gewitter erzeugen wollte, wären gigantische Energien nötig. Die Energie eines einzigen Blitzes beträgt einige hundert Kilowattstunden. Ein eher schwaches Gewitter mit einem Blitz alle sechs Sekunden bräuchte einige hundert Megawatt, was der Leistung eines mittleren Kohlekraftwerks entspricht, nur für die Blitze. Die Blitze entstehen aber durch statische Aufladung als Nebenprodukt aus der Bewegungsenergie des Windes, die selbst nur ein Nebenprodukt des verdunsteten und kondensierenden Wassers ist. Die Gesamtenergie des Gewitters ist also erheblich größer.

Häufig ist im Zusammenhang mit Wettermanipulation auch von der Erzeugung von Dürreperioden die Rede. Um eine Dürre in einer Region auszulösen, gäbe es im Prinzip zwei Möglichkeiten: Man müsste das Wasser, das dort als Niederschlag fällt, entweder schon vorher an anderer Stelle zum Abregnen bringen, oder man müsste es in den Wolken verdunsten, bevor sich Regentropfen bilden können. Für die zweite Variante ist der Energiebedarf wieder einfach zu berechnen. Wollte man in einem durchschnittlichen meteorologischen Sommer (also den Monaten Juni, Juli und August) in ganz Deutschland den Regen ausfallen lassen, so müsste man dafür pro Quadratmeter 240 Liter Wasser verdunsten lassen. Das wären für die ganze Bundesrepublik über 80 000 Milliarden Liter und dafür bräuchte man, wenn man es verlustfrei hinbekäme, die komplette deutsche Stromproduktion über etwa 130 Jahre.

Der Energieaufwand, um Wolken zum Abregnen zu bringen, ist wesentlich schwieriger abzuschätzen, weil man einen vollkommen hypothetischen Mechanismus annehmen müsste, um diesen Effekt durch Radiowellen zu erreichen. Es ist kein physikalischer Mechanismus bekannt, mit dem das möglich wäre. Letztlich könnte man sich allenfalls eine theoretische, aber völlig unrealistische Möglichkeit vorstellen. Wolken sind Ansammlungen winziger Tröpfchen, die in der Luftströmung in der Schwebe gehalten werden. Wachsen sie durch Kondensation von weiterem Wasserdampf oder durch Kollisionen und Zusammenhaften mit anderen Tröpfchen an, so können sie schwer genug werden, um aus der Wolke herauszufallen, und werden dann zu Niederschlag.

Da die kleinen Wolkentröpfchen gelegentlich eine elektrostatische Aufladung haben, könnte man sich theoretisch vorstellen, diese durch elektrische Felder so zu beschleunigen, dass sie häufiger als durch Winde mit größeren oder ungeladenen Tröpfchen kollidieren würden. Eine typische Wolke über Land enthält ungefähr 50 Tröpfchen pro Kubikzentimeter, aber die Tröpfchen sind winzig, mit einem typischen Durchmesser von nur etwa einem hundertstel Millimeter. Um eine realistische Chance zu haben, dass ein nennenswerter Anteil der Tröpfchen kollidiert, müsste man sie also um mehrere Millimeter bewegen. Bei den Frequenzen der Kurzwelle kehrt sich das elektrische Feld aber innerhalb von weniger als einer Millionstelsekunde um. Diese kurze Zeit genügt, um einzelne Elektronen zu beschleunigen, aber Wolkentröpfchen sind im Vergleich dazu selbst mit einer Masse von einem Milliardstel Gramm noch unglaublich schwer und träge. Die Tröpfchen müssten in dieser extrem kurzen Zeit auf Geschwindigkeiten von mehreren tausend Metern pro Sekunde beschleunigt werden. Sie haben aber nur höchstens minimale statische Aufladungen in der Größenordnung einzelner Elementarladungen. Wollte man die dafür notwendige elektrische Feldstärke in der üblichen Größe Volt pro Meter angeben, dann käme man auf eine Zahl mit 18 Nullen. Realistische Feldstärken für sehr starke Radiowellen, die in Messungen schon deutlich auffallen würden, liegen unter zehn Volt pro Meter. Wolken auf diese Art zum Abregnen zu bringen, ist also völlig unrealistisch.

Hinzu käme die Komplikation, dass sich im europäischen Sommer sowie in den meisten trockenen Gegenden die Wolken erst in der Region bilden, in der dann auch der Regen fällt. Man könnte sie also gar nicht vorher abregnen lassen, weil die Feuchtigkeit dort noch in Form von Wasserdampf und nicht in Wolken vorliegt. Das Erzeugen von Dürreperioden, indem man Wolken durch Radiowellen zum Abregnen bringt, ist also völlig unrealistisch.

Somit bleibt der dritte behauptete Effekt, die Gedankenkontrolle. Ließen sich auch in diesem Fall sinnvolle Mindestwerte für die benötigte Energie angeben? Das Problem ist hier ebenfalls, dass es nicht einmal eine sinnvolle Idee gibt, wie eine solche Beeinflussung eigentlich funktionieren sollte. Es ist bekannt, dass extrem starke elektromagnetische Felder, die sich mit sehr niedrigen Frequenzen verändern, Halluzinationen wie das Sehen von Lichteffekten auslösen können. Das kann zum Beispiel bei der Magnetresonanztomografie oder bei der noch experimentellen transkraniellen Magnetstimulation gegen Erkrankungen des Gehirns passieren. Wollte man allerdings Kurzwellen mit auch nur annähernd ähnlichen Feldstärken erzeugen, dann würden Menschen in der Reichweite dieser Strahlung durch die Wärmeentwicklung der Wellen gegrillt wie in einem Mikrowellenherd. In dieser Form könnte ein solcher Mechanismus also nicht funktionieren.

Selbst wenn man einen vollkommen fiktiven Wirkmechanismus unterstellt, müsste man beachten, dass wir seit Jahrzehnten Radiowellen auf einer Vielzahl von Frequenzen ausgesetzt sind. Die dabei verwendeten Frequenzen liegen über, unter und zwischen den Frequenzen, auf denen HAARP sendet. Mitten zwischen den Frequenzen von HAARP liegen zum Beispiel Amateurfunkfrequenzen, bei denen Funkanlagen mit Sendeleistungen von 750 Watt mitten in Wohngebieten betrieben werden dürfen.[138] Zumindest Anwohner in der Nachbarschaft dürften dadurch Intensitäten ausgesetzt sein, die die Größenordnung von einem Watt pro Quadratmeter erreichen. Es ist nicht bekannt, dass das Denken der Nachbarn von Funkamateuren in irgendeiner Weise gestört wäre. Ein Mobilfunkgerät, das wir in der Regel direkt am Kopf betreiben, sendet bei schlechtem Empfang mit bis zu zwei Watt, allerdings auf deutlich anderen Frequenzen. Wenn wir also davon ausgehen, dass die Strahlung eines Senders zur Gedankenkontrolle eine Intensität von mehr als dem genannten einen Watt pro Quadratmeter haben müsste, um einen Einfluss auf uns auszuüben, den andere Sendeanlagen nicht haben, dann müsste dieses Signal erstens sehr leicht zu messen sein und zweitens massive Störungen in Kurzwellenradios auslösen.

Nehmen wir weiterhin an, dass man die gesamte Bevölkerung Deutschlands erreichen will und dass die an der Ionosphäre reflektierte Strahlung in flachem Winkel von sechs Grad zum Erdboden einfällt. Bei diesem Winkel würde jeweils ein Zehntel der Strahlungsintensität, pro Quadratmeter Grundfläche also 0,1 Watt, vom Erdboden absorbiert oder wieder zur Ionosphäre zurückgestreut. Die dazu nur für Deutschland benötigte Sendeleistung läge bei 36 Gigawatt, also rund der Hälfte der durchschnittlichen deutschen Stromproduktion. Mehr als die andere Hälfte ginge als Abwärme in Sendern und Antennen verloren, ganz zu schweigen von der Frage, wie man die Leistung von Alaska über mehrere Streuungen an der Ionosphäre und am Erdboden hin und her überhaupt auf Deutschland ausrichten sollte.

Wollte tatsächlich eine Regierung die Gedanken der Bevölkerung durch Radiowellen beeinflussen, so gelänge dies wesentlich einfacher und wirkungsvoller durch entsprechende Einflussnahme auf das Radio- und Fernsehprogramm.

Wie viel Energie sendet HAARP?

Wie man es dreht und wendet – macht man halbwegs realistische Annahmen, dann wären die benötigten Energien für jede der drei behaupteten Wirkungen schlicht astronomisch. Welche Sendeleistung hat HAARP aber nun tatsächlich? In einigen der abstruseren Texte über HAARP taucht tatsächlich eine Sendeleistung von 100 Gigawatt auf.[139] Die vollkommen absurde Zahl entstammt angeblich einer Konferenzpräsentation aus der Zeit lange vor dem Baubeginn von HAARP.[140] Da die Quelle weder an der angegebenen Stelle noch in entsprechenden Internetarchiven auffindbar ist, kann leider nicht mehr geklärt werden, was hier eigentlich gemeint war. 100 Gigawatt wären jedenfalls deutlich mehr als die gesamte deutsche Stromproduktion (und ungefähr das 150-Fache der durchschnittlichen Stromerzeugung von ganz Alaska) – und die schon erwähnte Verlustleistung müsste auch noch erzeugt werden.

Schon etwas realistischere Verschwörungsautoren nennen Sendeleistungen zwischen 1,5 und 5 Gigawatt.[141] Hier wird ganz offensichtlich die Sendeleistung mit der sogenannten effektiven Strahlungsleistung (*effective radiated power*, ERP) verwechselt, einer rein fiktiven Rechengröße. Durch geschickte Ansteuerung der einzelnen Antennen im Gitter gelingt es bei HAARP, die abgestrahlte Energie in einen relativ kleinen Winkel von (je nach verwendeter Frequenz) ungefähr fünf Grad zu bündeln. Fünf Grad entsprechen etwa dem Durchmesser einer Espressotasse, die man am ausgestreckten Arm vor sich hält. In das von dieser Tasse verdeckte Segment des Himmels kann HAARP seine gesendete Energie bündeln. Die effektive Strahlungsleistung gibt an, welche Sendeleistung man rein rechnerisch bräuchte, wenn man die gleiche Energie gleichmäßig in alle Richtungen abstrahlen wollte. Da man das aber eben nicht tut, existiert auch diese Sendeleistung nicht. Dieser fiktive Wert erreicht bei HAARP tatsächlich Größenordnungen von mehr als einem Gigawatt. Dieses Missverständnis wird sicherlich dadurch begünstigt, dass man das Verhältnis von effektiver zu tatsächlicher Strahlungsleistung als Antennengewinn (*antenna gain*) bezeichnet, als handle es sich hier um eine tatsächliche Verstärkung. Grundsätzlich muss man aber kein Elektroingenieur sein, um diese Begriffe im Lexikon nachzuschlagen, bevor man sie falsch zitiert.

Die tatsächliche Sendeleistung von HAARP ist genau dokumentiert. Zu jeder der 180 Antennen gehören zwei Sender mit einer Leistung von jeweils zehn Kilowatt, was eine maximale Gesamtleistung von 3600 Kilowatt oder 3,6 Megawatt ergibt. Die Stromversorgung erfolgt, in der Abgeschiedenheit Alaskas nicht unüblich, durch Dieselgeneratoren. Zehn Kilowatt wäre auch eine typische Sendeleistung für einen einzelnen Kanal eines heutigen Radiosenders. Angegeben wird meistens auch hier die effektive Strahlungsleistung von bis zu 100 Kilowatt bei den großen UKW-Sendern. Beim Radio ist der Unterschied zwischen effektiver und tatsächlicher Leistung weniger extrem als bei HAARP, weil Radio in der Horizontalen rundum sendet. In den großen Zeiten des Kurzwellenradios waren die Sender zum Teil noch deutlich stärker: Allein der aus Kostengründen heruntergeregelte und 2010 abgeschaltete 6085-Kilohertz-Kurzwellensender des Bayerischen Rundfunks in Ismaning, dessen Sendefrequenz mitten zwischen den auch von HAARP genutzten lag, war für eine Effektivleistung von 600 Kilowatt ausgerichtet.[142]

Verglichen mit einem einzelnen Radiosender ist die Leistung von HAARP also tatsächlich groß, aber verglichen mit den Radiosignalen, die wir insgesamt zur Kommunikation um die Welt schicken, ist sie verschwindend gering.

Was bedeutet eine solche Sendeleistung nun für das „Aufheizen" der Ionosphäre? Vergleichen wir die Leistung von HAARP mit Geräten zum Aufheizen, die wir aus dem Alltag kennen. Sie entspricht ungefähr der von 2000 Haartrocknern in Friseurqualität. 2000 Haartrockner würden Ihr Badezimmer ziemlich schnell auf unangenehme Temperaturen aufheizen. In der Ionosphäre verteilt sich diese Leistung aber auf ein Volumen von 200 Kilometern Höhe und im Mittel etwa 12 Kilometern Durchmesser. Darin könnte man ungefähr 1000 Milliarden Badezimmer unterbringen, auf die sich das „Aufheizen" verteilt. Dass HAARP in der Ionosphäre überhaupt messbare Effekte erzeugen kann, liegt nur daran, dass sich in diesem riesigen Volumen in der Höhe nur noch so wenige Teilchen befinden.

Es gibt übrigens menschliche Eingriffe in die Ionosphäre, bei denen diese noch weit stärker aufgeheizt wird, nämlich Raumflüge. Die Triebwerke des Space-Shuttles verbrannten in der Aufstiegsphase in der Ionosphäre Wasserstoff und Sauerstoff mit 29 Millionen Kilowatt, also fast der 10 000-fachen Leistung von HAARP.

In der Summe ist festzuhalten, dass die Verschwörungsbehauptungen zu HAARP noch wesentlich abenteuerlicher sind als die zum 11. September oder zur Mondlandung. Bei jenen werden immerhin ernsthafte Einwände gegen die offizielle Darstellung der Ereignisse vorgebracht, bei denen ein gewisses Maß an naturwissenschaftlichem Verständnis und gegebenenfalls auch Recherche notwendig sind, um Missverständnisse auszuräumen. Das Verschwörungsdenken um HAARP strotzt hingegen vor aus der Luft gegriffenen Behauptungen, falschen Zahlen und Erklärungen zu Wirkmechanismen, bei denen die zur Verfügung stehende Energie um viele Größenordnungen zu klein ist.

Dennoch wird HAARP häufig auch im Zusammenhang mit anderen Verschwörungsbehauptungen erwähnt und teils herangezogen, um diese zu belegen oder zu erklären. Das gilt insbesondere für die jetzt folgende angebliche Verschwörung gegen die ganze Menschheit, die Chemtrails.

Tod aus der Luft

Was Chemtrail-Gläubige sehen, wenn sie in den Himmel schauen

„Terrorismus ist das!“, verkündet der ehemalige ARD-Auslandskorrespondent Christoph Hörstel, und die Menge applaudiert. Massenhafte, absichtliche schwere Körperverletzung mit Todesfolge wirft er unter anderem der Bundesregierung und den USA vor – das sei hochwissenschaftlich in vielen Studien belegt. „Dass heute hier so ein grauer Himmel ist, ist für mich nicht außerordentlich erstaunlich, denn hier wurde in den letzten Tagen in Berlin gesprüht, was das Zeug hergibt.“[143]

2016 veröffentlichte eine Gruppe namens Vitavision ein Musikstück mit dem Titel *Chemtrails*. Auch darin ist von einer drohenden massenhaften Vernichtung die Rede, die am Himmel zu erkennen sei.[144] Verbreitet wird die Chemtrails-These außerdem von dem Bestsellerautor und prominenten Alternativmediziner Rüdiger Dahlke[145], mehreren Bürgerinitiativen sowie diversen esoterischen Internetangeboten mit Verbindungen zur rechtsradikalen Szene und zu sogenannten Reichsbürgern. Daneben stellen immer wieder Kommunal- und Landespolitiker unterschiedlicher Parteien offizielle Anfragen zum Thema Chemtrails, die geeignet sind, der Verschwörungsbehauptung Glaubwürdigkeit zu verleihen. Derartige Anfragen kamen zum Beispiel schon mehrfach vom niedersächsischen CDU-Landtagsabgeordneten Martin Bäumer.[146]

Was wird konkret behauptet?

Der Begriff Chemtrails bezeichnet die Vorstellung, dass von Flugzeugen systematisch, regelmäßig und in großen Mengen schädliche Chemikalien in der Luft versprüht werden. Zu erkennen sein soll dieses Versprühen von Chemikalien an sichtbaren weißen Streifen hinter den Flugzeugen, die sich im Gegensatz zu „normalen“ Kondensstreifen (englisch *contrails*) nicht innerhalb weniger Minuten auflösen (siehe Abb. 12). Durch die versprühten Chemikalien soll sich der Himmel später milchig weiß eintrüben und schließlich eine geschlossene Wolkendecke bilden. Außerdem werden diffuse, zum Teil regenbogenähnlich gefärbte Lichtreflexe in dieser Wolkenschicht als Folge der Chemikalien genannt.

Abb. 12 Langlebige Kondensstreifen oder Chemtrails? Der Himmel über Frankfurt-Höchst am 29. Mai 2012 zeigt ein dichtes Netz aus zum Teil schon deutlich verschmierten weißen Streifen. Zum Horizont hin ist eine weißliche Eintrübung zu erkennen. (Aufnahme: Martin Schmidt, Univ. Frankfurt)

Versprüht werden die Chemikalien angeblich sowohl von militärischen als auch von zivilen Flugzeugen. Auf militärischer Seite stehen vor allem Tankflugzeuge unter Verdacht, die normalerweise dazu dienen, Kampf- und Transportflugzeuge auf längeren Missionen in der Luft mit Treibstoff zu versorgen. Die Bundeswehr verfügt nur über vier Flugzeuge mit dieser Fähigkeit, die US-Luftwaffe immerhin über einige hundert. Dennoch ist schon aus den Stückzahlen klar erkennbar, dass diese Flugzeuge allenfalls einen geringen Teil der am Himmel sichtbaren Streifen verursachen könnten. Chemtrails müssten also ganz überwiegend von Passagier- und Frachtflugzeugen der zivilen Fluggesellschaften versprüht werden, und zwar von Flugzeugen aus den unterschiedlichsten Herkunftsländern. Bis zu diesem Punkt sind sich noch praktisch alle Chemtrail-Gläubigen einig.

Deutlich weniger Einigkeit herrscht bei der Frage, welchem Zweck die angeblich versprühten Chemikalien denn eigentlich dienen sollen. Am häufigsten genannt wird das Ziel, die weltweite Klimaerwärmung zu reduzieren, ohne dazu den Ausstoß an Treibhausgasen reduzieren zu müssen. Dass die dazu versprühten Substanzen giftig sein sollen, wäre also nur ein Nebeneffekt der Klimabeeinflussung. Die Argumentation der Chemtrail-Aktivisten ist allerdings oft widersprüchlich, weil viele von ihnen gleichzeitig die Existenz eines vom Menschen ausgelösten Klimawandels bestreiten.

Häufig, und zum Teil von den gleichen Autoren, werden aber noch weitaus dunklere Ziele genannt.[147] So sollen Chemtrails Bestandteil einer Wetterwaffe sein, die durch umfassende Kontrolle des Wetters ganze Kriege entscheiden soll. Darüber hinaus sollen sie als chemische oder biologische Kriegswaffe Menschen unmittelbar töten oder ihre Gedanken kontrollieren. Neben dem direkten Einsatz als Waffe sollen von Flugzeugen ausgebrachte Chemikalien auch die Wirkung von Spionagetechnologien oder angeblichen Strahlenwaffen wie dem in Kapitel 5 dargestellten HAARP unterstützen. Warum jemand auf die Idee kommen sollte, eine solche Waffe unter gemeinsamer Beteiligung von USA, Russland und China in Friedenszeiten massenhaft einzusetzen, erklären die Autoren unter anderem mit dem Ziel, die Weltbevölkerung zu reduzieren. Wieder andere Chemtrail-Autoren erklären die versprühten Chemikalien als geheime Massenimpfung. Sie setzen dabei gleichzeitig voraus, dass Impfungen nicht etwa Krankheiten verhindern, sondern letztendlich Menschen vergiften sollen.

Da ein großer Teil der behaupteten Ziele mit einer Beeinflussung des Klimas zu tun hat, sprechen viele Vertreter dieser Verschwörungslehre neuerdings anstelle von Chemtrails oft von Geoengineering. Diesen Begriff gibt es in der Wissenschaft tatsächlich: Er bezeichnet theoretische Überlegungen, wie man in der Zukunft Klimaveränderungen abmildern könnte. Aus heutiger Sicht ist ernsthaftes Geoengineering, wie wir in diesem Kapitel noch sehen werden, bestenfalls Science-Fiction. Dennoch klingt Geoengineering als Bezeichnung für eine Verschwörungsbehauptung natürlich wissenschaftlicher und weniger abwegig als der in weiten Teilen der Öffentlichkeit schon diskreditierte Begriff der Chemtrails.

So vielfältig wie die angeblichen Ziele der Chemtrails sind auch die Spekulationen über ihre Bestandteile. Autoren, die Chemtrails als Mittel gegen die Klimaerwärmung sehen, nennen vor allem Substanzen, die irgendwann einmal in offiziell klingenden Unterlagen zu diesem Thema erwähnt wurden, unabhängig davon, ob sie dazu tatsächlich geeignet wären. Hierzu gehören vor allem Oxide von Metallen wie Barium und Aluminium. Im Zusammenspiel mit elektromagnetischen Sendeanlagen wie HAARP werden ebenfalls Metalle genannt, manchmal auch miniaturisierte Computerchips oder nicht weiter spezifizierte Nanopartikel. Wer behauptet, Flugzeuge versprühten Substanzen, um Menschen unmittelbar zu töten, führt in der Regel unterschiedliche Gifte oder Krankheitserreger auf, entweder spezifisch oder in Form von Sammelbegriffen.

Die Aussagen der Chemtrail-Gläubigen zu gesundheitlichen Folgen sind unterschiedlich und oft wenig konkret. Mit einer charakteristischen Erkrankung, die relativ häufig genannt wird, beschäftigt sich ein Gastbeitrag des Kinder- und Jugendpsychiaters Jan-Oude Aost (siehe Seite 116). Als weitere gesundheitliche Folgen nennen Chemtrail-Gläubige regelmäßig chronische Müdigkeit durch angeblichen Lichtmangel, Atemwegserkrankungen wie Asthma oder die chronisch-obstruktive Lungenerkrankung (COPD) sowie koronare Herzkrankheiten. Der „Alternativmediziner“ Dietrich Klinghardt spricht ähnlich unspezifisch von „neurologischen Erkrankungen“ vor allem durch angeblich aus Chemtrails stammendes Aluminium – und vermarktet so seine gesundheitlich fragwürdigen Entgiftungskuren.[148]

In einem Punkt sind sich fast alle Chemtrail-Autoren einig: welche von Flugzeugen versprühten Substanzen nichts mit Chemtrails zu tun haben – nämlich praktisch alle, deren Existenz und Zweck öffentlich bekannt sind. Hierzu gehören zum Beispiel die sogenannten *fuel dumps*, also das Ablassen von Treibstoff, um Gewicht zu reduzieren, wenn voll betankte Langstreckenflugzeuge vorzeitig landen müssen. Ebenfalls nicht zu den Chemtrails gezählt wird das Versprühen von Pflanzenschutzmitteln über Feldern durch tieffliegende Kleinflugzeuge oder Hubschrauber. Dies ist bei großflächiger Landwirtschaft oder zur Bekämpfung großer Heuschreckenschwärme in Nordamerika, Russland, Australien oder im Nahen Osten bis heute gebräuchlich. Selbstverständlich wird auch das Ausbringen von Wasser oder Löschmitteln wie Ammoniumsulfat zur Bekämpfung von Waldbränden nicht zu den Chemtrails gezählt.

Einen Grenzfall bildet das Einbringen von Silberjodid in Wolken, um diese zum Abregnen zu bringen. Dass hinreichend große Mengen von Silberjodid die Wolkenbildung tatsächlich beeinflussen können, ist seit Mitte des 20. Jahrhunderts bekannt. Wie vielversprechend die vor allem in Süddeutschland immer wieder praktizierten Versuche sind, durch vergleichsweise winzige Mengen Silberjodid von sogenannten Hagelfliegern die Wirkung großer Gewitter abzumildern, ist allerdings höchst umstritten. Ein Großversuch in der Schweiz in den 1980er Jahren ergab keinen messbaren Unterschied in Hagelwolken mit und ohne Silberjodid-Einsatz.[149] Statistiken der österreichischen Zentralanstalt für Meteorologie und Geodynamik zeigen jedoch einen spürbaren Rückgang sehr großer Hagelkörner in Niederösterreich und der Steiermark in den Jahren seit Beginn der Hagelflüge – was natürlich auch andere Gründe haben kann.[150] Eine Analyse einzelner Hagelereignisse ergab dort kein klares Ergebnis.[151] Da mit Silberjodid – lokal, zeitlich und in seiner Effektivität auf jeden Fall begrenzt – die Wolkenbildung auf jeden Fall beeinflusst werden kann, könnte man dieses Verfahren streng genommen tatsächlich zum Geoengineering rechnen. Chemtrail-Gläubige führen es auch gerne als Beispiel menschlicher Wetterbeeinflussung an, betonen aber gleichzeitig, dass es sich bei den Chemtrails um etwas völlig anderes handeln müsste.

Woher stammt diese Vorstellung?

Ende der 1990er Jahre in den USA entstanden, tauchte die Idee einer Chemtrail-Verschwörung in Deutschland um das Jahr 2003 herum zunächst in der Esoterikszene auf. Die erste deutschsprachige Veröffentlichung zu dem Thema erfolgte 2004 in der Esoterikzeitschrift *raum & zeit*.[152] 2011 entstand mit der Bürgerinitiative Sauberer Himmel eine erste größere Organisation, bei der sich in der Folge zeitweise bis zu 10 000 Unterstützer registrierten.

Deutlich größere Bekanntheit erlangte das Thema ab 2014, als rechte Gruppierungen versuchten, im Rahmen sogenannter „Friedensdemonstrationen“ traditionell eher linke Klientel für Antisemitismus oder für die Reichsbürgerideologie zu vereinnahmen. Chemtrails boten dabei Anknüpfungspunkte, um sowohl Umweltschützer als auch Anhänger der traditionellen Friedensbewegung anzusprechen. Während weniger politische Gruppen wie Sauberer Himmel in den Hintergrund traten, vermischte sich der Chemtrail-Glauben zunehmend mit rechtem Gedankengut. In der Folge brachten Chemtrail-Aktivisten wie Werner Altnickel[153], die Sauberer-Himmel-Abspaltung Blauer Himmel[154] sowie rechte[155] und esoterische Internetangebote[156] Chemtrails zunehmend in einen Zusammenhang mit rechtsextremen Thesen. So hieß es direkt neben Chemtrail-Artikeln, die Zuwanderung von Flüchtlingen würde von westlichen Regierungen systematisch als Waffe gegen die deutsche Bevölkerung eingesetzt.

Da das Thema erst um das Jahr 2014 herum größere Bekanntheit erlangt hat, ist es für Deutschland schwierig, aktuelle Daten zu finden, wie viele Menschen tatsächlich an Chemtrails glauben. In einer psychologischen Untersuchung zum Glauben an 95 Verschwörungsbehauptungen im Jahr 2008 glaubten noch deutlich weniger Befragte an Chemtrails als an die in den vorigen Kapiteln beschriebenen Vorstellungen.[157] Chemtrails waren damals aber auch in Deutschland noch kaum bekannt. Aus den USA gibt es eine repräsentative Befragung aus dem Jahr 2016, nach der 30 bis 40 Prozent der Amerikaner über Parteigrenzen hinweg das Versprühen von Chemtrails zumindest in Teilen für wahr halten.[158] Aus Deutschland sind aktuell eher nicht repräsentative Onlineumfragen bekannt. Gesellschaftlich relevant ist das Thema jedoch allein schon dadurch, dass es immer wieder Aufmerksamkeit in der Politik bekommt.

Stimmt hier wirklich etwas nicht mit den heutigen Erklärungen?

Die für Chemtrails vorgebrachten Belege drehen sich regelmäßig um eine überschaubare Zahl von Themenbereichen. Dabei spielen mehrfach Beobachtungen am Himmel eine Rolle, die von offenbar erwarteten natürlichen Vorgängen in der Atmosphäre abweichen. Wenn man diese Argumente bewerten will, ist zunächst ein kleiner Exkurs in die Meteorologie erforderlich. Darüber hinaus stellt sich die Frage, unter welchen atmosphärischen Bedingungen und bei welchen Wetterlagen welche Formen von Wolken natürlicherweise entstehen.

Was sind eigentlich Wolken und wie entstehen sie?

Eine Wolke ist aus meteorologischer Sicht zunächst einmal nichts weiter als eine Ansammlung mikroskopisch kleiner Wassertröpfchen oder Eiskristalle. Aufgrund der Schwerkraft müssten solche Tropfen und Eiskristalle in der freien Atmosphäre ja eigentlich einfach zu Boden fallen, und wenn sie groß genug sind, tun sie das auch, in Form von Niederschlag. Entscheidend ist dabei das Verhältnis des Luftwiderstands zur Schwerkraft. Vergleicht man einen Wassertropfen von einem Millimeter Durchmesser mit einem von einem Zehntelmillimeter Durchmesser, dann hat der größere Tropfen den 100-fachen Querschnitt, also den 100-fachen Luftwiderstand. Er hat aber gleichzeitig das 1000-fache Volumen und damit auch das 1000-fache Gewicht. Je größer ein Tropfen wird, desto schneller fällt er durch die Luft. Für winzig kleine Tröpfchen oder Kristalle reicht daher schon ein minimaler Aufwind, um sie für eine gewisse Zeit in der Schwebe zu halten.

Wolkentröpfchen oder -kristalle entstehen durch Anlagerung von Wassermolekülen an mikroskopisch kleine Staubpartikel, die als Kondensationskeime bezeichnet werden. Genau als solche Kondensationskeime dienen auch die Silberjodid-Partikel, mit denen versucht wird, die Wolkenentstehung zu beeinflussen. Bei Temperaturen oberhalb von ca. –30 Grad Celsius entstehen in der Regel Tröpfchen aus unterkühltem flüssigem Wasser, die erst beim Kontakt mit festen Oberflächen gefrieren. Bei noch tieferen Temperaturen bilden sich direkt Eiskristalle, auch meist in den Höhen, in denen am häufigsten Kondensstreifen entstehen. Die weitere Entwicklung dieser Kristalle hängt von der Luftfeuchtigkeit in der umgebenden Luft ab, physikalisch ausgedrückt von ihrer relativen Feuchte. Liegt diese Feuchte unter 100 Prozent, dann kann die Luft noch zusätzlichen Wasserdampf aufnehmen. In diesem Fall werden mehr Wassermoleküle von der Oberfläche verdunsten als sich anlagern und der Eiskristall schrumpft, bis schließlich nur noch der trockene Kondensationskeim übrig ist. Enthält die Luft jedoch mehr Wasserdampf als sie dauerhaft aufnehmen kann (relative Feuchte kurzzeitig über 100 Prozent), dann werden sich überschüssige Wassermoleküle an Eiskristalle anlagern, bis bei 100 Prozent Feuchte wieder ein Gleichgewicht erreicht ist. Der Kristall wächst, bis seine Fallgeschwindigkeit so groß wird, dass er als Niederschlag aus der Wolke herabsinkt.

Entscheidend für Wolkenentstehung, Wolkenauflösung und Niederschlag ist also die relative Feuchte der Luft in der jeweiligen Höhe. Sie hängt neben dem Wassergehalt der Luft vor allem von ihrer Temperatur ab: Je kälter die Luft, desto weniger Wasser kann sie aufnehmen. Wolken entstehen also vor allem da, wo Luft sich abkühlt, und sie lösen sich auf, wo die Luft sich erwärmt. Die direkte Sonneneinstrahlung spielt dabei nur eine kleine Rolle.

Viel wichtiger für die Wolkenbildung ist eine Veränderung des Luftdrucks. Dehnt sich ein Gas aus, dann sinkt allein durch die Ausdehnung seine Temperatur. Dieser Zusammenhang, der in der Physik durch die allgemeine Gasgleichung beschrieben wird, lässt sich zu Hause leicht beobachten, wenn Gas aus einer Sprühdose entweicht: In der Regel fühlen sich sowohl die Dose als auch das entweichende Gas kalt an. Den umgekehrten Effekt, die Erwärmung von Gasen durch Zusammendrücken, spürt man zum Beispiel beim Aufpumpen von Fahrradreifen. Auf gleicher Höhe ändert sich der Luftdruck in der Atmosphäre aber nur sehr langsam. Mit der Höhe variiert er hingegen deutlich: Bei einem relativ alltäglichen Luftdruck von 1000 Hektopascal am Boden beträgt der Druck auf einem Hochhaus von 100 Metern Höhe schon nur noch rund 990 Hektopascal. Wird Luft aus Bodennähe um diese 100 Meter angehoben, dann kann sie sich im geringeren Umgebungsdruck ausdehnen und kühlt allein dadurch um rund ein Grad ab.

Das Aufsteigen oder Absinken von Luft führt also zu sehr deutlichen Druck- und dadurch zu entsprechenden Temperaturänderungen, womit sich wiederum die relative Feuchte verändert. Daher ist das Aufsteigen von Luft die wichtigste Ursache von Wolkenbildung, während absinkende Luft praktisch immer zu Wolkenauflösung führt. Die aufsteigende Luft bietet gleichzeitig den Auftrieb, der dazu beiträgt, die Wolkentröpfchen bis zu einer bestimmten Größe in der Schwebe zu halten.

Nicht nur die Häufigkeit, sondern auch die Form von Wolken wird bestimmt vom Aufsteigen und Absinken der Luft. Entscheidend dafür ist vor allem, wie die Temperatur sich mit der Höhe verändert. Wenn die Luft in zunehmender Höhe deutlich kälter ist als darunter, wird eine Luftmenge, die durch einen äußeren Einfluss ein Stück aufgestiegen und dadurch abgekühlt ist, dennoch wärmer sein als ihre neue Umgebung. Dadurch steigt sie dann wie ein Heißluftballon weiter auf. Bilden sich bei der Abkühlung Wolkentröpfchen, treibt die bei der Kondensation frei werdende Wärme diesen Auftrieb noch an. Auf diese Weise entstehen die typischen Quellwolken, die sich vor allem an Sommernachmittagen über von der Sonne aufgeheizten Landmassen bilden. Niederschläge aus diesen Quellwolken haben typischerweise die Form von Schauern oder Gewittern. Eine solche Temperaturverteilung wird als labile Schichtung bezeichnet.

In einer stabilen Luftschichtung nimmt die Temperatur in der Höhe hingegen nur langsam ab oder sie nimmt sogar zu. Eine aufgestiegene und dadurch abgekühlte Luftmenge wird immer kälter sein als ihre neue Umgebung und dadurch wieder in ihre ursprüngliche Höhe zurücksinken. Auch hier können sich jedoch Wolken bilden, vor allem eine flache Hochnebeldecke, wenn sich die milde Luft mit der darunter eingeschlossenen Kaltluft vermischt. Die häufigste Ursache von Wolken in einer stabilen Luftschichtung sind aber Luftströmungen: Bei einem großräumigen Zustrom von Warmluft schiebt diese sich in einer flachen Schicht über die schwerere Kaltluft. Dabei wird diese ganze flache Schicht langsam angehoben und vermischt sich außerdem in der Grenzschicht mit der darunter liegenden Kaltluft. Dies führt zu charakteristischer Schichtbewölkung, die mit fortschreitender Warmluftzufuhr immer dicker wird und zu Niesel- und schließlich zu anhaltendem Landregen führen kann.

Langlebige Kondensstreifen und folgende Eintrübung

Der mit Abstand am häufigsten vorgebrachte Beleg für Chemtrails ist das angeblich unnatürliche Auftreten langlebiger Kondensstreifen. Chemtrail-Aktivisten präsentieren regelmäßig Aufnahmen eines von Kondensstreifen durchzogenen Himmels, teilweise in Fotoserien, die innerhalb eines Tages entstanden sein sollen und neben den Streifen dann oft eine zunehmende Eintrübung des Himmels zeigen. Diese Eintrübung wird als Folge der Chemtrails erklärt – und damit als weiterer Beleg, dass hier am Himmel nicht alles mit rechten Dingen zugehen kann.

Sind solche Beobachtungen am Himmel tatsächlich nur durch das Versprühen von Chemikalien zu erklären oder können sie auch durch normalen

Luftverkehr in Verbindung mit mehr oder weniger alltäglichem Wettergeschehen entstehen?

Hierzu muss man zunächst einmal betrachten, wie ein Kondensstreifen eigentlich entsteht. Das Kerosin, das in einem Flugzeugtriebwerk verbrannt wird, ist ein Gemisch von Kohlenwasserstoffen; im Triebwerk verbrennen diese mit dem Sauerstoff der Umgebungsluft zu Kohlendioxid und Wasserdampf. Außerdem ist die Verbrennung in keinem Triebwerk perfekt; die Abgase enthalten also immer Spuren von unverbranntem Kohlenstoff in Form winziger Rußpartikel. Nach dem Austritt aus dem Triebwerk wird dieses heiße, komprimierte Gemisch aus der zuvor angesaugten Luft, dem Kohlendioxid, dem Wasserdampf und den Rußpartikeln mit der Umgebungsluft vermischt und dabei schlagartig abgekühlt. Vor allem sehr dünne kalte Umgebungsluft in großen Höhen kann das überschüssige Wasser oft nicht aufnehmen. Die Rußpartikel bilden dann die Kondensationskeime von Tröpfchen oder, häufiger, von Eiskristallen, die man vom Boden als Kondensstreifen sieht. Kondensstreifen sind also nichts weiter als künstlich erzeugte Wolken. In der Meteorologie werden sie daher auch gelegentlich wie andere Wolken mit einem lateinischen Namen bezeichnet: Cirrus aviaticus.

Was in der Folge passiert, hängt von der relativen Feuchte der umgebenden Luft ab, die sich allmählich mit der des Kondensstreifens vermischt. Ist diese Luft sehr trocken, werden die Eiskristalle schnell wieder verdunsten, der Kondensstreifen sich also auflösen. Liegt die relative Feuchte nur knapp unter 100 Prozent, dauert die Auflösung entsprechend länger. Anders sieht es in Luftschichten aus, die sich ohnehin an der Schwelle zur Wolkenbildung befinden. Wegen der wenigen vorhandenen Kondensationskeime ist es in großen Höhen nicht ungewöhnlich, dass sich eine Wolkenbildung verzögert, obwohl in der Luft eigentlich genügend Feuchtigkeit vorhanden ist. Es kommt auch vor, dass ein dünner Schleier von Cirruswolken mit bloßem Auge noch als blauer Himmel wahrgenommen wird. In einer solchen Umgebung lösen sich Kondensstreifen überhaupt nicht auf. Stattdessen können die Wärme und die Kondensationskeime in den Abgasen neue Wolkenbildungsprozesse anstoßen, was sich zum Beispiel darin äußern kann, dass kleine Quellwolken wie Zinnen auf einer Burgmauer aus den Kondensstreifen herauswachsen.

Unter solchen atmosphärischen Bedingungen sind gewöhnliche Kondensstreifen also ebenso langlebig, wie das von Chemtrails behauptet wird. Wann und wie oft treten solche Bedingungen aber auf?

Um geeignete atmosphärische Bedingungen für langlebige Kondensstreifen zu erzeugen, müsste in großer Höhe eine ganze Luftschicht relativ gleichmäßig angehoben werden. Dadurch würde sie sich abkühlen, was wiederum ihre relative Feuchte erhöht. Nach der klassischen Frontentheorie der Meteorologie passiert genau das an einer Warmfront (siehe Abb. 13). Die zuströmende wärmere Luft ist in der gleichen Höhe jeweils leichter als die von ihr verdrängte Kaltluft. Da die wandernden Luftmassen gleichzeitig durch die Reibung am Erdboden abgebremst werden, gleitet die Warmluft in einer breiten Schicht über die Kaltluft und wird dabei auf ganzer Fläche angehoben. Solange nur die ersten Vorboten der Warmluft in großer Höhe angekommen sind, herrschen genau die Bedingungen, unter denen noch kaum Wolken zu erahnen sind, Kondensstreifen sich aber nicht auflösen, also den Eindruck von Chemtrails erwecken können. Interessant ist die typische weitere Wetterentwicklung beim Durchzug der Warmfront: Während immer mehr warme Luft zuzieht und angehoben wird, trübt sich der Himmel immer mehr ein.

Das Aufziehen einer Warmfront erklärt also nicht nur das Auftreten langlebiger Kondensstreifen – auch der weitere Wetterverlauf entspricht exakt den Beschreibungen der Folgen vermeintlicher Chemtrails. Wetterlagen, die Kondensstreifen wie Chemtrails aussehen lassen und in der Folge eine Eintrübung verursachen, sind ganz überwiegend mit einem Zustrom warmer Luft in der Höhe verbunden, wobei Ausnahmen bei uneindeutigem Wettergeschehen möglich sind.

Einem Zustrom warmer Luft in der Höhe muss nicht unbedingt eine Erwärmung am Boden folgen. An Warmfronten kommt es sogar oft zu lange anhaltenden Niederschlägen, die am Boden als Abkühlung spürbar werden können. Abhängig von großräumigen Strömungsverhältnissen, der Geografie und zum Beispiel der Sonneneinstrahlung kann die relative Feuchte in unterschiedlichen Höhen auch stark variieren. Es kommt also vor, dass ein Flugzeug einen langlebigen Kondensstreifen hinterlässt, dagegen ein anderes in einer anderen Flughöhe nur einen kurzen oder eventuell gar keinen. Auch die Größe des Flugzeugs sowie die Bauart und die momentane Leistung der Triebwerke beeinflussen die Bildung von Kondensstreifen.

Es gibt also Wetterlagen, die in Verbindung mit normalem Luftverkehr genau die von Chemtrail-Gläubigen beschriebenen Beobachtungen hervorrufen sollten. Damit ist nicht bewiesen, dass diese Beobachtungen zwangsläufig alle die Folge von Wettereffekten sind, es stellt sich aber eine weitere kritische Frage: Wie war eigentlich die Wetterlage an Tagen, an denen Aktivisten Chemtrails gesehen haben wollen? Dies erfordert für die Chemtrail-Beobachtungen natürlich eine Datierung sowie Ortsangaben mit einer Zuverlässigkeit, die bei Internetveröffentlichungen von Verschwörungsgläubi-

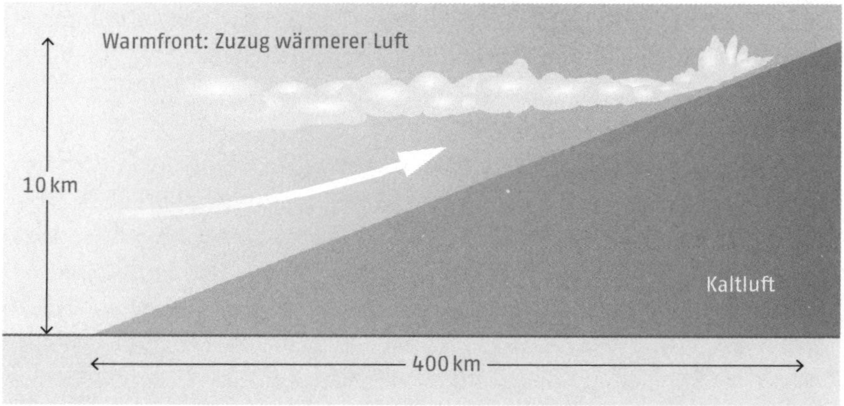

Abb. 13 In einer Warmfront wird eine kalte Luftmasse durch (bezogen auf die jeweilige Höhe) wärmere Luft verdrängt. Die geringere Dichte der warmen Luft führt dazu, dass sie sich in einer flachen Schicht über die Kaltluft schiebt und dabei großflächig angehoben wird.

gen nicht unbedingt garantiert ist. Dennoch ist es sinnvoll, sich mit konkreten Sichtungen auseinanderzusetzen, bei denen Chemtrail-Gläubige ausdrücklich ausschließen, dass es sich um Wettereffekte handelt.

Im Jahr 2014 war die Initiative Sauberer Himmel die mit Abstand bedeutendste Organisation von deutschsprachigen Chemtrail-Gläubigen. Auf ihrer Internetseite zeigte sie datierte und mit Ortsangaben versehene Fotos angeblicher Chemtrails von insgesamt 15 Tagen aus den Jahren 2010 bis 2012. Genaue Zeitangaben fehlten bis auf eine Ausnahme. Analysiert man für die dort angegebenen Tage Archivwetterkarten und Satellitenbilder, so lässt sich die Wetterlage zum ungefähren Zeitpunkt der Aufnahme rekonstruieren. Eine Analyse zu den Aufnahmedaten der Bilder von Sauberer Himmel ergibt an acht der 15 Termine relativ eindeutige Warmfrontwetterlagen. In den anderen sieben Fällen fanden sich ebenfalls Wetterlagen mit Warmluftzufuhr in der Höhe, zum Beispiel an der Westflanke eines Hochdruckgebiets oder südwestlich eines Tiefdrucksystems, nur mit weniger eindeutigen Fronten.[159] An keinem der 15 Tage fanden sich Wetterlagen, die einer natürlichen Entstehung der Streifen entgegengestanden hätten. Am Tag der in Abb. 12 gezeigten Aufnahme trübte sich der Himmel über Frankfurt im Lauf des Tages ein, weil eine warme Luftmasse über Frankreich gegen weiter nördlich vorbeiströmende Atlantikluft drückte. Auch dort sind langlebige Kondensstreifen und ein entstehender Wolkenschleier also einfach eine Folge des Wettergeschehens. Die Beobachtung langlebiger Kondensstreifen und eine nachfolgende Eintrübung sind also kein belastbares Indiz dafür, dass es sich um etwas anderes handelt als um gewöhnliche Kondensstreifen.

Tipps für eigene Beobachtungen

Wenn Sie besonders langlebige Kondensstreifen sehen, beobachten Sie, ob Sie schon beim Auftreten der ersten Streifen den Himmel als leicht milchig wahrnehmen oder ob sie helle Reflexe am Himmel in etwa zwei Handbreit Abstand zur Sonne sehen können. Beides sind Anzeichen sehr dünner Schichtwolken in großer Höhe. In dieser Schicht können sich Kondensstreifen nicht auflösen. Wären diese Effekte eine Folge von „Chemtrails", dann dürften solche Lichtreflexe erst nach den Streifen allmählich entstehen.

Sollten Sie mit oder nach den Kondensstreifen eine Eintrübung des Himmels beobachten, dann achten Sie auf die Himmelsrichtungen. Kommt die Eintrübung von Westen oder Süden? Aus diesen Himmelsrichtungen ist Warmluftzufuhr bei uns weitaus häufiger als aus Norden oder Osten. Eine Eintrübung durch versprühte Chemikalien sollte hingegen keine Himmelsrichtung bevorzugen.

Wenn Sie hohe Haufenwolken an einem ansonsten blauen Himmel sehen (Faustregel: Wolken sind blumenkohlförmig und höher als breit), dann beobachten Sie, ob Sie zwischen den Wolken Kondensstreifen sehen können. Solche Wolken sind ein Anzeichen von Kaltluftzufuhr oder einer Erwärmung der Atmosphäre vom Boden her. Kondensstreifen sollten sich bei solchen Wetterlagen in den meisten Fällen zügig auflösen. Es wäre doch seltsam, wenn ausgerechnet immer bei solchem Wetter keine Chemikalien versprüht würden ...

Zunehmende Häufung von Kondensstreifen

Neben der Langlebigkeit von Kondensstreifen verweisen Chemtrail-Gläubige auch gerne auf Häufungen vieler Kondensstreifen gleichzeitig, die früher so nicht zu sehen gewesen seien. Basierend darauf, dass die meisten Chemtrail-Gläubigen erklären, Chemtrails gäbe es seit den 1990er Jahren, muss man davon ausgehen, dass mit „früher" etwa die 1980er Jahre gemeint sein dürften. Laut Statistiken der Deutschen Flugsicherung hat sich die Anzahl der Flugbewegungen im deutschen Luftraum zwischen 1985[160] und 2015[161] etwa verdreifacht. Wenn man (grob vereinfachend) davon ausgeht, dass Kondensstreifen zeitlich und räumlich unabhängig voneinander auftreten, erlaubt das die folgende einfache statistische Betrachtung:

Die Wahrscheinlichkeit, in einem Himmelssegment zu einem beliebigen Zeitpunkt einen Kondensstreifen zu sehen, sollte sich bei einer Verdreifachung der Flugbewegungen etwa verdreifacht haben. Das bedeutet aber, dass sich die Wahrscheinlichkeit, im selben Himmelssegment zu einem beliebigen Zeitpunkt zwei Kondensstreifen gleichzeitig zu sehen, verneunfacht haben muss (Wahrscheinlichkeit für den ersten Kondensstreifen multipliziert mit der Wahrscheinlichkeit für den zweiten Kondensstreifen). Die Wahrscheinlichkeit, drei Kondensstreifen gleichzeitig zu sehen, ist damit seit 1985 schon um den Faktor 27 angestiegen, und eine Häufung von zehn Kondensstreifen gleichzeitig sah man 2015 mit 60 000-mal größerer Wahrscheinlichkeit als noch 1985 – einfach nur durch die zunehmende Zahl von Flugbewegungen.

Die Beobachtung, dass man deutlich häufiger als früher eine große Zahl von Kondensstreifen gleichzeitig sieht, stimmt also tatsächlich. Das ist einfach eine Folge des zunehmenden Verkehrs am Himmel.

Seltsame Formen von Wolken und Kondensstreifen

„Wenn Sie diese Wolkenart in einem Buch, Atlas oder sonstige Publikation über Wolken finden, putze ich Ihre Wohnung umsonst."[162] Das vollmundige Versprechen, dessen Urheber leider nicht mehr feststellbar ist, war bis 2008 auf der Internetseite chemtrails.erazor-zone.de zu sehen. Die versprochene Leistung wäre ansonsten leicht einzufordern: Bei der abgebildeten Wolkenart handelt es sich um Cirrus spissatus, dichte Federwolken, die typischerweise bei der Auflösung von Gewitterwolken übrigbleiben. An heißen Sommertagen sind sie kein ungewöhnlicher Anblick, und am bezeichneten Tag und Ort der Aufnahme im August 2004 wurden Temperaturen bis 30 Grad erreicht. Es handelt sich also keineswegs um „Riesen Chemiwolken, die in keinem Buch stehen", wie als Text auf dem Bild selbst eingeblendet ist (siehe Abb. 14). Ähnlich chaotische Wolkenformationen mit dichten Cirruswolken gibt es auch definitiv nicht erst seit der Beobachtung angeblicher Chemtrails.

„So sehen definitiv nur künstliche Wolken aus", verkündete 2013 die Initiative Sauberer Himmel zu einem Bild mit gewöhnlichen Schäfchenwolken (Altocumulus).[163] Es gibt kaum eine noch so alltägliche Wolkenart, die sich nicht auf Bildern wiederfindet, mit denen jemand meint, künstliche Wettereffekte belegen zu können.

„Eine Wolkenformation, die wohl jedermann überzeugen dürfte, dass sie nicht natürlichen Ursprungs ist" versprach 2016 das Reichsbürgerportal *Pravda-TV* und zeigte dazu ein Bild mit einem wellenförmigen Wolkenmuster.[164] In der Tat ist ein gleichmäßiges Muster aus breiten Wolkenstreifen die Wolkenformation, die wohl am häufigsten als Beweis für menschliche Wettermanipulation genannt wird. Der Zusammenhang solcher Muster mit Chemtrails ist zunächst einmal nicht offensichtlich. Das Auftreten einzelner

Abb. 14 Screenshot aus der anonymen Internetseite chemtrails.erazor-zone.de, wie sie von 2004 bis 2008 zu sehen war. Auf der Seite fand sich eine Vielzahl ähnlicher Bilder, zum Teil vom gleichen Tag und mit dem gleichen Schriftzug über „Riesen Chemiwolken" Auch auf diesen Bildern handelte es sich tatsächlich einfach um unterschiedliche Formen von Cirruswolken.

Streifen ließe sich zwar noch mit dem Versprühen durch jeweils ein Flugzeug erklären, aber einem auffällig gleichmäßigen Wolkenmuster hätte dann ein nicht minder gleichmäßiges Muster von Chemtrails vorangegangen sein müssen. Die Foto-„Beweise" der Chemtrail-Gläubigen zeigen jedoch zwar häufig viele Kondensstreifen gleichzeitig, aber praktisch nie ein derart regelmäßiges paralleles Muster.

An dieser Stelle wird die Vorstellung von Chemtrails häufig mit der einer vermeintlichen globalen Wirkung von HAARP vermischt. So erklärt Sauberer Himmel, an solchen Wolkenmustern könne man erkennen, wie sich die durch Chemtrails erzeugten Wolken an den elektromagnetischen Wellen von HAARP ausrichten.[165] Wer eine solche Wirkung von Radiowellen auf Wolken behauptet, hat offensichtlich überhaupt nicht verstanden, was elektromagnetische Wellen sind. Solche Wellen bewegen sich mit Lichtgeschwindigkeit fort – an ihnen kann sich also kein feststehendes oder sich nur langsam bewegendes Muster ausrichten. Damit eine sogenannte stehende Welle entstehen könnte, müssten diese Funkwellen an einer viele Kilometer breiten und hohen ebenen Wand reflektiert werden, und diese Wand gibt es schlichtweg nicht.

Überdies passen die Abstände realistischer Wolkenstreifen in keiner Weise zu irgendwelchen Wellenlängen, die im Zusammenhang mit HAARP eine Rolle spielen. Mit dem Wissen, dass sich solche Wolkenstreifen in der Regel in Höhen zwischen 3000 und 8000 Metern bilden und in Verbindung mit den vom Boden zu beobachtenden Winkeln zwischen den einzelnen Streifen lässt sich mit etwas Trigonometrie nachrechnen, dass typische Abstände zwischen solchen Wolkenstreifen zwischen mehreren hundert und wenigen tausend Metern liegen. Die Wellenlängen, bei denen HAARP technisch bedingt senden kann, betragen jedoch nur 30 bis 100 Meter – viel zu kurz für ein sichtbares Wellenmuster in realistischen Wolkenhöhen. Bei den extremen Niedrigfrequenzen für den U-Boot-Funk, deren Übertragung von HAARP profitieren können soll, liegen die Wellenlängen hingegen bei mehreren hundert Kilometern – das ist weit mehr als das Segment des Himmels, das man gleichzeitig vom Boden aus überblicken kann.

Ist es aber überhaupt vorstellbar, dass solche auffällig regelmäßigen Muster in Wolken auf natürlichem Wege entstehen könnten? Merkwürdigerweise scheint sich diese Frage niemand zu stellen, der ebenso auffällig regelmäßige Wellenmuster im Wasser sieht. Wellen im Wasser sind für uns alltäglich und natürlich; Wellen in Wolken hingegen werden als Beweis für menschliche Manipulationen zitiert. Die Entstehungsmechanismen sind in beiden Fällen aber tatsächlich identisch. In der Meteorologie wird flaches Wasser sogar als ein vereinfachtes Modell zur mathematischen Formulierung von Vorgängen in der Atmosphäre verwendet.

Luftmengen schwingen um die Höhe, in der sie aufgrund ihrer Temperatur in einer stabilen Schichtung im Gleichgewicht mit ihrer Umgebung wären. Durch Überströmen von Hügeln oder Gebirgen, aber auch durch einen Wechsel des thermischen Auftriebs in tieferen Schichten kann die Luft aus der Gleichgewichtslage befördert werden. Wo die Luftfeuchtigkeit an der Grenze zur Wolkenbildung ist, wird eine solche Welle in der Luft dazu führen, dass in den Bereichen, in denen die Luft aufsteigt, Wolken entstehen, die sich direkt daneben in den Zonen des Absinkens wieder auflösen. So ist es wenig überraschend, dass sich derartige breite Wolkenstreifen auch auf Bildern finden, die eindeutig keinen Einfluss von Chemtrails zeigen können. Ein sehr typisches Beispiel findet sich in einem gängigen Lehrbuch für

Grundlagen der Meteorologie – und zwar schon in der 1980 gedruckten Ausgabe.[166] Sehr eindeutig nicht von Flugzeugen oder Funksendern verursacht sind die weniger regelmäßigen, aber nicht minder markanten Wolkenstreifen, die man in der Gemäldegalerie Berlin auf der Ansicht von Zierikzee bewundern kann: Das Bild wurde von Esaias van de Velde im Jahr 1618 gemalt.

Ein scheinbar völlig anderes Phänomen, das gerne als Beleg für Chemtrails zitiert wird, hängt kausal eng mit den wellenförmigen Wolken zusammen, nämlich Unterbrechungen in Kondensstreifen. Chemtrail-Gläubige meinen darin ein zwischenzeitliches Abschalten des Sprühmechanismus zu erkennen. Das ist jedoch keineswegs die einzig denkbare Erklärung. Tatsächlich kann ein Kondensstreifen im Prinzip dadurch eine Unterbrechung zeigen, dass der Pilot kurzzeitig den Schub reduziert hat, wodurch sich Temperatur und Wasserdampfgehalt der Triebwerksabgase verändern. Die wichtigste Ursache von Unterbrechungen in Kondensstreifen ist jedoch das Aufsteigen und Absinken von Luft in der Atmosphäre. Durchfliegt ein Flugzeug eine Luftschicht, die im Mittel von sich aus noch nicht zur Wolkenbildung neigt, dann wird sich in Bereichen mit absinkender Luft der Kondensstreifen besonders schnell auflösen oder gar nicht erst entstehen. Beim Durchfliegen einer Zone mit aufsteigender Luft wird der Kondensstreifen hingegen deutlich langlebiger sein als das in dieser Luftschicht ansonsten zu erwarten wäre.

Ein durchaus verblüffendes Argument der Chemtrail-Gläubigen sind Aufnahmen von Kondensstreifen von zum Teil mehreren Flugzeugen parallel, die in engen Kurven oder Schleifen verlaufen. „Kurven und Schleifen verraten Chemtrail-Flugzeuge!", titelt Sauberer Himmel zu einem solchen Bild, aufgenommen 2011 in der Uckermark, und verlangt in einem Schreiben eine Erklärung von der Deutschen Flugsicherung (DFS).[167] Allerdings dürften die Verursacher dieser Streifen gar nicht in den Zuständigkeitsbereich der DFS fallen. Für Verkehrsflugzeuge wären solche Kurven- und Schleifenflüge nämlich tatsächlich extrem ungewöhnlich. Auf ihrer Reiseflughöhe bewegen sich diese in der Regel auf relativ direktem Weg auf ihr Ziel zu. Warteschleifen sind durch moderne Anflugverfahren immer häufiger verzichtbar und werden, wenn überhaupt, in Höhen geflogen, in denen normalerweise keine Kondensstreifen entstehen.

Dennoch finden sich sehr ähnliche Bilder mit verschlungenen Schleifen von Kondensstreifen gleich mehrerer Flugzeuge auch auf Aufnahmen, die aus einer Zeit stammen, in der Chemtrails als Ursache zweifelsfrei ausscheiden. Dazu gehören vor allem Bilder von Luftkämpfen aus dem Zweiten Weltkrieg. Die Vorstellung von Kondensstreifen mag im Zusammenhang mit den Propellerflugzeugen dieser Zeit zunächst verblüffen, die meisten nach

Sauberer-Himmel.de
Der andere Blog
Kunst, Herz und Verstand
Original seit 2011

08.11.2011

Kurven und Schleifen verraten Chemtrail-Flugzeuge!

Dieses Bild wurde von einem Teilnehmer der Bürgerinitiative am 03.11.2011 in 16775 Großwoltersdorf aufgenommen. Nach Auffassung der Deutschen Flugsicherung können sichtbare Kurvenflüge entstehen, indem Kondensstreifen durch den Wind „verwischt" werden. Diese Erklärung wird jedoch in diesem Fall ganz sicher nicht greifen. Unser Rechtsanwalt hat daher heute bei der Deutschen Flugsicherung nachgefragt, was es mit diesen Kurven auf sich hat und durch welches Flugaufkommen sie verursacht wurden. Lesen Sie hier das Email an die Deutsche Flugsicherung:

Abb. 15 Screenshot von der Internetseite der Bürgerinitiative Sauberer Himmel vom 28.6.2018. Kondensstreifen in mehreren überlagernden Schleifen sollen die Existenz von Chemtrails beweisen. Das dargestellte Bild stammt aus Großwoltersdorf in der Uckermark und dürfte in nordwestlicher Richtung aufgenommen sein. In dieser Richtung lag zum fraglichen Zeitpunkt wenige Kilometer entfernt die Sonderflugzone ED-R 206, ein Übungsgebiet für Jagdflugzeuge der Bundeswehr.

Kriegsbeginn in Dienst gestellten Jagdflugzeuge sowie einige Bomber erreichten aber Flughöhen von über 10 000 Metern. Im Kampf versuchten Jagdflieger in der Regel, sich hinter dem Gegner in eine gute Schussposition zu bringen, was beim Versuch, sich gegenseitig auszumanövrieren, oft zu wilden Flugmanövern mit verschlungenen Schleifen wie auf Abb. 16 führte.

Diese grundsätzliche Taktik gehört auch in der Zeit moderner Lenkwaffen immer noch zum Repertoire praktisch aller Jagdflieger und wird regelmäßig auf Übungsflügen trainiert. Das erklärt auch das von Sauberer Himmel präsentierte Bild aus der Uckermark: Der Aufnahmeort lag zum fragliche Zeitpunkt knapp hinter der Grenze einer militärischen Sonderflugzone, in der die Eurofighter des taktischen Luftwaffengeschwaders 73 aus Rostock-Laage ihre Übungsflüge absolvierten. Tatsächlich beobachteten Militärflugzeug-interessierte Hobbyfotografen am Tag der Aufnahme sieben Eurofigh-

Abb. 16 Kondensstreifen eines Luftkampfes zwischen amerikanischen und japanischen Flugzeugen während der Schlacht in der Philippinensee, aufgenommen auf dem US-Kreuzer Birmingham am 19. Juni 1944. Bildquelle: Bild 80-G-248549, NARA-Serie, Archives Branch, Naval History and Heritage Command, Washington, DC

ter und zwei als Zielflugzeuge eingesetzte Learjets, die im Lauf des Nachmittags von Rostock-Laage aus im Einsatz waren, und tauschten sich darüber in Internetforen aus.[168]

Halos und regenbogenartige Reflexe

Mitunter finden sich in den Publikationen der Chemtrail-Szene Bilder von bemerkenswerter Schönheit, die auch aus meteorologischer Sicht durchaus spannende Inhalte zeigen. So präsentierte Sauberer Himmel 2013 ein geradezu idealtypisches Foto eines sogenannten Halos.[169] Dabei handelt es sich um eine Leuchterscheinung in Form eines Rings um die Sonne, der häufig mit verschiedenen Begleiteffekten verbunden ist (Abb. 17). Dazu erklärt Sauberer Himmel: „Die im Zuge des solaren Geo-Engineering versprühte Chemie am Himmel macht dies möglich." „Chemischer Sonnenhalo wird weltweit üblich", verkündet auch ein von einem Zuschauer verfasster, aber vom Sender

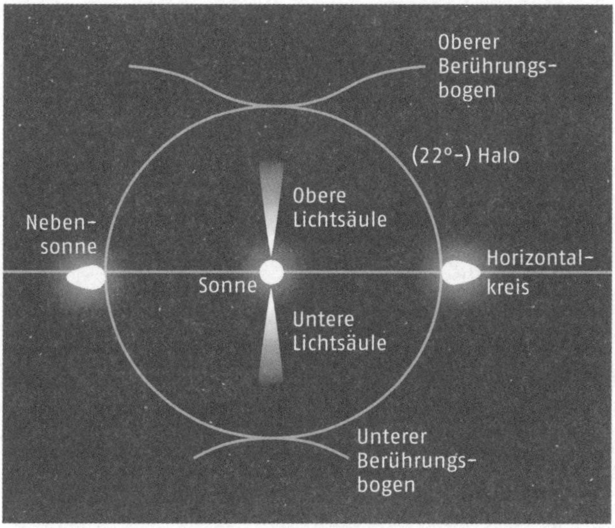

Abb. 17 Der Halo und einige andere Effekte, die durch Lichtbrechung und Reflexion an den Eiskristallen in hohen Wolken entstehen. Am häufigsten sind der Halo und die Nebensonnen jeweils im Winkel von 22 Grad zur Sonne zu erkennen.

übernommener Bericht auf der Seite des US-Nachrichtensenders CNN.[170] Die kalifornische Bürgerinitiative SoCal SkyWatch zeigt Fotos und Videos von Halos als „sichtbaren Nachweis für das Versprühen von Aerosolen".[171] „Wenn das Sonnenlicht einen Chemtrail passiert, neigen die chemischen Bestandteile in der Wolke dazu, das Licht so zu brechen, dass sie einen gelborange grünen Halo um die Sonne erzeugen", erklären dazu die Autoren des *Field Guide to UFOs*.[172] Wegen der regenbogenartigen Farbreflexe, die in Halos und einigen damit verbundenen Leuchterscheinungen auftreten können, werden sie auch gerne als „Chembows" bezeichnet.[173]

Eine Erklärung, welche Chemikalien das Entstehen eines Halos verursachen sollen und wie genau der Sonnenring dadurch erzeugt werden soll, bleiben die entsprechenden Quellen aber oft schuldig. Wo überhaupt eine Erklärung geliefert wird, ist sie in der Regel physikalisch unsinnig, weil zum Beispiel, offenbar basierend auf einem falsch verstandenen *Wikipedia*-Artikel, gewöhnliche Lichtbrechung zum Quanteneffekt erklärt wird.[174] Regelmäßig heißt es auch, die Regenbogenfarben in den Wolken würden durch „metallische Aerosole" hervorgerufen.[175] Das klingt auf den ersten Blick plausibel, da einige Metalle an ihrer Oberfläche einen ähnlichen Glanz aufweisen. Auch hier haben die Autoren aber offensichtlich nicht verstanden, dass die als Bestandteile von Chemtrails behaupteten Metalle, vor allem Barium, als Nanopartikel in der freien Atmosphäre gar nicht in ihrer elementaren Form, sondern lediglich als Salze vorkommen könnten, die keinerlei metallische Eigenschaften haben. Metallisches Barium ist so reaktiv, dass es unter Luftabschluss aufbewahrt werden muss und sich als Pulver an der Luft selbst entzünden kann.

Wenn Halos und Nebensonnen tatsächlich von Chemtrails verursacht würden, dann dürften sie logischerweise erst seit Beginn der angeblichen Sprühaktionen Ende der 1990er Jahre auftreten. Tatsächlich gehören sie zwar zu den in der Öffentlichkeit unbekannteren Wettererscheinungen – für Meteorologen sind sie jedoch alles andere als neu. So war schon 1982 ein Foto eines Halos im Sonderheft „Wetter" der Zeitschrift *Geo Special* abgedruckt. Im gleichen Heft finden sich auch Bilder von schlierenförmigen Cirruswolken und wellenartigen Wolkenmustern, die 35 Jahre nach dem Erscheinen des Heftes ebenfalls als Belege für Chemtrails herhalten sollen. Interessant für Chemtrail-Gläubige sollte aber vor allem der Text zu dem Halo-Bild sein, in dem es heißt: „Dieser sogenannte Halo signalisiert, dass die Warmfront eines Tiefs aufzieht, sich also das Wetter verschlechtern wird."[176] Ein Halo ist ein typisches Merkmal genau der Wetterlage, bei der, wie schon auf Seite 102 deutlich wurde, gewöhnliche Kondensstreifen gerade die zeitliche Entwicklung zeigen, die als Kennzeichen von Chemtrails interpretiert wird. Es ist also kein Zufall, dass Halos, Nebensonnen und ähnliche Erscheinungen oft gleichzeitig mit vermeintlichen Chemtrails gesehen werden. Alle diese Effekte entstehen durch die gleiche Wetterlage.

Wie genau alle diese Leuchterscheinungen entstehen und welche Rolle dabei die dünnen, transparenten Wolkenschichten aus Eiskristallen spielen, die gerade beim Einströmen von Warmluft häufig vorkommen, ist in der Meteorologie gut erforscht – und zwar schon sehr lange. Bereits 1848, mehr als 40 Jahre vor Otto Lilienthals ersten Flugversuchen, konnte Auguste Bravais alle diese Phänomene detailliert durch Kombinationen von Lichtbrechung und Reflexion innerhalb kleiner Eiskristalle erklären. In seinem Artikel verwies Bravais darauf, dass Christiaan Huyghens schon im 17. Jahrhundert Halos beobachtet und erkannt hatte, dass diese durch Lichtbrechung entstehen mussten.[177] Seltsam, dass Menschen im 21. Jahrhundert, die alle diese Informationen problemlos im Internet finden könnten, hinter Bravais' Kenntnisstand zurückfallen und stattdessen zusammenphantasierte Metallpartikel als Erklärung zitieren.

Entscheidend für die Entstehung der ungewöhnlichen Reflexe in Eiswolken ist die typischerweise sechseckige Form der Eiskristalle. Diese Sechsecke können unterschiedlich dick sein, von flachen Plättchen bis hin zu säulenförmigen Kristallen mit sechseckigem Grundriss. Tritt das Licht durch eine Seite des Sechsecks in den Kristall ein und durch die übernächste Seite wieder

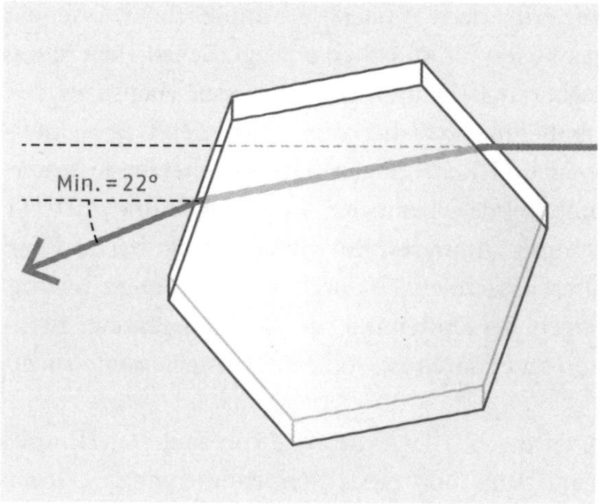

Abb. 18 Die Brechung eines Lichtstrahls beim Passieren von zwei versetzten Seiten eines sechseckigen Eiskristalls. Die Ablenkung des Strahls verändert sich bei Drehung des Kristalls um seine Symmetrieachse, aber sie wird niemals kleiner als 22 Grad. Daraus ergibt sich der Winkel von 22 Grad, in dem Halo und Nebensonnen zur Sonne stehen.

aus, dann wird das Licht zweimal in die gleiche Richtung gebrochen (siehe Abb. 18). Die Summe der Brechungswinkel hängt vom Drehwinkel des Kristalls ab, sie wird aber niemals kleiner als 22 Grad. Deswegen sieht man um eine kleine Lichtquelle, deren Licht man durch eine Wolke aus Eiskristallen betrachtet, einen hellen, nach innen scharf begrenzten und nach außen verwischten Ring im Winkel von 22 Grad, den Halo. Die Nebensonnen entstehen dadurch, dass sich flache Kristallplättchen beim Schweben in ruhiger Luft meist so ausrichten, dass ihre Grundfläche ungefähr waagrecht steht. Säulenförmige Kristalle schweben bevorzugt in liegender Position mit senkrecht stehenden Grundflächen und erzeugen so die beiden Berührungsbögen. Spiegelungen des Sonnenlichts an waagerechten Flächen ausgerichteter Kristalle erzeugen die Lichtsäulen, an senkrechten Flächen den Horizontalkreis. Es gibt noch weitere Erscheinungen in Eiswolken, bei denen der Weg des Lichts durch die Kristalle zum Teil noch komplizierter ist.

Grundsätzlich unterscheiden sich die Brechungswinkel des Lichts an der Oberfläche eines Kristalls oder einer Flüssigkeit geringfügig je nach Wellenlänge. So entstehen unter anderem die Farben des Regenbogens. Auch bei Lichteffekten an Eiskristallen wie Halos kommt eine solche spektrale Aufspaltung vor, so dass auch Reflexe in Regenbogenfarben in Eiswolken nichts Ungewöhnliches sind.

Das verstehen die meisten Chemtrail-Gläubigen aber offenbar nicht. So erklärte der anonyme Autor von chemtrails.erazor-zone.de in einer Texteinblendung auf einem seiner Bilder: „Das Sonnenlicht wird farblich reflektiert. Natürliche Wolken tun es nie!“ Auf einem anderen seiner Bilder heißt es:

„Das Sonnenlicht wird farbig reflektiert! Wasser???? Unmöglich."[178] Offenbar hält diese Person auch Regenbögen für künstlich erzeugt. Beliebigkeit in mit Schulphysik leicht widerlegbaren Behauptungen zeigt sich ebenso in den Chemtrail-Beiträgen auf dem Finanzcrash-Forum. Hier heißt es: „Unterschiede zwischen Chembows und Regenbögen: Der entscheidende Unterschied ist, daß ein Chembow das Licht REFLEKTIERT und NICHT BRICHT."[179] Tatsächlich kommt zumindest der einfache Halo bei 22 Grad zur Sonne wie gerade erläutert ausschließlich durch Lichtbrechung zustande. Dass hingegen ein Regenbogen, der am Himmel der Sonne gegenüber zu sehen ist, nicht ohne Reflexion zu erklären ist, sollte einigermaßen offensichtlich sein.

Vollends zur Realsatire wird schließlich die Seite von Sauberer Himmel mit der folgenden Erklärung zum Bild eines Sonnenuntergangs: „Gegen Abend verwandelt sich der grelle Himmel dann gewöhnlich in ein auffälliges Farbspektakel. Durch die chemischen Partikel kommt es häufig zu stark rosa- und orangefarbenen Verfärbungen beim Sonnenuntergang." Offenbar muss nach Meinung von Sauberer Himmel auch Karl Gottlieb Lappe die Folgen von Chemtrails gesehen haben, als er 1825 im Text zu Schuberts *Im Abendrot* dichtete:

O wie schön ist deine Welt,
Vater, wenn sie golden strahlet!
Wenn dein Glanz herniederfällt
Und den Staub mit Schimmer malet,
Wenn das Rot, das in der Wolke blinkt,
In mein stilles Fenster sinkt!

Einige Chemtrail-Gläubige haben tatsächlich verstanden, dass Halos und Nebensonnen schon seit Jahrhunderten bekannt sind. Sie verlagern ihre Argumentation darauf, dass solche Erscheinungen früher extrem selten gewesen seien, während man sie heute regelmäßig beobachten könne.[180] Dass man das subjektiv so wahrnimmt, ist durchaus glaubhaft, nachprüfbare Zahlen werden dazu aber nicht präsentiert. Bravais schrieb jedoch schon in seiner Veröffentlichung von 1848, zumindest Beobachtungen der einfachen Halos bei 22 Grad seien so häufig „dass sie sich nicht zählen lassen". In dem Handbuch *Sprache der Wolken* aus dem Jahr 1949 heißt es, solche optischen Erscheinungen seien zwar „nicht regelmäßig zu sehen, aber doch häufiger, als die meisten Menschen meinen".[181] Der Grund dafür ist einfach: Da Halos und Nebensonnen nur einen kleinen Helligkeitsunterschied zum Hintergrund ausmachen und bei ungleichmäßiger Cirrusbewölkung oft auch nur Teile des

Abb. 19 Aufnahme eines Halos am 26. oder 27.12.2017 mittags über Cottbus. An beiden Tagen herrschte bei insgesamt unruhigem Wetter in der Höhe ein relativ stabiler Zustrom warmer Luft aus Südwesten. Foto: Jan Keilholz

Rings zu sehen sind, bemerkt man sie oft nur, wenn man diese Phänomene kennt und darauf achtet. Wer den Himmel danach absucht, weil er langlebige Kondensstreifen gesehen hat und an Chemtrails glaubt, wird deutlich häufiger einen Halo erkennen als ein unbelasteter Betrachter. Da Halos mitunter sehr schöne und beeindruckende Phänomene sind, könnte man einer derart geschärften Beobachtung auch tatsächlich etwas Positives abgewinnen, wenn die ständige Angst vor fiktiven Giften nicht mit einem erheblichen Verlust an Lebensqualität einherginge.

Tipps für eigene Beobachtungen

Einen Halo oder Nebensonnen am Himmel zu entdecken, ist ganz unabhängig von Verschwörungsglauben ein ästhetisches und lehrreiches Erlebnis. Die besten Chancen hat man bei leicht milchig oder schlierig wirkendem Himmel und, für die Nebensonnen, relativ tief stehender Sonne. Um eine Blendung zu vermeiden, verdeckt man die Sonne am besten mit dem Handgelenk des ausgestreckten Arms und hält die Hand im rechten Winkel zum Unterarm. Die Fingerspitzen zeigen dann ungefähr einen Winkel von 20 Grad zur Sonne an, und etwas weiter entfernt sollten Halo und Nebensonnen zu erkennen sein.

Hat man einen Halo entdeckt, lohnt sich ein Abgleich mit der Wetterlage: Eine von Westen heraufziehende Warmfront, ein Tief über Westeuropa oder ein Hoch über Mittelosteuropa sind typische Wetterlagen, bei denen über Deutschland ein Zufluss von Warmluft in der Höhe zur Bildung flacher Eiswolken führt. Im Satellitenfilm dürfte die Annäherung von Wolken meist aus südlicher oder westlicher Richtung zu erkennen sein.

Teilweise werden auch angebliche Folgen herangezogen, um die Existenz von Chemtrails zu beweisen. So erklärt der Alternativmediziner Manfred Doepp, er sei von der Existenz von Chemtrails überzeugt, seit er Patienten mit der Morgellons-Krankheit habe.[182] Auch der österreichische Ableger von Sauberer Himmel erklärt: „Morgellons sind eine neue Krankheit, welche durch Chemtrails entstehen!“[183] Im Folgenden diskutiert Jan-Oude Aost, Facharzt für Kinder- und Jugendpsychiatrie und -psychotherapie, was hinter der geheimnisvollen Krankheit steckt.

Die rätselhafte Morgellons-Krankheit

Gastbeitrag des Kinder- und Jugendpsychiaters Jan-Oude Aost.

„Joni Mitchell never lies"
Janet Jackson –„Got 'til It's Gone"

Im Jahr 2010 sprach die Musikerin Joni Mitchell mit einem Reporter der *Los Angeles Times* und sagte, sie sei an einer „unheilbaren Erkrankung“ erkrankt, die wie „aus dem Weltall“ sei. Es handle sich um die Morgellons-Erkrankung, „ein unberechenbarer Killer – eine terroristische Erkrankung; sie wird eines deiner Organe sprengen und dich ein Jahr ans Bett fesseln“.[184]

Ms. Leitao, die mit ihrer Familie in den USA lebte, war mit ihrem fast drei Jahre alten Sohn Drew bereits bei mehreren Ärzten gewesen.[185] Drew hatte seit einiger Zeit eine Hautirritation unterhalb der Lippe. Keiner der Ärzte hatte Drew bisher helfen können. An einem Abend im Sommer 2001 zeigte Drew auf die Hautirritation und sagte „Tierchen“ *(bugs)*. Ms. Leitao schaute sich die Stelle noch einmal genau an und fand darin seltsame Fasern, die aus der Haut zu kommen schienen. Sie betrachtete die Fasern unter einem billigen Mikroskop aus dem Elektronikmarkt und konnte das, was sie sah, nicht zuordnen. Sie bekam das Gefühl, einer unbekannten Erkrankung auf der Spur zu sein.

Die erste Beschreibung der Symptome, die Ms. Leitao bei Drew und Joni Mitchell bei sich selbst, beobachten, stammt aus dem 17. Jahrhundert von Sir Thomas Brown. Er beschrieb „haarähnliche Auswüchse“ aus der Haut von

Kindern sowie ein von den Betroffenen beschriebenes Gefühl von Bewegung unter der Haut. Da die beschriebene Erkrankung erstmals in der Gegend „Morgellon" entdeckt wurde, nannte Ms. Leitao die Erkrankung „Morgellons-Erkrankung" (*Morgellons Disease*).

Frustriert von den Antworten der Ärzte gründete sie ein „Forschungsinstitut", um der mysteriösen Erkrankung ihres Sohnes auf den Grund zu gehen. Sie setzte eine Website auf und es dauerte nicht lange, bis sich Menschen meldeten, die von gleichen Symptomen berichteten wie Drew. Allerdings beschrieben sie auch psychische Symptome: Konzentrationsschwierigkeiten, eingeschränkte Stimmung, das Gefühl, keine Energie zu haben.

Die von „Morgellons" beschriebenen Symptome passen zu dem, was unter Medizinern als Dermatozoenwahn bezeichnet wird.[186] Er wurde 1938 vom Arzt Karl-Axel Ekbom erstmals beschrieben. Patienten mit dieser Erkrankung haben das Gefühl, Ungeziefer unter der Haut zu haben. Häufig neigen sie dazu, die eigene Haut zu manipulieren und dadurch Verletzungen hervorzurufen. Je nachdem wie ausgeprägt die Wahnsymptomatik ist, kann es zu schweren Verletzungen der Haut kommen. Ein weiteres Symptom sind kleine Gefäße mit Fremdkörpern, die Patienten aus den Hautirritationen entfernen und als Beleg für ihre Erkrankung mitbringen (*matchbox sign*). Unter Psychiatern gilt dieses Gefäß als klinische Diagnosesicherung.

Als Wahn bezeichnet man eine Überzeugung, die objektiv falsch und mit der Realität nicht vereinbar ist. Diese Überzeugung drängt sich Menschen auf; sie haben nicht die Möglichkeit, sich davon zu distanzieren. Argumente oder gegenläufige Erfahrungen korrigieren die Überzeugung nicht. Eine Einschränkung dieser Definition gilt bezüglich des kulturellen Umfeldes: Die Überzeugung muss für die vorherrschende Kultur untypisch sein. Religiöse Überzeugungen zum Beispiel, die im Rahmen des normalen religiösen Lebens von vielen Menschen gehalten werden, sind kein Wahn.

Der Wahn als Symptom hat keinen besonders guten Ruf. Niemand möchte wahnsinnig sein. Darum war die Mutter, so wie viele andere „Morgellons", nicht mit der Diagnose einverstanden und suchte nach einer alternativen Erklärung. Um diese Erklärung zu finden und zu belegen, nutzte sie ihr Forschungsinstitut und erstellte eine Fallsammlung von Betroffenen. Zwar ist der Dermatozoenwahn eine seltene Erkrankung, doch über das Internet verbreitete sich die Idee der „Morgellons-Erkrankung" wie ein Mem. Mehr und mehr Menschen meldeten sich und fügten ihre Geschichten hinzu. Dabei kristallisierte sich die Idee heraus, dass die Erkrankung durch fremdartige Fasern unbekannten Ursprungs hervorgerufen werden könnte. Um den Ursprung dieser Fasern ranken sich Verschwörungstheorien. Einige Betroffene machen Chemtrails verantwortlich. Auch auf der Website von Joni Mitchell findet sich ein Text, der Chemtrails als eine Ursache der Erkrankung thematisiert.[187]

Die medizinische Wissenschaft hielt sich lange zurück, weil es seit fast 100 Jahren eine Erklärung für die Symptome der Menschen gab und keine Alternative benötigt wurde. Doch als mehr und mehr Menschen eine andere Ursache für ihre Symptome behaupteten und die etablierte Erklärung nicht akzeptierten, schritt das Center for Disease Control (CDC) ein und unternahm eine Studie.[188] Ziel dieser Studie war es, zu klären, ob es eine eigenständige Erkrankung gibt, die von unerklärlichen Fasern hervorgerufen wird. Das Ergebnis war klar: Es gab keine Hinweise auf eine Morgellons-Erkrankung. Das heißt nicht, dass alle Menschen, die der Ansicht sind, an dieser Erkrankung zu leiden, einem Dermatozoenwahn unterliegen. Das behauptet auch das CDC nicht, sondern stellt fest, dass die „unerklärliche Dermatopathie“ mit einer deutlich „reduzierten gesundheitsbezogenen Lebensqualität“ einhergeht. Es konnte „keine gemeinsame medizinische Ursache für die Symptome gefunden werden, was bei Erkrankungen wie dem Dermatozoenwahn ähnlich ist“. Kritik an der Studie wurde insbesondere an der aus Sicht der Kritiker mangelhaften Untersuchung der von den Patienten mitgebrachten Fasern geübt.

Literatur zu einer möglichen alternativen Erklärung für die Symptome der Menschen ist kaum vorhanden. Es könnte sich dabei in einigen Fällen auch um eine psychosomatische Erkrankung handeln, wobei es sich dann am ehesten um eine Somatisierungsstörung handeln würde. Dabei handelt es sich um Erkrankungen, für deren Symptome es keine körperliche Ursache gibt. In diesem Fall wäre die Behandlung auch eine andere als beim Wahn. Einen Wahn behandelt man in der Regel durch die Gabe von Neuroleptika, die sehr wirksam sind, aber auch unangenehme Nebenwirkungen haben können. Eine psychosomatische Erkrankung erfordert jedoch eine Psychotherapie. Leider ist es unwahrscheinlich, dass sich Betroffene auf diese alternative Erklärung einlassen. Zum einen hängt psychischen Erkrankungen in unserer Gesellschaft noch ein Stigma an, zum anderen geht mit einer Psychotherapie in der Regel auch eine Verantwortungsübernahme von Menschen für das eigene Wohlergehen einher. Die Erklärung, die Erkrankung sei durch Fasern verursacht, die von dunklen Mächten mit fragwürdiger Intention ausgebracht werden, kann hingegen helfen, Verantwortung abzugeben.

„I'm not a pitiable creature. It's just that I suffer very eloquently."
Joni Mitchell

Weitere angebliche Beweise technischer Natur

Auch im Fall der Chemtrails hat sich in den vorigen Abschnitten gezeigt, dass die hier überprüften Belege für eine False-Flag-Operation oder eine ähnliche Verschwörung nicht überzeugen können. In vielen Fällen beruhen die präsentierten Beweise einfach auf einem falschen Verständnis von Vorgängen in der Atmosphäre, weshalb gerade Meteorologen wie der aus dem Fernsehen bekannte Jörg Kachelmann viel zur Aufklärung über die tatsächlichen Ursachen der beobachteten Phänomene beitragen können. Kachelmanns Vorliebe für zugespitzte Rhetorik mit Aussagen wie „die spinnen, die Verschwörungstheoretiker“[189] oder die Bezeichnung „Neonazis und Verrückte“[190] dürfte aber nicht in allen Fällen geeignet sein, Menschen zu erreichen, die über Beobachtungen in ihrer Umwelt ernsthaft beunruhigt sind.

Einen grundsätzlich anderen Weg geht Jörg Lorenz, dessen Zugang zum Thema aus der langjährigen Beschäftigung mit Flugzeug- und Wetterfotografie resultiert. In seinem *Chemtrailhandbuch* fordert er Verschwörungsgläubige ausdrücklich auf: „Glauben Sie diesem Buch nicht! Versuchen Sie, die einzelnen Inhalte zu widerlegen oder nachzuvollziehen!“[191]

Dabei setzt sich Lorenz unter anderem mit einigen Detailaufnahmen an oder in Flugzeugen auseinander, die oft als Beweise für Chemtrail-Sprüheinrichtungen präsentiert werden. Tatsächlich zeigen die Bilder zum Beispiel Einrichtungen zur Betankung von Kampfflugzeugen im Flug, Wassersprühanlagen für Vereisungstests, die Auslassdüse für das Abwasser aus den Handwaschbecken, Ballasttanks, die bei Testflügen das Gewicht der Passagiere simulieren sollen, oder schlichte Thermometer zur Messung der Lufttemperatur am Triebwerkseinlass. Auf einer Anzahl von Chemtrail-Seiten, darunter der des Schweizers Gabriel Stetter, der die Idee der Chemtrails zuerst im deutschsprachigen Raum verbreitet hat, findet sich ein Bild einer Werkstatt, in der offenbar unter anderem an mehreren Edelstahltanks gearbeitet wird. Laut Stetters Seite zeigt das Bild „Chemtrail-Druckbehälter in der Fertigungsanlage bei Conair; Abbotsford, Canada.“[192] Eine einfache Anfrage mit einer Internetsuchmaschine hätte genügt, um zu klären, warum bei Conair mit Tanks gearbeitet wird: Es handelt sich um einen Hersteller von Feuerlöschflugzeugen.

Bei Chemtrail-Gläubigen beliebt sind auch Nahaufnahmen von Flugzeugen, bei denen im Landeanflug Streifen hinter den Flügelspitzen, den Außenkanten der Landeklappen oder dem Fahrwerk zu sehen sind. Hierbei handelt es sich um Luftverwirbelungen, die unvermeidlich entstehen, wenn sich ein Objekt schnell durch die Luft bewegt. Im Bereich der Verwirbelungen wird die Luft an bestimmten Stellen zusammengepresst; an anderen Stellen sinkt der Luftdruck schlagartig ab. Dieses Absinken des Luftdrucks führt an diesen Punkten zu einer schnellen Abkühlung, wie auf Seite 99 erklärt. Bei hoher Luftfeuchtigkeit bilden sich in den abgekühlten Bereichen Wassertröpfchen, die nicht sofort wieder verdunsten. Dies führt an den betreffenden Stellen zu nebelartigen Streifen, die Ähnlichkeit mit Kondensstreifen haben, aber vor allem bei deutlich geringeren Flughöhen auftreten und nicht oder nicht nur hinter den Triebwerken anfangen.

Wie glaubwürdig sind Chemtrails als Erklärung?

Neben ihren wenig überzeugenden technisch-naturwissenschaftlichen Argumenten zitieren Chemtrail-Gläubige auch gerne Äußerungen von Politikern oder Behörden als Bestätigung ihrer Thesen. Hierzu gehören unter anderem ein Artikel, der einmal auf der Internetseite des Grüne-Ortsverbandes Glashütten zu sehen war, eine ausweichende Antwort der damaligen SPD-Bundestagsabgeordneten Monika Griefahn auf ein Schreiben eines Chemtrail-Gläubigen und mehrere parlamentarische Anfragen des niedersächsischen CDU-Landtagsabgeordneten Martin Bäumer.

Durch besondere Sachkompetenz zum Thema zeichnet sich offenbar keiner dieser Politiker aus. Die Grünen im Taunusdorf Glashütten waren offensichtlich so personalschwach, dass selbst ein gemeinsamer Ortsverband mit der benachbarten Stadt Königstein zum damaligen Zeitpunkt nicht einmal 20 Mitglieder zählte.[193] Frau Griefahns Antwort auf das Schreiben des besorgten Bürgers lässt deutlich erkennen, dass ihr das Thema vollkommen unbekannt war.[194] Der studierte Sparkassenbetriebswirt und Finanzökonom Bäumer hingegen setzt in seinen Anfragen die haltlosen Behauptungen anderer Chemtrail-Gläubiger als zutreffend voraus und fordert von der Landesregierung Auskünfte, die vollkommen sinnlos sind, wenn man nicht von vornherein an Chemtrails glaubt.[195] Dass sich Politiker zu einem solchen Thema äußern, heißt auch nicht notwendigerweise, dass sie irgendwelches Insiderwissen dazu haben, sondern lediglich, dass sie sich davon Wählerstimmen erhoffen.

Aufschlussreicher sind Untersuchungsberichte von Behörden und Forschungseinrichtungen sowie Patente zum Themenkomplex des Geoengineerings, auf die sich Chemtrail-Autoren berufen. Das sind sie nicht etwa, weil sie irgendwelche Beweiskraft hätten, dass es Chemtrails gibt. Ein Patent zeigt zunächst einmal nur an, dass jemand eine Idee hatte, die seiner Meinung nach für eine bestimmte Anwendung nützlich sein könnte und die niemand ohne seine Erlaubnis anwenden soll. Die zitierten wissenschaftlichen Berichte hingegen untersuchen die Umsetzbarkeit und die möglichen Folgen einer Reduzierung der globalen Erwärmung durch Geoengineering. Sie beruhen nicht nur auf der Voraussetzung, dass dieses Geoengineering bis heute nicht umgesetzt wird – sie kommen auch überwiegend zum Ergebnis, dass es in Zukunft nicht umgesetzt werden sollte.

Aufschlussreich sind diese Veröffentlichungen hingegen, weil sie die konkretesten Anhaltspunkte sind, wie sich Chemtrail-Gläubige das von ihnen behauptete Versprühen von Chemikalien vorstellen. Die Angaben der Chemtrail-Autoren selbst zu den angeblich eingesetzten Stoffen und Verfahren sind entweder vollkommen absurd oder vage und unklar. Wissenschaftliche Veröffentlichungen und Patente müssen hingegen klare Angaben enthalten, und wenn Chemtrail-Gläubige sich auf diese berufen, halten sie offensichtlich auch die dort genannten Stoffe und Verfahren zumindest für anwendbar.

Alle angeblichen Beweise für das Versprühen sogenannter Chemtrails sind problemlos durch normale Wettererscheinungen sowie zivile und militärische Luftfahrt zu erklären. Stellt man sich hingegen die Frage, ob ein solches geheimes Chemtrail-Programm, wenn schon nicht bewiesen, so doch wenigstens denkbar wäre, dann braucht man konkrete Behauptungen, die man überprüfen kann. Die konkretesten prüfbaren Darstellungen bilden eben jene Patente und wissenschaftlichen Untersuchungen. Doch wären die genannten Zwecke durch das Ausbringen der behaupteten Chemikalien bei vertretbaren Risiken überhaupt erreichbar? Und wäre dies aus Flugzeugen in der genannten Form technisch umsetzbar?

Könnten Chemtrails den Klimawandel bekämpfen?

Die vorstellbare Wirksamkeit des Versprühens von Chemikalien in der höheren Atmosphäre lässt sich am konkretesten für den behaupteten Zweck einer Reduzierung der Klimaerwärmung naturwissenschaftlich hinterfragen. Wenn Menschen von angeblichen Chemtrails als Geoengineering sprechen, dann berufen sie sich damit, implizit und oft auch explizit, auf Veröffentlichungen von Wissenschaftlern und großen Organisationen, die Geoengineering als ein mögliches Mittel gegen die globale Erwärmung diskutieren. Besonders gerne zitiert werden dabei Berichte des *Intergovernmental Panel on Climate Change (IPCC)*, der internationalen Einrichtung zur Bewertung des Klimawandels, die 1988 von den Vereinten Nationen und der Meteorologischen Weltorganisation WMO gegründet wurde und auch als Weltklimarat bezeichnet wird.[196, 197] Gerade in Deutschland wird von Chemtrail-Gläubigen jedoch auch immer wieder auf Unterlagen des Umweltbundesamtes zum

Geoengineering verwiesen.[198] Könnten also sogenannte Chemtrails tatsächlich das sein, was diese Publikationen unter Geoengineering verstehen?

Hierzu muss man zunächst einmal festhalten, dass Geoengineering in der Klimaforschung ein Sammelbegriff ist für alle denkbaren Maßnahmen, die gezielt und in globalem Maßstab ins Klimageschehen eingreifen würden. Dabei gibt es zwei grundlegende Ansätze, in die sich die meisten entsprechenden Ideen einordnen lassen. Beim *Carbon Dioxide Removal (CDR)* wird angestrebt, Kohlendioxid, das anderenorts von Menschen freigesetzt wird oder schon freigesetzt wurde, wieder aus der Atmosphäre zu entfernen und langfristig zu speichern. Beim *Solar Radiation Management (SRM)* soll erreicht werden, dass die Erde mehr Energie abstrahlt und sich das Gleichgewicht zwischen von der Sonne einfallender und abgestrahlter Energie wieder bei einer niedrigeren Mitteltemperatur einstellt – trotz weiter hoher Werte von Treibhausgasen in der Atmosphäre.

Zu beiden Denkrichtungen gibt es eine Vielzahl von Ideen, aber keine davon ist unproblematisch, so dass es bislang nur theoretische Überlegungen und kleine Versuche zu den Funktionsprinzipien gibt. Ein denkbarer Speicherort beim CDR wäre die Tiefsee, die deutlich größere CO_2-Mengen aufnehmen könnte als sie heute enthält und das auch in der Erdgeschichte schon getan hat. Vermutlich hätte das aber erhebliche Folgen für das wenig erforschte Ökosystem in der Tiefsee und es könnte auch Fische und andere Lebewesen im flacheren Wasser betreffen, die eine Ernährungsgrundlage für Menschen sind. Daher wurden größere Maßnahmen dieser Art im Londoner Protokoll der Internationalen Seeschifffahrts-Organisation 2013 bis auf Weiteres verboten.[199]

Etwas weniger problematisch könnte das Speichern in tiefen Gesteinsschichten sein, in denen ja auch Erdgas schon seit vielen Millionen Jahren gespeichert ist. Wegen möglicher Lecks stößt dies aber ebenfalls auf Widerstand bei Umweltschützern. Derzeit konkret geplant ist die Lagerung im Boden *(Carbon Capture and Storage, CCS)* direkt bei der Verbrennung fossiler Energieträger in Kraftwerken, damit ist aber auch ein tatsächliches Entfernen des Treibhausgases aus der Atmosphäre denkbar. Das Zermahlen bestimmter Gesteine, die bei ihrer Verwitterung große CO_2-Mengen aufnehmen, könnte einen Speicher an der Erdoberfläche bilden. Manche Autoren zählen auch Aufforstungen, das Unterpflügen von Holzkohle in Ackerböden und das Vergraben von Biomasse zum CDR. Von Geoengineering sprechen die meisten Wissenschaftler aber nur, wenn die gespeicherten Mengen an CO_2 eine globale Bedeutung erreichen.[200]

Offensichtlich hat keine der genannten CDR-Methoden irgendeinen erkennbaren Bezug zu Chemtrails. Diese müssten also, wenn sie überhaupt etwas mit Geoengineering zu tun haben, dem Strahlungsmanagement SRM zuzuordnen sein. Auch SRM umfasst aber eine Vielzahl sehr unterschiedlicher Ideen. Grundsätzlich teilt sich SRM wieder in zwei Denkrichtungen auf. Die einfachere setzt bei der auf die Erde treffenden Sonnenstrahlung an und versucht, einen größeren Teil davon ins All zu reflektieren. Schon eine kleine Verschiebung des reflektierten Anteils, der sogenannten Albedo, könnte einen spürbaren Effekt haben. So wird ernsthaft diskutiert, die Dächer möglichst vieler Gebäude weiß zu streichen oder großflächig angebaute Kulturpflanzen so zu züchten, dass ihre Blätter heller werden. Millionen hauchdünner Folienspiegel im Orbit könnten Sonnenlicht auch direkt von der Erde fernhalten. Ökologisch bedenklich und somit wenig aussichtsreich scheint eine jüngere Idee – das oberflächennahe Wasser der Ozeane so zu verändern, dass sich auf den Wellen mehr Schaumkronen bilden.

Wolken tragen erheblich dazu bei, dass Sonnenlicht reflektiert und die Erde gekühlt wird, aber die meisten Ansätze, zusätzliche Wolken zu erzeugen, würden einfach nur zu mehr Regen führen, nach dem sich die Wolken wieder auflösen. Lediglich die Teppiche aus kleineren Quellwolken über den Ozeanen (maritime Stratocumuluswolken) sind stabil genug, dass zusätzliche Wolken über einen gewissen Zeitraum wirksam wären. Diese Wolken entstehen aber in relativ geringen Höhen und dort brauchen sie auch ihre Kondensationskeime. Ein Versprühen aus hochfliegenden Flugzeugen brächte also gar nichts. Vielmehr wird hier darüber nachgedacht, von Schiffen aus Seewasser fein in die Luft zu zerstäuben, um das enthaltene Salz als Kondensationskeime zu nutzen.[201]

Auch diese Methoden haben ganz offensichtlich nichts mit Chemtrails zu tun. Es gibt im Bereich des SRM jedoch einige Ideen, bei denen tatsächlich gelegentlich Flugzeuge ins Gespräch kommen. Ein Vorschlag wäre, Schwefelverbindungen als Aerosole, feine Partikel, in der Stratosphäre zu verteilen, also in dem Teil der Atmosphäre, der über unseren normalen Wettererscheinungen liegt. Dort liegt die Ozonschicht, in der ein großer Teil der UV-Strahlung aus dem Sonnenlicht absorbiert wird. Die absorbierte Energie führt dazu, dass die Stratosphäre wärmer ist als die Schicht darunter, so dass eine sehr stabile Schichtung entsteht, in der aufsteigende Luft sofort wieder zurücksinkt. Dadurch endet der Effekt selbst gewaltiger Gewitter oder Wirbelstürme am Übergang zur Stratosphäre, in der sogenannten Tropopause. In Form von schwefliger Säure und Schwefelsäure würden dort freigesetzte Schwefelverbindungen einen dünnen, mit bloßem Auge nicht sichtbaren

Wolkenschleier in dieser Schicht bilden, in der es sonst kaum Wolken gibt. Er würde dazu führen, dass die Stratosphäre stärker aufgeheizt wird, während es unterhalb der Tropopause und am Boden kühler würde. In diesem Fall müsste man sich nicht auf Modellrechnungen verlassen – wir wissen, dass dies regelmäßig nach schweren Vulkanausbrüchen vorkommt. Nach dem Ausbruch des Pinatubo 1991 war die Sonneneinstrahlung am Boden rund drei Jahre messbar geringer und die mittleren Temperaturen sanken um fast ein halbes Grad. Danach sinken die Schwefelverbindungen wieder in tiefere Schichten und fallen mit dem Regen zu Boden.

Von den hier skizzierten Methoden zum Strahlungsmanagement wäre dies die machbarste und mit geschätzten Kosten von zehn Milliarden Dollar pro Jahr auch die billigste, mit der ein nennenswerter Effekt zu erzielen wäre.[202] Ökologisch ist allerdings auch dieser Ansatz problematisch. Ein Grund dafür ist, dass die Atmosphäre, auch in ihren oberen Schichten, kein Endlager hat: Was wir in die Atmosphäre freisetzen, kommt früher oder später wieder am Boden an, im Fall der Schwefelpartikel in Form von saurem Regen. Im Vergleich zu dem Schwefel, den wir als Rauch und Abgase in tieferen Schichten freisetzen, wären die benötigten ein bis fünf Millionen Tonnen jährlich allerdings eine zwar nennenswerte, aber nicht dramatische Zusatzbelastung. Schlimmer wäre vermutlich, dass ein ständig neues Einbringen von Schwefel in die Stratosphäre die ohnehin schon strapazierte Ozonschicht weiter schädigen könnte. Anstelle von Schwefel wurden auch schon andere Substanzen als Aerosole in der Stratosphäre diskutiert, deren Wirksamkeit und Sicherheit aber noch weitaus unklarer ist.

In den Veröffentlichungen zu dieser Form von Geoengineering ist davon die Rede, dass Flugzeuge beim Verteilen der Schwefelpartikel eine Rolle spielen könnten. Wäre es also tatsächlich möglich, dass ein solches Programm nun schon seit vielen Jahren im Gang ist und sich in Form sogenannter Chemtrails äußert?

Dabei fällt zunächst einmal auf, dass die üblicherweise recht langen Auflistungen, welche Stoffe in Chemtrails alle vorkommen sollen, nicht zu dieser Form von Geoengineering passen. Sauberer Himmel spricht von Aluminium, Barium und Strontium sowie von Polymerfasern[203], der österreichische Ableger unter anderem von Impfstoffen und „zwei Krebsarten" (dabei ist unklar, wie Krebs, eine Störung des Zellwachstums bei Lebewesen, in der Luft aussehen soll)[204], und selbsternannte „Gegner der satanischen Neuen Weltordnung" listen zwölf Metalle und Bakterienarten auf[205]. Was in diesen Auflistungen nicht vorkommt, ist Schwefel. Auch die Beobachtungen vermeintlicher Chemtrails passen nicht zum Ausbringen von Schwefelaerosolen in die

Stratosphäre. Schwefelpartikel, die man in der Höhe der Eiswolken in die Atmosphäre brächte, kämen schon mit dem nächsten Regen wieder am Boden an.

In welcher Höhe die Lufttemperatur ihr Minimum erreicht und die Stratosphäre beginnt, hängt vor allem von der Temperatur in Bodennähe ab. Über den Tropen liegt die Untergrenze der Stratosphäre mit 15 bis 17 Kilometern viel zu hoch für Verkehrsflugzeuge. Über den Polargebieten und im Winter auch in den gemäßigten Zonen hingegen liegen die obersten Reiseflughöhen von 12 Kilometern klar in der Stratosphäre. Dort könnten also auch Verkehrsflugzeuge Partikel in die Stratosphäre einbringen, aber für eine wirksame Abkühlung des Klimas wäre das bei weitem nicht ausreichend. Besonders wirksam wäre ein solcher chemischer Sonnenschirm ja über den Tropen, aber aufgrund der Strömungssysteme in der Stratosphäre funktioniert der Transport gerade in dieser Richtung besonders schlecht. Ein beträchtlicher Teil des Schwefels müsste direkt in den Tropen ausgebracht werden, in Flughöhen, die nach der Außerdienststellung der Concorde und des sowjetischen Gegenstücks Tupolew 144 nur noch von viel zu kleinen Kampfflugzeugen erreicht werden. Selbst heutige strategische Bomber erreichen nicht die benötigten Flughöhen. Das ergibt wenig Sinn im Zusammenhang mit der Behauptung, das angebliche Chemtrail-Programm laufe schon seit Ende der 1990er Jahre. Aktuell gibt es einen Vorschlag, versuchsweise einen Ballon zu starten, der weniger als ein Kilogramm entsprechender Partikel in die Stratosphäre bringen soll, um zu testen, was dort mit den Partikeln passiert. Diese vage Planung genügt aber bereits, dass Chemtrail-Gläubige die beteiligten Wissenschaftler mit Hassbotschaften und Morddrohungen überziehen.[206]

Man könnte auf die Idee kommen, den kühlenden Wolkenschleier statt in der Stratosphäre einfach auf der Flughöhe von Verkehrsflugzeugen zu schaffen und ihn, wenn er vom Regen ausgewaschen ist, neu zu versprühen. Das funktioniert aber wegen der Temperaturverteilung nicht. An den Partikeln wird nur ein Teil des Sonnenlichts direkt ins All reflektiert; der Rest wird absorbiert. In der relativ warmen Stratosphäre, wo in größeren Höhen zum Teil wieder Temperaturen über dem Gefrierpunkt herrschen, kann die so aufgenommene Energie als Wärmestrahlung abgegeben werden. Bei den –50 Grad und darunter auf der Flughöhe von Flugzeugen hingegen ist diese Wärmestrahlung zu gering, und die aufgenommene Wärme würde über die normalen Transportprozesse des Wetters in der Atmosphäre verteilt. Unter dem Strich würde der Treibhauseffekt also noch verstärkt. Aus genau diesem Grund sind auch normale Kondensstreifen in der Summe eher klimaschädlich, obwohl sie natürlich Sonnenlicht reflektieren.[207] Es gibt daher sogar die grundsätzliche Idee, den Treibhauseffekt dadurch zu reduzieren, dass man Cirruswolken auflöst und nicht etwa neue schafft. Wie das funktionieren soll und welche Folgen das hätte, ist aber noch fraglich.[208] Weniger umstritten wäre allenfalls das Bemühen, Flugzeugtriebwerke so zu gestalten, dass sie weniger Kondensstreifen produzieren – was aber möglicherweise den Zielen der Verbrauchs- und Lärmreduzierung entgegenliefe.

Chemtrail-Gläubige verweisen in ihrer Argumentation gerne auf das sogenannte Welsbach-Patent. Darin hat sich 1991 der Flugzeugbauer Hughes die Idee schützen lassen, sogenannte Welsbach-Materialien – genannt sind Thoriumoxid und Aluminiumoxid – in die Stratosphäre auszubringen. Diese Materialien, benannt nach dem österreichischen Chemiker und Osram-Gründer Carl Auer von Welsbach, wurden früher im sogenannten Glühstrumpf von Gaslaternen verwendet. Sie haben die Eigenschaft, Licht vor allem im kurzwelligen, sichtbaren Teil des Spektrums abzugeben, so dass der Glühstrumpf weiß strahlt, obwohl die meisten Materialien bei gleichem Energiezufluss deutlich schwächer und rötlich leuchten würden. Nach dem Patent sollen diese Materialien die langwellige Wärmestrahlung der Erde absorbieren und als kurzwelliges, sichtbares Licht ins All abstrahlen. Dass dieses Patent in der seriösen Klimaforschung praktisch nirgends auftaucht, hat einen einfachen Grund: Es funktioniert nicht. Um sichtbares Licht abgeben zu können, müssen auch Welsbach-Materialien über die aufgenommene Strahlung Temperaturen in der Größenordnung von 1000 Grad Celsius erreichen, und das ist bei den Außentemperaturen in dieser Höhe schlicht nicht möglich. Wenn das nur durch die Wärmestrahlung der Erde möglich wäre, müsste ein Glühstrumpf, der dieser Wärmestrahlung ja auch ausgesetzt ist, bei Zimmertemperatur leuchten. Bei sachkundiger Prüfung der Idee hätte sich das Unternehmen das Geld für die Patenteintragung also sparen können – das Patentamt nimmt eine solche Prüfung nicht vor.

Alle Ansätze zum Strahlungsmanagement leiden an einem gemeinsamen Problem: Wenn man einmal damit anfangen würde, könnte man schlecht wieder aufhören. Anders als bei der Kohlendioxidentfernung wären die Effekte nicht dauerhaft, sondern die Menge der Treibhausgase und der eigentliche Treibhauseffekt würden sich von Jahr zu Jahr weiter aufbauen. Falls das Strahlungsmanagement irgendwann nicht weitergeführt würde oder werden könnte, würde die Temperatur auf der Erde je nach Art der ausgelaufenen Maßnahme unter Umständen sehr schnell steigen, ohne dass sich die Lebewesen anpassen könnten. Als Warnung vor der Vorstellung, Strahlungsmanagement könne einen einfachen Ausweg aus dem Klimawandel bieten, heißt es in der Zusammenfassung des Klimawandelberichts 2013: „Falls das SRM aus irgendeinem Grund beendet würde, besteht eine hohe Sicherheit, dass die globalen Oberflächentemperaturen sehr schnell auf Werte ansteigen würden, die dem Treibhauseffekt entsprechen."[209] Diese dem Kontext nach offensichtliche Warnung vor den Risiken von SRM wird allerdings von Chemtrail-Gläubigen aus dem Zusammenhang gerissen und zu einem Eingeständnis verdreht, dass SRM bereits stattfinde.[210]

Könnten die anderen behaupteten Zwecke von Chemtrails funktionieren?

Als Mittel gegen den Klimawandel oder als Umsetzung ernsthaft diskutierter Ideen zum Geoengineering würden Chemtrails also nicht taugen. Die anderen behaupteten Zwecke werden seitens der Chemtrail-Gläubigen hingegen so vage in den Raum gestellt, dass eine naturwissenschaftliche Überprüfung sich auf eher allgemeine Überlegungen beschränken muss.

Zur Behauptung, Chemtrails dienten dem Zweck, die Wirkung von HAARP als Waffe zu verstärken, kann man immerhin festhalten, dass, wie sich schon ab Seite 84 gezeigt hat, alle solchen Effekte für HAARP physikalisch auszuschließen sind. Eine solche grundsätzlich unmögliche Wirkung durch das Ausbringen von Chemikalien verstärken zu wollen, wäre entsprechend sinnlos.

Schlicht physikalisch falsch ist aber auch die offenbar hier zugrunde liegende Vorstellung, das Ausbringen von Metallen in Form von Nanopartikeln könnte die Ausbreitung der von HAARP ausgesendeten Kurzwellen in der Atmosphäre in nennenswerter Form beeinflussen. Radiowellen wechselwirken nicht mit einzelnen Atomen von Metallelementen, sondern mit ausgedehnten metallischen Leitern. Um einen Effekt in Materie auslösen zu können oder von dieser beeinflusst zu werden, brauchen Radiowellen frei bewegliche elektrische Ladungen, in der Regel Elektronen, die von der Welle beschleunigt werden können. Solche beweglichen Ladungen gibt es frei herumfliegend in der Ionosphäre, aber auch im Wasser oder innerhalb metallischer Objekte. Es gibt sie jedoch nicht in den Metalloxiden, also Salzen, die sich bilden würden, brächte man unedle Metalle wie Aluminium oder Barium in Form von Nanopartikeln in die hohe Atmosphäre. Damit eine Radiowelle eine bewegliche Ladung in einem metallischen Leiter beschleunigen kann, muss die Ladung sich außerdem über eine Strecke bewegen können, die ungefähr in die Größenordnung der Wellenlänge der Radiowelle kommt. Deswegen braucht man bei längeren Wellenlängen, zum Beispiel für ein

Mittelwellenradio, größere Antennen als bei kurzen, zum Beispiel für ein Mobiltelefon.

Chemtrail-Gläubige verweisen hier gerne auf militärische Täuschkörper (als Düppel oder englisch *chaff* bezeichnet), die von Kampfflugzeugen oder -schiffen mitgeführt werden, um feindliche Radargeräte zu irritieren. Dabei werden einige Zentimeter lange Streifen aus feiner Metallfolie in der Luft verteilt, die die Radarwellen wie eine Antenne auffangen und reflektieren sollen. Das Radargerät kann dann die Echos von den Folienstreifen nur schwer von denen eines festen Objekts unterscheiden. Das funktioniert, weil die Wellenlängen typischer Radargeräte mit einigen Zentimetern gerade in der Größenordnung dieser Streifen liegen. Um eine Wechselwirkung mit den Radiowellen von HAARP zu ermöglichen, müsste man keine Nanopartikel in der Atmosphäre verteilen, sondern Metallfolien oder Drähte von mehreren Metern Länge. So ist nicht nur die behauptete Wirkung von HAARP an sich physikalisch unmöglich, sondern auch eine Einflussnahme darauf durch angebliche Chemtrails.

Die Grundidee einer „Wetterwaffe" kam ebenfalls bereits ab Seite 86 zur Sprache. Um Wetterbeeinflussung im Sinne einer Waffe einzusetzen, müsste man entweder schwere Unwetter verursachen oder eine langanhaltende Dürre. Anders als beim Geoengineering, das das Klima, also langfristige Mittelwerte des Wetters, im globalen Maßstab verändern sollte, ginge es hier um eine lokale oder regionale Beeinflussung des kurzfristigen Wetters. Wie am Fall des Einsatzes von Silberjodid schon diskutiert wurde, ist es grundsätzlich denkbar, durch das Ausbringen von Chemikalien Wetter in begrenztem Umfang zu beeinflussen. Diese Wirkung funktioniert darüber, dass das Silberjodid zusätzliche Kondensationskeime für die Wolkenbildung bietet. Silberjodid wird verwendet, weil es von allen in hinreichender Menge verfügbaren Substanzen die beste Wirkung hat. Silber ist aber auch nicht gerade billig oder unbegrenzt vorhanden. Silberjodid ist zudem eine sehr auffällige Substanz und im Niederschlag leicht nachweisbar. Für einen messbaren Effekt braucht man außerdem riesige Mengen Silberjodid, und wollte man andere Kondensationskeime verwenden, wären die Mengen noch viel größer. Vor der Eröffnungsfeier der Olympischen Spiele in Peking 2008 wurden 1104 Raketen mit Silberjodid eingesetzt, um aufziehende Wolken möglichst im Umland abregnen zu lassen. Geregnet hat es während der Feier nicht, aber ob das Silberjodid dafür wirklich die Ursache war, ist angesichts der Komplexität dessen, was wir Wetter nennen, schwer festzulegen.[211]

In China soll nach Meldungen aus dem Jahr 2018 sogar ganzen Landstrichen im trockenkalten tibetischen Hochland mit Silberjodid zu mehr Niederschlägen verholfen werden. Wegen der gigantischen dafür auszubringenden Mengen soll dabei jedoch gerade nicht mit Flugzeugen gearbeitet werden, stattdessen sollen zehntausende einfache Kohleöfen auf Berggraten die Partikel mit ihren Abgasen in die Atmosphäre tragen.[212] Damit scheidet ein Einsatz als Waffe natürlich endgültig aus – sofern die ganze ökologisch fragwürdige Aktion überhaupt funktioniert.

Dennoch machen sich Militärstrategen und Sicherheitspolitiker natürlich Gedanken über mögliche Effekte von Versuchen zur Wetterbeeinflussung auf militärische Konflikte der Zukunft. 2012 legte zum Beispiel das Planungsamt der Bundeswehr einen Bericht mit dem Titel „Future Topic Geoengineering" vor, der den Einfluss möglicher Versuche zur Wetterbeeinflussung auf die Sicherheit Deutschlands untersucht. Darin geht es jedoch gerade nicht um den Einsatz von Wetterbeeinflussung als Waffe, sondern um mögliche zwischenstaatliche Konflikte, die sich aus denkbaren Maßnahmen zur großräumigen Klimaveränderung wie in Tibet ergeben könnten. Versuche zur gezielten Veränderung des Wetters in Kampfsituationen kommen darin vor allem als historisches Thema aus den 1960er Jahren zur Sprache, auch wenn erwähnt wird, dass vereinzelt immer wieder theoretische Überlegungen dazu angestellt werden.[213]

Tatsächlich liegt die einzige dokumentierte Situation, in der systematisch und in größerem Umfang versucht wurde, durch Beeinflussung des Wetters in einen Kriegsverlauf einzugreifen, ein halbes Jahrhundert zurück: Zwischen 1966 und 1972 versuchte das US-Militär im Vietnamkrieg, durch Silberjodid den Monsunregen über den Nachschubwegen des Vietcongs zu verstärken. Die Operation war eigentlich geheim, sickerte aber mehrfach an die Presse durch und wurde 1974 nach Anhörungen des Senats offiziell bestätigt. Der Bericht einer Untersuchungskommission zur Organisation der US-Außenpolitik aus dem Jahr 1975 kommt zu einem vernichtenden Urteil: Die 2600 Einsätze mit rund 14 000 Beteiligten hätten bestenfalls einen minimalen Nutzen gehabt und taugten vor allem als Beispiel für unsinnige bürokratische Entscheidungen des US-Militärs in technischen Fragen. Selbst unter kontrollierten Bedingungen in den USA sei der Effekt von Silberjodid uneinheitlich und schlecht belegt.[214]

Immerhin war der US-Einsatz einer von mehreren Auslösern dafür, dass bei der UN 1976 auf Betreiben der Sowjetunion die ENMOD-Konvention beschlossen wurde, die ökologische Kriegführung mit „ausgedehnten, dauerhaften oder schweren" Effekten verbietet.[215] Im Gegensatz zu anderen damals angedachten und in Vietnam auch schon ohne Geheimhaltung eingesetzten Formen ökologischer Kriegführung, wie dem Einsatz von Entlaubungsmitteln und dem Auslösen großer Waldbrände, erfüllten die dortigen Versuche zur Wetterbeeinflussung trotz der vielen Einsatzflüge jedoch kaum die Kriterien, ausgedehnt, dauerhaft oder schwer zu sein, sofern sie überhaupt eine Wirkung gehabt haben.

1984 ließ das schwedische Außenministerium eine Studie über neue Waffenentwicklungen erstellen, die eigentlich durch die UNO veröffentlicht werden sollte, was jedoch nach Widerstand der Sowjetunion unterblieb. Der Hauptautor der Studie, Milton Leitenberg, hat seinen Entwurf später online veröffentlicht.[216] Darin enthalten ist eine Fallstudie über Wetterveränderungen als Waffe, in der unter anderem berichtet wird, das französische Militär hätte schon im Zweiten Weltkrieg und im Indochinakrieg versucht, durch das Ausstreuen von Holzkohlestaub künstlichen Regen zu erzeugen. In den USA wurde 1946 mit Trockeneis experimentiert, bis man Silberjodid als wirksamste Substanz identifizierte. Erwähnt werden auch sowjetische Überlegungen, den Wasserfluss durch die Beringstraße zu regulieren, was zu veränderten Meeresströmungen und Klimaveränderungen in Sibirien und Alaska hätte führen sollen. Das Trockenlegen sibirischer Flüsse sollte zudem den Salzgehalt im Polarmeer erhöhen und die arktische Eiskappe abschmelzen lassen. Obgleich eher wirtschaftlich als militärisch motiviert, führten diese sowjetischen Pläne und hypothetische Überlegungen für Wettermanipulationen aus dem All über eine gewisse Zeit zu geradezu panischen Rufen nach verstärkter Forschung in den USA. Ergebnisse dieser Forschung waren jedoch offenbar lediglich bessere Wetterbeobachtung und Wettervorhersage. Die Fallstudie berichtet auch über die Silberjodid-Einsätze in Vietnam und zitiert als „Erfolgsmeldung" des US-Verteidigungsministeriums, der Monsunregen sei in den Zielgebieten um gut zehn Prozent verstärkt worden. Sie geht auch auf Waldbrände und Entlaubungsmittel als Kriegswaffe in Vietnam ein, obwohl diese allenfalls als Nebeneffekt zu Wetterveränderungen führen dürften.

Trotz der bescheidenen Erfolge aller dargestellten Programme schließt der Bericht mit einer düsteren Zukunftsvision des Mathematikers John von Neumann aus dem Jahr 1965: Die grauenvollen Möglichkeiten der Kriegführung würden noch grauenvoller werden, sobald es möglich sei, das globale Klima zu kontrollieren. Angesichts der Tatsache, dass das Klima seit von Neumanns Zeiten ganz offensichtlich deutlich weiter außer Kontrolle geraten ist, sollte das in diesem Zusammenhang möglicherweise nicht unsere größte Sorge sein.

Tatsächlich gibt es keinerlei seriöse Hinweise darauf, dass nach 1972 noch in irgendeinem größeren Konflikt von einer Kriegspartei ernsthafte Versuche unternommen wurden, Wetterveränderungen als Waffe zu nutzen. Man könnte versucht sein, den Verzicht oder eine umso perfektere Geheimhaltung mit dem Verbot in der ENMOD-Konvention zu erklären. Dabei sollte man jedoch beachten, dass im gleichen Zeitraum Angola, Syrien und gleich in mehreren militärischen Konflikten der Irak, nach Presseberichten auch das frühere Rhodesien und Vietnam, Chemiewaffen eingesetzt haben, die nach UN-Konventionen ebenfalls verboten sind. So wirkungsvoll kann eine solche Konvention also nicht sein, zumal von Anfang an umstritten war, ob gezielte, punktuelle Wetterveränderungen überhaupt unter diese Konvention fallen würden. Der weitaus plausiblere Grund, dass man von Wetter als Waffe nichts mehr hört, ist, dass die minimalen, schlecht steuerbaren Effekte schlicht in keinem Verhältnis zum Aufwand stehen. Das gilt umso mehr im Verhältnis zu modernen Präzisionswaffen, die gerade bei technologisch hochentwickelten Streitkräften im Einsatz sind und von extremem Wetter selbst eher behindert werden.

Umso skurriler mutet eine Unterlage der US-Streitkräfte an, die in der Chemtrail-Szene gerne zitiert wird. Sie trägt den Titel: „Wetter als Machtmultiplikator: Das Wetter beherrschen im Jahr 2025" und kann von der Seite der Universität der US-Luftwaffe heruntergeladen werden. Die Datei ist eines von 37 Kapiteln der Studie „Air Force 2025", in der 1995 ein Team aus 200 Studenten und Dozenten von Bildungseinrichtungen der US-Luftwaffe Visionen für die Luftwaffe der Zukunft zusammengetragen hatte. Schon dem Vorwort zum 3300 Seiten umfassenden Gesamtbericht ist zu entnehmen, dass 2025 damals als ein Zeitpunkt in ferner Zukunft galt und spekulatives Denken bewusst ermutigt wurde, während viele Fragen der Realisierbarkeit ausgeklammert blieben. So beschäftigen sich diverse Kapitel mit Kriegführung im oder aus dem All, wofür die Verfügbarkeit unterschiedlich großer Space-Shuttle-Nachfolger einfach vorausgesetzt wird. Hätten diese tatsächlich 2025 zur Verfügung stehen sollen, dann hätte deren Entwicklung schon in den 1990er Jahren begonnen worden sein müssen. Weltpolitisch hingegen ist der Bericht noch im Denken des Kalten Krieges verhaftet und geht von der Bedrohung durch einen hochgerüsteten, klar identifizierbaren feindlichen Machtblock aus. Der ganze Bericht unterlag nie irgendwelcher Geheimhaltung, woraus unschwer zu erkennen ist, dass hier mehr wilde Spekulation als Insiderwissen eingeflossen ist.

Inzwischen ist der größte Teil des damals so lang eingeschätzten Planungshorizonts vergangen und es ist klar, dass das Rückgrat der US-Luftwaffe im Jahr 2025 aus Systemen bestehen wird, die 1995 zumindest schon in sehr konkreter Planung, oft auch schon im Einsatz waren. Den größten Teil der futuristischen Waffen aus dem Bericht wird es 2025 nicht geben. Die wohl größte Umwälzung in der Luftwaffe seit 1996 hingegen, der massenhafte Einsatz unbemannter Drohnen, kommt in dem Bericht zwar vor, spielt aber eher eine Nebenrolle. Der größte Teil der damaligen Visionen liest sich aus heutiger Zeit wie ein angestaubtes Science-Fiction-Heft.

Ähnliches gilt auch für den Abschnitt, der im Jahr 2025 das Wetter beherrschen will. Er knüpft nahtlos an Überlegungen an, die zum Zeitpunkt der Erstellung des Berichts schon 30 Jahre in der Vergangenheit lagen, und verbindet diese mit futuristischen Phantasietechnologien, ignoriert aber die zwischenzeitlichen ernüchternden Erfahrungen aus dem Vietnamkrieg. Wie in den 1960er Jahren wird einer verbesserten Wetterbeobachtung und -vorhersage eine große Rolle zugeschrieben – allerdings angesichts der zwangsläufig unvollständigen Messdaten und der grundsätzlich chaotischen Prozesse in der Atmosphäre mit unrealistischen Erwartungen. Ein gigantisches, weltweites Datenerfassungs- und Rechnernetz (nichts weiter betreiben die Wetterdienste seit Jahrzehnten) soll punktgenaue Eingriffe ins Wettergeschehen vorausberechnen.

Die Eingriffe selbst sind kaum anders als in Vietnam: Flugzeuge und Drohnen sollen Partikel ausbringen, die Wolkenbildung anregen. Anschließend geht es unter der Bezeichnung „Modifikation des Weltraumwetters" um erhoffte Verbesserungen im Langstreckenfunk durch Veränderungen der Ionosphäre mit Anlagen wie HAARP, das nicht namentlich erwähnt wird, aus dessen Konzeptplanungen die Idee aber offenbar stammt. Unter dem Schlagwort „künstliches Wetter" geht es schließlich um Wolken aus schwebenden Nanocomputern, die auf Kommando zum Beispiel ihre Absorptionseigenschaften und so das umgebende Wetter ändern könnten. Der Bericht betont ausdrücklich, dass solche Nanocomputer kommerziell entwickelt und schon zivil genutzt sein müssten, um für diese Zwecke bezahlbar zu sein. Um im Luftstrom schweben zu können, müssten diese Computer samt ihrer Energieversorgung aber extrem klein und leicht sein. Tatsächlich werden integrierte Schaltkreise immer kleiner und energiesparender, aber es gibt natürliche Grenzen: Wenn die Abstände der Leiterbahnen zu klein werden, treten störende Quanteneffekte auf, die sich nach heutigem Wissen durch nichts verhindern lassen. Durch Weiterentwicklung heutiger Technologie sind solche Computer jedenfalls nicht denkbar. „Air Force 2025" erwartet ihren Einsatz in künstlichen Wolken jedoch schon ab dem Jahr 2015.

Realistisch betrachtet ist Wetterbeeinflussung als Waffe also nichts weiter als eine vor 50 Jahren gescheiterte Idee, die vielleicht irgendwann in der Zukunft aufgrund ganz neuer Technologien wieder relevant werden könnte.

Wesentlich realistischer erscheint es, als Kriegswaffe statt Kondensationskeimen zur Wolkenbildung gleich tödliche Gifte von Flugzeugen zu versprühen. Chemische Kampfstoffe werden zwar überwiegend in Behältern verschossen oder abgeworfen, um eigene Soldaten vor versehentlicher Exposition zu schützen, aber beim Training für die Abwehr von Chemiewaffenangriffen wird immer mit Sprühangriffen gerechnet. Auch das Versprühen von Entlaubungsmitteln im Vietnamkrieg kann man als chemische Waffe interpretieren, selbst wenn das unmittelbare Ziel nicht Menschen, sondern Bäume und Nutzpflanzen waren. Könnte sich hinter den angeblichen Chemtrails also ein heimlicher Angriff mit chemischen Waffen verbergen?

Auch hier ist der Vergleich mit den Entlaubungseinsätzen in Vietnam lehrreich, denn diese erfolgten, wie auf Fotos leicht zu erkennen ist, bei niedrigen Flughöhen – trotz des in diesem Fall wesentlich größeren Risikos, abgeschossen zu werden. Wenn man ein Gift (zum Beispiel auch gegen Insekten) aus der Luft versprühen will, ist eine tiefe Flughöhe nicht nur nötig, um das richtige Ziel zu treffen, sondern auch, um die Dosis pro Fläche kontrollieren zu können. Ein Gift, das sich als feine Wolke in der hohen Atmosphäre verteilt, könnte irgendwo niedergehen, am ehesten in Form von Regen, und wäre aufgrund der resultierenden Verdünnung sehr wahrscheinlich unwirksam. Kurz gesagt, wollte man uns durch das Versprühen von Giften aus Flugzeugen schaden, so würde man dafür tieffliegende Flugzeuge verwenden.

Hinzu kommt, dass viele sehr wirksame Gifte chemisch nicht sonderlich stabil sind. Trotz der niedrigen Temperaturen, die chemische Reaktionen abbremsen, sind große Höhen kein günstiger Ort für fein verteilte instabile Stoffe. Sauerstoff ist überall reichlich vorhanden, und die UV-Strahlung der Sonne, deren Wirkung zum Beispiel beim Bleichen deutlich wird, ist wesentlich intensiver als am Boden. In Frage kämen also allenfalls chemisch sehr stabile Gifte wie Dioxine oder giftige chemische Elemente oder Oxide.

Alles das gilt noch deutlicher für die Behauptung, die angeblichen Chemtrails dienten als geheime Massenimpfung. Damit Impfstoffe einerseits eine Wirkung haben können, andererseits keine Schäden auslösen, ist die richtige Dosis besonders wichtig. Allein das schließt ein wahlloses Versprühen in großer Höhe aus. Hinzu kommt, dass Impfstoffe Antigene enthalten müssen (in Form kompletter inaktivierter Krankheitserreger oder nur von Teilen davon), an denen das Immunsystem dann später eine Infektion frühzeitig erkennt. Bei diesen Antigenen handelt es sich in der Regel um Eiweiße, die ungeschützt an Sonne und Luft in kurzer Zeit zerstört oder zumindest chemisch verändert würden. Nach dem Abregnen auf den Boden würden die Proteine dort einfach von Mikroorganismen verwertet und abgebaut. Generell ist ein Versprühen aus der Luft für Impfstoffe völlig ungeeignet. Deswegen müssen auch Impfungen von Wildtieren gegen Tollwut über Köder erfolgen, die von den Tieren gefressen werden. Impfungen durch Versprühen gibt es real lediglich in der Geflügelhaltung, wo man die Tiere dicht zusammengepfercht unmittelbar mit bestimmten Impfstoffen besprühen kann, die dann über die Augen aufgenommen werden.

Die Umsetzbarkeit mittels Verkehrsflugzeugen

Das Versprühen auf der Reiseflughöhe von Verkehrsflugzeugen wäre also für praktisch alle behaupteten Zwecke von Chemtrails eine denkbar ungeeignete Methode. Darüber hinaus bleibt aber die Frage, ob das von Verkehrsflugzeugen überhaupt unbemerkt möglich wäre.

Rein technisch wäre es natürlich machbar, ein Verkehrsflugzeug so umzubauen, dass es gewisse Mengen von Flüssigkeiten (Partikel von Feststoffen wären schwieriger) in der Höhe verteilen könnte. Für die Idee, Schwefelverbindungen in die Stratosphäre zu bringen, sind entsprechende Möglichkeiten sogar schon in Sitzungen des Weltklimarates besprochen worden. Im einfachsten Fall könnte man den Schwefel einfach dem Flugzeugtreibstoff beimischen. Den Triebwerken würde das nicht schaden. Allerdings hätte man damit die Größe und genaue Zusammensetzung der entstehenden Partikel nicht mehr gut unter Kontrolle – ein Problem, wenn sie nahe der Untergrenze der Stratosphäre freigesetzt werden und trotzdem länger dort verbleiben sollen. Außerdem bräuchte das Flugzeug angesichts der benötigten Schwefelanteile unterschiedliche Tanks für das Verbreiten von Schwefel auf Reiseflughöhe und für Start und Landung. Anderenfalls wären in der Nähe von Flughäfen auffällige Geruchsbelästigungen und Häufungen von Atemwegserkrankungen unvermeidlich.

An diesem Punkt zeigt sich, dass das eigentliche Problem nicht darin bestünde, solche Sprühaktionen an sich umzusetzen, denn ein Flugzeug hat ohnehin mehrere Tanks. Das Problem liegt im Stichwort „unbemerkt". Von einem Termin in der Wartungshalle bis zum nächsten bewegt sich ein Flugzeug praktisch ständig unter den Augen der Öffentlichkeit. In schnellen Umläufen kommt es an einem Flughafen an, wird in der Regel auf dem Vorfeld, vor den Augen von Passagieren und Mitarbeitern diverser Auftragsunternehmen betankt und hebt wieder ab. Würde ein Flugzeug aus zwei unterschiedlichen Fahrzeugen oder von zwei unterschiedlichen Anschlüssen betankt, würde das bemerkt, und spätestens wenn das regelmäßig vorkommt, würden viel zu viele Menschen Fragen stellen.

Flugkapitäne sind für jeden technischen Ablauf in ihrem Flugzeug verantwortlich und Copiloten müssen diese Aufgabe jederzeit übernehmen können. Somit könnte keine noch so gut versteckte Sprüheinrichtung ohne Wissen der Cockpitbesatzungen existieren. Allein in Deutschland vertritt die Vereinigung Cockpit 9600 Cockpitbesatzungsmitglieder, die alle Mitwisser einer solchen Verschwörung sein müssten. Hinzu kämen mindestens alle Flugzeugmechaniker, die in der Wartung der Maschinen tätig sind, sowie tausende Menschen bei den Herstellern. Arbeitskräfte, die Fracht und Gepäck in die Maschinen laden, die die Betankung abwickeln, selbst die Fahrer der Passagierbusse wüssten innerhalb kürzester Zeit Bescheid.

Kurz gesagt, in größerem Umfang Chemikalien von Verkehrsflugzeugen in der hohen Atmosphäre versprühen zu lassen, wäre durchaus machbar. Es wäre nur für alle von Chemtrail-Gläubigen unterstellten Ziele vollkommen sinnlos. Dies unbemerkt zu tun, ist hingegen definitiv ausgeschlossen.

Hitlers Hightech

Von Flugscheiben und Oasen am Südpol

Am 19. Juni 2018 nahm die Modellbaufirma Revell den im Vorjahr auf den Markt gebrachten Bausatz „Flying Saucer Haunebu II“ nach heftigen Protesten aus dem Verkauf. Schon wenige Stunden nach dem Verkaufsstopp wurde der ursprünglich knapp 50 Euro teure Bausatz auf Onlineplattformen für mehrere hundert Euro angeboten. Kurz zuvor hatte Revell-Geschäftsführer Stefan Krings das Modell noch verteidigt und erklärt, lediglich der Text auf der Verpackung sei „leider nicht historisch korrekt ausformuliert“ gewesen.[217] In der Produktbeschreibung hieß es, die Reichsflugscheibe Haunebu II sei das erste weltraumfähige Objekt der Welt gewesen, und „flugfähige Exemplare der bis zu 6000 km/h schnellen Haunebu II“ seien Mitte 1943 gestartet. Kritik an dem Bausatz war unter anderem vom Militärhistorischen Museum der Bundeswehr gekommen: Historiker Jens Wehner bezeichnete den schon 2012 in der Filmkomödie *Iron Sky* parodierten Glauben an supermoderne Reichsflugscheiben als „eine Art pervertierte Fortsetzung der Wunderwaffen-Propaganda“ des NS-Regimes.[218] Wenige Monate nach der Verkaufseinstellung waren die Modelle von Revell wieder im Handel. Auf der Verpackung heißt es nun: „Die Existenz und Umsetzbarkeit dieses auffälligen Modells aus der Zeit des Zweiten Weltkrieges ist historisch nicht belegbar.“

„Wo die wilden Kerle wohnen, eingebunkert hinter Bergen“, textete im Jahr 2000 das Dark-Wave-Musikprojekt Allerseelen in dem Titel *Neuschwabenland.* „Neuschwabenland ist eine Utopie. ein geistiges Abenteuer, eine schneeweiße und zugleich feldgraue Vision. […] Als geistiges Kraftfeld ist Neuschwabenland unschlagbar, unwiderstehlich, unzerstörbar“, erklärte dazu Allerseelen-Gründer Gerhard Petak.[219] Dass es sich bei den wilden Kerlen, die in dieser Utopie glorifiziert werden, um Hitlers SS handelt, scheint Petak nicht zu stören.

Den Inhalt des Neuschwabenland-Mythos erzählt das Hörspiel *Neuschwabenland-Symphonie*, das 2012 vom Westdeutschen Rundfunk produziert wurde.[220] Es verwendet die heute bizarr anmutende Rhetorik und Ästhetik der NS-Zeit, lässt die Geschichte einer technisch hoch überlegenen, bis in die Gegenwart fortbestehenden Nazi-Kolonie in der Antarktis ansonsten aber unkommentiert. Das Hörspiel spielt sogar explizit mit der Vorstellung, seine Inhalte könnten von Neonazis beeinflusst sein – und wie sich im Folgenden zeigen wird, stammt tatsächlich ein beträchtlicher Teil des Neu-

Abb. 20 Modellbausatz einer Reichsflugscheibe Haunebu II, von der bei rechtsextremen Autoren, aber auch auf der Produktverpackung, behauptet wurde, sie sei während des Zweiten Weltkriegs flugfähig gewesen. Das Bild auf der Verpackung zeigt das Modell im Luftkampf mit einem erst ab 1950 in Dienst gestellten Typ der US-amerikanischen B-36.

schwabenland-Mythos von Autoren, für die das Fortbestehen einer mächtigen Nazi-Kolonie eher Wunschdenken als Schreckensvision sein dürfte.

Das Hörspiel beginnt, wie die meisten Darstellungen zu Neuschwabenland, mit der deutschen Antarktisexpedition 1938–39. Das ehemalige Postschiff *Schwabenland*, ausgestattet mit zwei Flugbooten, erreicht den Rand des antarktischen Packeises. Sie stoßen auf eisfreie Gebiete und der Oberbefehlshaber der Kriegsmarine, Karl Dönitz, beschließt, dort eine uneinnehmbare Festung zu errichten, in die sich Hitler nach einer eventuellen Niederlage zurückziehen kann. Bei Kriegsende setzen sich Hitler sowie führende Köpfe des NS-Regimes mit ausgewählten Soldaten und SS-Angehörigen mit U-Booten nach Neuschwabenland ab. Ein amerikanischer Angriff auf die Kolonie im Jahr 1947, *Operation Highjump*, scheitert mit schweren Verlusten wegen der weit überlegenen Technologie der deutschen Verteidiger, vor allem den Haunebu-Flugscheiben.

Das Hörspiel endet an dieser Stelle, doch die Autoren diverser Bücher und Webseiten schreiben die Geschichte der behaupteten Nazi-Kolonie mit weitgehenden Übereinstimmungen fort bis in die Gegenwart. Um diese Vorstellungen kritisch hinterfragen zu können, ist es unvermeidlich, auch auf

Autoren einzugehen, von denen Werke als jugendgefährdend oder volksverhetzend eingestuft sind oder waren. Die Erwähnung dieser Werke erfolgt nicht im Sinne einer Empfehlung, und auf detaillierte Quellenangaben wird in einigen Fällen bewusst verzichtet.

Der bekannteste dieser Autoren ist Jan Udo Holey, mit den beiden unter dem Pseudonym Jan van Helsing verfassten und von 1996 bis 2001 wegen Volksverhetzung beschlagnahmten Bänden des Buches *Geheimgesellschaften*. Danach sollen die USA 1958 Neuschwabenland mit Kernwaffen angegriffen haben, was jedoch nicht zum Erfolg geführt haben kann, da reichsdeutsche Flugscheiben bis heute weltweit operieren und mehrfach gegen die USA in militärische Konflikte eingegriffen haben sollen. Als „Dritte Macht" und, zumindest bei van Helsing, mit der Hilfe von Außerirdischen hielten sie sich im Kalten Krieg abseits, wurden aber zeitweise auch von beiden Supermächten gemeinsam bekämpft. Als Gegner der geheimen Weltregierung der Illuminati ist diese Dritte Macht nach van Helsing dazu verpflichtet, ihre überlegenen Waffen nur zur Verteidigung für sich selbst oder Verbündete einzusetzen. Zu diesen Verbündeten zählt er unter anderem arabische Diktatoren, den tibetischen Buddhismus und diverse Gruppen von Deutschstämmigen wie die für ihre Verbrechen unter der chilenischen Pinochet-Diktatur bekannt gewordene deutsche Sektenansiedlung Colonia Dignidad.

Angesichts der Autoren und ihrer politischen Positionierung ist die politische Brisanz des Themas offensichtlich. Wo andere Verschwörungsbehauptungen antisemitische Untertöne haben, triefen viele Texte zu Neuschwabenland und Reichsflugscheiben geradezu von Hass auf Juden sowie auf praktisch jeden, der irgendwo politische oder wirtschaftliche Verantwortung trägt. Im zweiten Band von *Geheimgesellschaften* identifiziert van Helsing den jüdischen Gott mit dem Satan. In mehreren Fällen haben Äußerungen zum Holocaust in entsprechenden Veröffentlichungen die Justiz beschäftigt; zu den bekannten Neuschwabenland-Autoren zählte auch der 2017 verstorbene verurteilte Holocaustleugner Ernst Zündel. Politische Gegner werden als bösartige getarnte Außerirdische im wahrsten Sinne des Wortes entmenschlicht. Gleichzeitig wird Personen und Institutionen der NS-Diktatur eine Art mystische Erlöserrolle zugeschrieben. Dass sie derartige Ungeheuerlichkeiten häufig als Fragen oder Vermutungen formulieren, ermöglicht es Autoren wie van Helsing gleichzeitig, sich von einer eigenen Definition von Rassismus zu distanzieren, universelle Menschenliebe zu propagieren und offen zu lassen, ob die Neuschwabenland-Nazis anderen Menschen tatsächlich freundlich gegenübertreten würden.

Zu skurriler Berühmtheit brachte es die Leitfigur des Berliner Neuschwabenland-Forums, der 2014 verstorbene Axel Stoll. Videos seiner völlig ernst gemeinten Reden und Zitate zu Außerirdischen, Reichsflugscheiben und der angeblich hohlen Erde wurden als bizarre Realsatire im Internet verbreitet. Inhaltlich ist Stolls pseudophysikalisches Schwadronieren jedoch kaum absurder als die Bücher von zum Beispiel Zündel oder van Helsing, von denen er viele Inhalte übernommen hat. Die Psychologen Sebastian Bartoschek und Alexander Waschkau, die Stoll 2013 interviewt hatten, kamen übereinstimmend mit Verfassungsschützern zur Einschätzung, dass Stoll und seine unmittelbaren Anhänger nicht im Sinne körperlicher Gewalt gefährlich sein dürften, jedoch als Unterstützer für rechtsextreme Terrorgruppen wie den NSU wirken könnten.[221]

Im Internet ist der Neuschwabenland-Mythos fest im rechtsextremen Milieu verankert. Der 2014 eingestellte Unglaublichkeiten-Blog, auf dem im Handel nicht mehr erhältliche Bücher zu Neuschwabenland und Reichsflugscheiben herunterzuladen waren, nutzte SS-Runen und Hakenkreuze als Gestaltungselemente, bezeichnete Juden als „Gegenrasse" und verlinkte Hitlers *Mein Kampf* als Hörbuch. Bei der Einstellung des Blogs „im Jahre des Führers 125" verabschiedeten sich die Urheber „im tiefen Glauben an unseren Führer". Der Fliegende-Wahrheit-Blog, der offenbar eine ähnliche Rolle übernommen hat, verlinkt eingescannte Bücher über Reichsflugscheiben und Neuschwabenland direkt neben Schriften von Himmler und Goebbels und den Reden Adolf Hitlers.

Auch auf den ersten Blick eher unpolitisch erscheinende Seiten, die den Neuschwabenland-Mythos verbreiten, zeigen bei genauerem Hinsehen schnell die Gesinnung der Urheber. So ist auf dem Terraner-Blog, der sich eher an Ufo-Gläubige wendet, unter der Rubrik „Weltgeschichte" zu lesen, wer Fragen zur „Judenpolitik des Dritten Reiches" habe, solle zuvor alle Türen und Fenster verrammeln, denn es gäbe entsprechende Gesetze, „die ein allzu intensives, lautes Nachdenken verbieten." Das „Geschäftszentrum Neuschwabenland" verlinkt auf Unterseiten mehr oder weniger zusammenhanglos Ausschnitte aus der 1933 veröffentlichten antisemitischen Hetzschrift „Bevor Hitler kam" von Rudolf von Sebottendorf.

Auf den ersten Blick unterscheiden sich die Vorstellungen von Reichsflugscheiben und Neuschwabenland deutlich von den Verschwörungsbehauptungen aus den vorigen Kapiteln. Dort wurde jeweils eine False-Flag-Operation unterstellt, in der eine Regierung oder eine weltweite Verschwörung von Regierungen heimlich gegen die Interessen der eigenen Bevölkerung handelte. Aus der Sicht gläubiger Neuschwabenland-Anhänger ist der

Unterschied jedoch viel kleiner, als man meinen könnte: Die Verschwörer sind aus ihrer Sicht nicht die Reichsdeutschen im ewigen Eis, sondern die westlichen Regierungen, die deren Existenz verschweigen und sich gegen die unterstellten Interessen der eigenen, zumindest der deutschen, Bevölkerung am Kampf gegen die Weltretter unter dem Hakenkreuz beteiligen.

Für diejenigen Deutschen, die bis heute daran verzweifeln, die Verbrechen des Nationalsozialismus begreifen und einordnen zu können, mag eine solche Sichtweise unsagbar abartig erscheinen – sie entspricht aber genau dem, was sich in den Schriften vieler Neuschwabenland-Autoren findet. Der Glaube an eine Weltverschwörung gegen die Reichsdeutschen in Neuschwabenland ist auch keineswegs ein rein deutsches Phänomen, wenngleich in der Gegenwart und jüngeren Vergangenheit viele der Autoren in Deutschland lebten oder, wie Zündel, zumindest aus Deutschland stammten. So handelt es sich bei der Videodokumentation „Mythos Neuschwabenland – Das letzte Geheimnis des 3.Reiches", die auf *Youtube* und offenbar in ähnlicher Form auf DVD verbreitet wird, um eine einfache Übersetzung einer Produktion des regierungseigenen russischen Fernsehkanals RTR Planeta: Auf dem gesamten *Youtube*-Video und auf den Screenshots auf der DVD-Verpackung ist oben rechts im Bild das Logo des Senders zu erkennen, und im Hintergrund des deutschen Kommentars läuft der ursprüngliche russische Ton.

Bei der Frage, wie schlüssig die vorgebrachten Belege für die Verschwörungsbehauptung sind und wie plausibel sie selbst ist, gibt es in diesem Fall eine Komplikation: Während die Vorstellung von Neuschwabenland heutzutage kaum ohne die Verbindung zu technisch überlegenen Flugscheiben verbreitet wird, handelt es sich hier tatsächlich um zwei unterschiedliche Dinge. Die technologischen und naturwissenschaftlichen Aspekte, die zu prüfen sind, unterscheiden sich deutlich. Wie sich zeigen wird, sind die beiden Themen auch zunächst unabhängig voneinander entstanden und wurden erst später vermengt – und zwar im Dienst klar formulierter und nachvollziehbarer Absichten des Autors. Es ist daher sinnvoll, beide Verschwörungsbehauptungen separat zu untersuchen und zu bewerten.

Neuschwabenland – ein eiskalter Schwindel?

Sucht man in den Veröffentlichungen von Neuschwabenland-Gläubigen nach Versuchen, ihre Vorstellungen naturwissenschaftlich-technisch überprüfbar zu beweisen, so findet man in den meisten Fällen nichts. Stattdessen verweisen entsprechende Autoren als vermeintliche Beweise gerne auf historisch unumstrittene Sachverhalte, die sich mit ein paar ergänzenden oder verfälschenden Behauptungen entsprechend uminterpretieren lassen: „Wenn der NS Stützpunkt Neuschwabenland nicht real wäre, dann erklär mir mal jemand, wer die Amerikaner am Südpol angegriffen hat, 1947. Admiral Byrd und seine amerikanische Flotte wurden chancenlos in die Flucht geschlagen. Dieses kriegerische Spektakel hat wirklich stattgefunden und die Menschen, die dieses Ereignis bestreiten, haben sich nicht wirklich darüber informiert.“[222] Grundsätzlich erfordert die Überprüfung solcher Argumente primär Methoden der Geschichtswissenschaft, aber da in diesem Fall eine Vielzahl naturwissenschaftlicher und technischer Sachverhalte zu berücksichtigen ist, lohnt sich durchaus ein genauerer Blick an dieser Stelle.

Die angeführten historischen Belege für eine Nazi-Kolonie in Neuschwabenland

Als erstes historisches Argument für eine reichsdeutsche Kolonie in Neuschwabenland wird in der Regel die Deutsche Antarktische Expedition Anfang 1939 angeführt. Die wesentlichen Sachverhalte der Expedition sind unumstritten. Das zum Forschungsschiff umfunktionierte Postschiff *Schwabenland* näherte sich im Januar 1939 der Küste der Antarktis und zwei Flugboote erkundeten von dort aus ein bislang unbekanntes Gebiet auf dem antarktischen Kontinent aus der Luft. Die Expedition lieferte beeindruckende Aufnahmen von nackten Felsmassiven, die aus endlosen Eiswüsten herausragen. Die Bilder sind heutzutage im Internet leicht zu finden. Aus der Luft abgeworfene Hakenkreuzfähnchen sollten einen deutschen Gebietsanspruch markieren.

Das gesamte erforschte Gebiet befand sich allerdings innerhalb einer Zone, die erst wenige Tag zuvor unter dem Namen Königin-Maud-Land von Norwegen beansprucht worden war. Die norwegischen Forschungsanstrengungen in diesem Teil der Antarktis hatten sich bis zu diesem Zeitpunkt jedoch auf Erkundungsflüge in Küstennähe bei einer Expedition 1929–1930 beschränkt. Forschungsmissionen an Land wie die norwegische Amundsen-Expedition hatten sich auf den kürzesten Weg zum Südpol konzentriert und somit auf Gebiete, wo die Küste deutlich näher am Pol verlief, nämlich das südlich des Pazifiks gelegene Ross-Schelfeis und das Weddell-Meer südlich des Atlantiks.[223]

Das von der deutschen Expedition kartografierte und Neuschwabenland genannte Gebiet reicht in Ost-West-Richtung von einem Punkt direkt südlich der Westküste Irlands bis zu einem Punkt südlich der heutigen deutsch-polnischen Grenze. Die Entfernung zum Südpol entspricht an der Küste etwa der Entfernung Nord-Norwegens zum Nordpol. Kein Teilnehmer der deutschen Expedition hatte die Gelegenheit, das antarktische Festland zu betreten: Die *Schwabenland* war kein Eisbrecher und musste sich vom Packeis vor der Küste fernhalten; die Flugboote konnten nur auf dem Wasser landen. Hunde- oder Motorschlitten für eine Erkundung zu Land führte die Expedition nicht mit, so dass „Landgänge" sich auf die Abbruchkante des Schelfeises vor der Küste beschränkten. In diesem Sinne handelte es sich auch nicht um die allererste deutsche Antarktisexpedition: Schon vor dem Ersten Weltkrieg hatte es eine Reihe von Schiffsexpeditionen an die Küste der Antarktis gegeben. Der Sinn der Expedition von 1939 war, sich Gebietsansprüche und mögliche Stationsstandorte für den geplanten Ausbau des deutschen Walfangs zu sichern. Daher untersuchte die Expedition auch einen bis dahin wenig beachteten Teil der Antarktis, vor dessen Küste deutsche Walfangschiffe schon länger aktiv gewesen waren, aber in tausenden Kilometern Umkreis nur Häfen auf von Großbritannien oder Norwegen kontrollierten Inseln anlaufen konnten.

Als Quelle zur Antarktisexpedition geben Verschwörungsgläubige gerne das Buch *Mythos Neuschwabenland* von Heinz Schön an. Es dokumentiert, bei teilweise bedenklich NS-freundlichem Tonfall, die Expedition tatsächlich akribisch und mit Augenzeugenberichten. Deutlich spekulativer wird es im hinteren Teil, zu späteren amerikanischen Antarktisexpeditionen, und es erwähnt auch diverse Verschwörungsbehauptungen. Der Autor bezeichnet diese jedoch selbst als „eine Fülle von Informationen, von denen viele nur Halbwahrheiten enthalten oder gänzlich erfunden sind".[224]

Tatsächlich sagt diese Antarktisexpedition nichts darüber aus, dass es später, während des Krieges, noch irgendwelche deutschen Aktivitäten in Neuschwabenland gegeben haben sollte. Auch ein Gebietsanspruch, von dem sich die Bundesrepublik nach dem Krieg distanziert hat, wäre unabhängig vom Konflikt mit dem norwegischen Anspruch faktisch bedeutungslos: Der Antarktisvertrag von 1959 klammert die Frage nationaler Gebietsansprüche zwar ausdrücklich aus, verbietet aber die militärische und wirtschaftliche Nutzung und verpflichtet alle interessierten Staaten zur gemeinsamen Forschung.[225] So ist es heute auch kein ernsthaftes Problem mehr, dass sich argentinische und chilenische Ansprüche mit den britischen überschneiden. Es gibt auch Teile der Antarktis, auf die bis heute kein Land Ansprüche erhoben hat. Allein schon aus dieser Tatsache lässt sich die begrenzte reale Bedeutung solcher Ansprüche erkennen.

Eine weitere historische Begebenheit, die, zum Teil mit abenteuerlichen Ausschmückungen, gerne als Beleg für die Existenz einer geheimen NS-Basis in der Antarktis vorgebracht wird, ist die britische Operation *Tabarin* von

1944 bis 1945.[226] Wozu hätte Großbritannien mitten im Krieg Truppen in die Antarktis schicken sollen, wenn es dort keine Feinde zu bekämpfen gab?

Tatsächlich ist die Operation gut erforscht und dokumentiert. Geheim war sie schon wenige Monate nach der ersten Landung nicht mehr, nachdem sie durch unvorsichtig beschriftete Briefe in die Heimat aufgeflogen war. Dass es sich bei *Tabarin* unmöglich um einen Angriff auf eine große deutsche Basis in Neuschwabenland gehandelt haben kann, erkennt man einerseits am Einsatzgebiet, andererseits an der Anzahl der beteiligten Personen: Zur Operation *Tabarin* gehörten 1944 insgesamt 14 Mann, die auf zwei kleinen Inseln vor der Westküste der antarktischen Halbinsel überwinterten. Vor dem Südwinter 1945 kam eine dritte Station in der Hope Bay an der Nordspitze der Halbinsel selbst hinzu, und die Operation wuchs auf ganze 21 Teilnehmer.[227] Von Neuschwabenland sind alle drei Standorte rund 2500 Kilometer Luftlinie entfernt. Der Kommandeur der Operation, James Marr, war ein Leutnant der Reserve und hatte als Meeresbiologe schon an mehreren Polarexpeditionen teilgenommen. Die Teilnehmer waren offiziell Soldaten; ihre tatsächlichen Aufgaben bestanden aber neben der Beobachtung möglicher Schiffsbewegungen vor allem aus Geologie, Eis- und Gletscherforschung, Meteorologie, Zoologie und Botanik. Nach Kriegsende wechselte Marr einfach vom Militär zum Vorläufer des heutigen britischen Antarktis-Forschungsinstituts, der den Betrieb der Stationen übernahm.

Man liest in nicht-verschwörungsgläubigen Veröffentlichungen oft, das Ziel der Operation sollte sein, zu beobachten, ob deutsche oder japanische Schiffe an der Antarktischen Halbinsel Treibstofflager anlegten, um Kriegsschiffe einfacher zwischen dem Atlantik und dem Pazifik hin- und herbewegen zu können. Diese Version mag gegenüber den amerikanischen Verbündeten kommuniziert worden sein; innerhalb der britischen Regierung wurde aber über andere Schwerpunkte gesprochen: Ganzjährige Forschungsstationen mit ernsthafter wissenschaftlicher Arbeit auf der antarktischen Halbinsel, dem nördlichsten und mildesten Teil der Antarktis, sollten einen britischen Besitzanspruch bekräftigen, bevor Argentinien oder Chile dies tun konnten. Zuvor hatten britische und argentinische Schiffe mehrfach die bei vorherigen Besuchen hinterlassenen Flaggen des anderen Landes entfernt, waren sich dort aber nie begegnet. Auch die „Soldaten" der Operation *Tabarin* hatten Befehl, bewaffnete Konflikte auf jeden Fall zu vermeiden. Dass die ganze Operation in London nicht sonderlich wichtig genommen wurde, ist daran zu erkennen, dass Premierminister Winston Churchill davon offenbar erst Monate später aus der Zeitung erfuhr: Am Tag des ersten Berichts in der *Times* fragte er schriftlich beim Außenministerium nach, wozu es denn gut sein solle, kampffähige Männer in eine menschenleere Gegend zu schicken.[228] Mit dem tausende Kilometer entfernten Neuschwabenland hatte Operation *Tabarin* jedenfalls nichts zu tun.

Als Beweis dafür, dass sich eine große Zahl Nazi-treuer Kämpfer am Ende des Krieges nach Neuschwabenland abgesetzt haben soll, werden auch vermeintliche Ungereimtheiten zu deutschen U-Booten bei Kriegsende präsentiert. So veröffentlichte in den 1980er Jahren eine nach dem mythologischen Raben Hugin benannte Gruppe ein Bändchen mit dem Titel *Deutsche Flugscheiben und U-Boote überwachen die Weltmeere*, das unter Neuschwabenland-Freunden gerne zitiert wird. Seine politische Einordnung fällt einigermaßen leicht, wenn dort von Hitler als „der Führer" geschrieben und abschließend der Endsieg der „reichsdeutschen Flugscheibenmacht" beschworen wird. Der Autor behauptet, der Verbleib hunderter deutscher U-Boote sei nicht geklärt, was „nur im Rahmen der von uns dargestellten Zusammenhänge verständlich und logisch erklärbar" sei. Als Beleg sind einige Seiten aus dem Register eines Buches über *60 Jahre deutsche Uboote* aus dem Jahr 1968 abgedruckt. Bei den dort mit „Verbleib zur Zeit noch nicht geklärt" bezeichneten Booten handelt es sich allerdings ausnahmslos um batteriebetriebene Kleinst-U-Boote – und zwar um den kompletten Bestand der deutschen Marine an diesen Booten der Typen XXVII A Hecht und XXVII B Seehund. Diese Boote waren mit nur zwei Mann Besatzung und einer Reichweite von maximal wenigen hundert Seemeilen für eine Reise nach Neuschwabenland denkbar ungeeignet. Ein Foto auf der Internetseite des *Imperial War Museum* in London zeigt ein ganzes Hafenbecken voll mit den angeblich verschwundenen Booten nach Kriegsende unter britischer Besatzung.[229] Der Verbleib ist also offenbar nur deshalb nicht geklärt, weil er von den britischen Besatzern vor der Verschrottung nicht mehr einzeln dokumentiert wurde.

Tipps für eigene Recherchen

Listen deutscher U-Boote aus dem Zweiten Weltkrieg mit Angaben zum Verbleib gibt es nicht nur im zitierten Buch *60 Jahre deutsche Uboote 1906–1966*, das noch antiquarisch im Handel erhältlich ist.[230] Entsprechende Listen finden sich zum Beispiel auch unter „Liste deutscher U-Boote (1935–1945)" in der deutschen *Wikipedia*, auf Englisch unter uboat.net und auf Russisch unter navyworld.narod.ru. Die Angaben stimmen weitgehend überein.

Bei den Booten U2111 bis 2112, 2251 bis 2295 und allen 5000er-Nummern handelt es sich um die genannten Kleinst-U-Boote. Finden Sie unter den anderen U-Booten solche, deren Verbleib unklar ist. Vergleichen Sie deren letzte Einsatzorte und das Datum, ab dem sie vermisst waren, mit anderen Booten, die nachweislich versenkt wurden. Beachten Sie, dass U-Boote damals überwiegend mit in der Tiefe detonierenden Wasserbomben von Geleitschiffen oder Bombern bekämpft wurden, bei denen die abwerfende Einheit außer bei einem Volltreffer kaum erkennen konnte, ob das Ziel beschädigt oder versenkt worden war. Bis heute werden immer wieder Wracks deutscher U-Boote aus dem Zweiten Weltkrieg gefunden, so im Februar 2017 U 581 bei den Azoren und im April 2018 U 3523 im Skagerrak.

Wie plausibel ist es, dass von diesen vermissten Booten im Mai 1945 noch eine nennenswerte Anzahl für eine geordnete Flucht zur Verfügung gestanden hätte?

Zwei deutsche U-Boote, die besonders oft als Beleg für einen Rückzug NS-treuer Truppen nach Neuschwabenland angeführt werden, sind U 530 und U 977, die bei Kriegsende zunächst verschwunden waren und sich erst Monate später in Argentinien ergaben. Die Besatzungen gaben an, nach der deutschen Kapitulation eine Internierung im kurz zuvor noch neutralen Argentinien der amerikanischen Kriegsgefangenschaft vorgezogen zu haben. U 530 war bei Kriegsende schon seit zwei Monaten ununterbrochen auf See und befand sich nach Aussagen der Besatzung gerade vor der US-Küste nahe New York. Die argentinische Marinebasis Mar del Plata erreichte es zwei Monate später, am 10. Juli. U 977 war erst am 2. Mai, wenige Tage vor Kriegsende, im norwegischen Kristiansand ausgelaufen und erreichte Mar del Plata am 17. August. Bei der Ankunft in Mar del Plata waren beide Boote in schlechtem Zustand, Waffen und militärisches Gerät waren zum Teil außenbords geworfen worden, und auf U 530 fehlten auch sämtliche Dokumente einschließlich Ausweisen und Logbüchern.

Die Behauptung, die beiden U-Boote seien ein Beweis für eine NS-Basis in Neuschwabenland, wurde zuerst 1947 umfassender formuliert im Buch *Hitler lebt* von Ladislao Szabo. Neben relativ wirren Spekulationen über die Identität des Kommandanten von U 530 und einem angeblich zu großen Bordvorrat an Zigaretten begründet Szabo dies vor allem mit der vermeintlich ungewöhnlich langen Reisezeit der beiden Boote. Im Fall von U 530 ist die Fahrtstrecke nicht unabhängig überprüfbar, weil die Position zum Zeitpunkt der Kapitulation nur aus Aussagen der Besatzung bekannt ist. U 977 ließ aber nachweislich noch nach der Kapitulation Besatzungsmitglieder in Norwegen an Land. Das Boot war also für die geschätzt 8000 Seemeilen von Norwegen nördlich um die britischen Inseln herum und dann bis Argentinien etwas über drei Monate unterwegs. Ein U-Boot dieses Typs, VII C, sollte bei normaler Verlegungsfahrt von 12 Knoten aufgetaucht und ohne Zwischenfälle (die auf Kriegsschiffen eigentlich immer passieren) die gleiche Strecke normalerweise in einem Monat zurücklegen können. Das würde aber ein zwischenzeitliches Auftanken erfordern, denn bei solcher Geschwindigkeit liegt die maximale Reichweite nur bei 6500 Seemeilen.

U 977 musste aber nicht nur Kraftstoff sparen, sondern auch einen großen Teil der Strecke getaucht zurücklegen, und dabei lag die Reisegeschwindigkeit eines VII-C-Bootes selbst mit vollen Batterien nur bei vier Knoten. Somit ist eine durchschnittliche Reisegeschwindigkeit von drei bis vier Knoten durchaus plausibel. Ein wissenschaftlicher Aufsatz in einer Zeitschrift für Polarforschung enthält eine detaillierte Analyse der Fahrten beider Boote und kommt zum Ergebnis, dass die Reisezeiten absolut realistisch sind.[231]

Ein Umweg über Neuschwabenland hätte die Fahrtstrecke von U 977 jedoch auf fast 12 000 Meilen verlängert, mit einer Nonstopfahrt von fast 9000 Meilen bis zur Antarktis. Dort hätte das Boot aufgetankt werden müssen, was kaum damit vereinbar ist, dass die Boote ja eigentlich Vorräte nach Neuschwabenland transportieren sollten. Einen Eindruck davon, wie absurd es ist, mit Booten dieser Art größere Mengen von Material oder gar Truppen transportieren zu wollen, gibt der bekannte Spielfilm *Das Boot*, der zum großen Teil auf einem U-Boot eben dieses Typs VII C spielt. Die rund 50 Besatzungsmitglieder hatten nicht einmal eigene Kojen, sondern mussten sich auf den engen Schlafplätzen, teilweise zwischen den Torpedorohren, abwechseln. Einen Eindruck von der extremen Enge auf so einem Boot kann man sich auch aus erster Hand auf dem sehr ähnlichen U 995 verschaffen, das in Laboe bei Kiel als Museumsschiff ausgestellt ist.

Hinzu kommt, dass eine Landung mit konventionellen U-Booten in Neuschwabenland im Südwinter völlig unrealistisch ist. Neuschwabenland im Juni oder Juli sieht völlig anders aus als die eisigen, aber geradezu idyllischen Bilder, die die *Schwabenland* von ihrem Besuch im Januar zurückgebracht hatte. In der endlosen Polarnacht bedeckt dichtes Packeis das Meer über rund 1000 Kilometer vor der Küste. Eine solche Strecke über das sich ständig bewegende Eis mit irgendwelchen schweren Geräten oder Vorräten zurückzulegen, ist völlig illusorisch. Selbst die Überwinterungsstationen von Operation *Tabarin* auf der klimatisch viel günstigeren Antarktischen Halbinsel konnten ab April nicht einmal mehr mit Eisbrechern versorgt werden.

U-Boote können natürlich unter dem Eis tauchen, aber Boote wie U 977 oder U 530 mussten dazu spätestens nach rund 100 Kilometern auftauchen oder schnorcheln, um die Batterien wieder aufzuladen, und hätten sich dazu von unten durch das Eis brechen müssen. Nukleargetriebene U-Boote für den Polareinsatz wie die amerikanische *Skate*, die 1959 (im Sommer) das Eis am Nordpol durchbrach, verfügen dafür über spezielle Verstärkungen am geschlossenen Turm und nicht wie U 530 oder U 977 über eine offene Brücke. Selbst die hochmodernen U-Boote des Typs XXI, von denen erst kurz vor Kriegsende gut 100 Stück in Dienst gestellt wurden, hätten die Strecke unter dem Eis bis zur Küste nicht getaucht zurücklegen können. Lediglich die von Zündel immer wieder angeführten „Wunderwaffen" des Typs XVII, von denen nur drei gebaut wurden, waren mit ihrem Wasserstoffperoxid-Antrieb zu solchen Tauchleistungen in der Lage. Sie hätten sie es jedoch mit ihrer viel kleineren Reichweite niemals auch nur in die Nähe der Antarktis geschafft.

Geradezu ein fester Bestandteil der Neuschwabenland-Verschwörungserzählung ist die US-amerikanische Operation *Highjump* unter Beteiligung des früheren Polarforschers Konteradmiral Richard Byrd. Van Helsing schreibt hierzu: „Warum hatte Byrd knapp 4000 Soldaten, ein Kriegsschiff, einen voll ausgestatteten Flugzeugträger samt einem kompletten Versorgungssystem zur Verfügung, wenn es doch nur eine Expedition sein sollte?" An anderer Stelle fragt er dazu: „Und wieso kamen nur ein paar hundert lebend zurück?" Holocaustleugner Zündel schrieb 1974, Byrds Verluste hätten lediglich vier Flugzeuge betragen. Auch Zündel behauptete aber, Operation *Highjump* sei offiziell eine wissenschaftliche Expedition, tatsächlich aber ein erfolgloser Angriff auf eine deutsche Kolonie in Neuschwabenland gewesen. Auch im deutlich aktuelleren Buch *Flugscheiben über Neuschwabenland* von Heiner Gehring und Karl-Heinz Zunneck wird Operation *Highjump* als „Militärschlag gegen Neuschwabenland" bezeichnet. Verschwörungsautoren verweisen dabei gerne auf ein Zitat von Byrd, nach dem die USA der Gefahr einer Invasion durch Flugzeuge aus den Polarregionen ausgesetzt seien.

Ist Operation *Highjump* also der Beweis für eine Nazi-Basis in Neuschwabenland? Die Operation ist gut dokumentiert und relativ bekannt, was vermutlich dazu beiträgt, dass sie als Beleg so oft angeführt wird. Sie war nie geheim, sondern wurde von Journalisten begleitet, von denen schon vom Auslaufen der ersten Schiffe in den USA an regelmäßig Berichte zum aktuellen Fortgang der Mission in Tageszeitungen erschienen. Der Abschlussbericht zu Operation *Highjump* ist seit 1955 nicht mehr geheim und mit allen Unterlagen seit 2013 im Internet für jeden zugänglich.[232] In den Schlagzeilen wurde die Operation in der Regel als Expedition des bekannten Polarforschers Byrd bezeichnet. Aus den Inhalten der Berichte und auch aus Pressemeldungen der Streitkräfte schon im Vorfeld war jedoch klar zu erkennen, was auch im Abschlussbericht steht: Es handelte sich in erster Linie um eine Übung des Militärs.[233]

Wie sieht es nun aber mit den katastrophalen Verlusten bei der Operation aus, von denen van Helsing und viele andere Verschwörungsautoren schreiben? Zu verschweigen wären diese in Friedenszeiten kaum gewesen, denn die beteiligten Soldaten hatten Familien, die den Fortgang der Mission in der Zeitung mitverfolgen konnten, und sie schickten Briefe nach Hause, die mit ihren besonderen Umschlägen und Poststempeln bis heute begehrte Sammelobjekte sind.[234]

Während der Operation zerschellte ein Flugboot im Schneesturm an einem Berg, wobei drei Besatzungsmitglieder getötet wurden und einer der sechs Überlebenden beide Beine verlor.[235] Ein weiteres Flugboot rutschte ohne Besatzung in schwerer See vom Trägerschiff und sank. Zwei Hubschrauber stürzten direkt neben ihren Mutterschiffen ins Meer; die Besatzungen konnten aber gerettet werden. Praktisch alle beteiligten Schiffe wurden durch Eisgang beschädigt, blieben aber einsatzfähig. An der Anlegestelle zum Bau der Basis wurde ein junger Soldat beim Entladen einer Planierwalze zerquetscht. Der Einsatzbericht führt noch drei weitere Todesfälle auf, aber diese passierten nicht in der Antarktis, sondern während der Heimreise: Zwei Soldaten starben beim Landgang in Australien bei einem Autounfall und ein dritter ertrank in Panama, als er verspätet vom Landgang zurückkam und versuchte, am Wachposten vorbei zu seinem Schiff zu schwimmen – ein Unglück, das man vermutlich nur als ehemaliger Marinesoldat als kein bisschen seltsam empfindet. Bewaffnete Auseinandersetzungen kommen im Einsatzbericht hingegen nicht vor und keiner der 4700 beteiligten Soldaten und Zivilisten hat später davon berichtet. Die Besatzungen hatten auch ohne Krieg alle Hände voll zu tun, gegen Wetter, Eis und Seegang zu kämpfen.

Auch geografisch hat Operation *Highjump* mit Neuschwabenland genauso wenig zu tun wie zwei Jahre zuvor die britische Operation *Tabarin*. Sowohl das Ross-Schelfeis, wo die Basis auf dem Eis errichtet wurde, als auch die Absturzstelle des Flugboots liegen auf der gegenüberliegenden Seite der Antarktis, rund 3000 Kilometer von Neuschwabenland entfernt. Ein Flugboot eines der beiden Küstenerkundungsverbände kartierte die Küste von Osten her bis zum äußersten östlichen Zipfel von Neuschwabenland. Der zweite Verband, der den größten Teil des Gebiets erkunden sollte, näherte sich in den letzten Tagen des Manövers Neuschwabenland von Westen her, konnte aber wegen des immer schlechteren Wetters keine Erkundungsflüge über Land mehr ausführen.

Aber hatte nicht Admiral Byrd selbst vor der Gefahr von Luftangriffen aus Polarregionen gewarnt? Hierzu wird regelmäßig die spanische Übersetzung in einer chilenischen Zeitung zitiert, obwohl dasselbe Interview auch weniger missverständlich in amerikanischen Zeitungen erschien.[236] Byrd spricht darin sehr allgemein über „beide Pole", möglicherweise um das Großmanöver in seiner bevorzugten Forschungsregion zu rechtfertigen. Angesichts der Tatsache, dass zwischen dem damals noch im Entstehen begriffenen Bundesstaat Alaska mit seinen reichen Bodenschätzen und dem neuen Feind Sowjetunion gerade 80 Kilometer liegen, sollte aber einigermaßen offensichtlich sein, welcher Pol eigentlich gemeint war. Ein Manöver in der Antarktis konnte einerseits dazu dienen, einen damals noch denkbaren amerikanischen Gebietsanspruch dort zu begründen, andererseits war es für die Sowjetunion eine weit geringere Provokation, als es ein Großmanöver am tatsächlichen Schauplatz in der Beringstraße gewesen wäre. Ein Manöver im zu Dänemark gehörenden Grönland, Operation *Nanook*, hatte es im Sommer 1946 aber tatsächlich gegeben.

Als weiteren Beweis und zum Teil auch als Begründung, dass man von einer NS-Basis im inzwischen recht gut erforschten Neuschwabenland nichts findet, verweisen viele Autoren auf angebliche amerikanische Kernwaffenangriffe auf Neuschwabenland in den 1950er Jahren. Nähere Angaben zu Ort und Zeit der Angriffe sind zum Teil vage und widersprüchlich, aber der Nazi-Mystiker Norbert Jürgen Ratthofer nennt den 27.8., den 30.8. und den 8.9.1958 als Daten dieser Angriffe.

Einer der Termine weicht zwar um zwei Tage ab, aber hiermit sind trotzdem ganz offensichtlich die bereits auf Seite 77 und 80 erwähnten amerikanischen Kernwaffentests der Operation *Argus* im Südatlantik gemeint. Diese zunächst geheimen Tests wurden erst im Folgejahr bestätigt und der Abschlussbericht 1982 der Öffentlichkeit zugänglich gemacht.[237] Es handelte sich um drei Tests mit sehr kleinen Nuklearsprengköpfen in mehreren hundert Kilometern Höhe. Das Ziel der Tests war, die Effekte von Kernwaffenexplosionen in der ab Seite 69 beschriebenen Ionosphäre zu untersuchen. Die Raketen mit den Sprengköpfen wurden vom Versuchsschiff *Norton Sound* abgefeuert und von mehreren anderen US-Schiffen und Flugzeugen sowie einem Satelliten beobachtet. Der Südatlantik liegt natürlich in der groben Richtung von Neuschwabenland, aber eine wie auch immer geartete schädliche Wirkung in der Antarktis ist absolut auszuschließen. Die Energie der Sprengköpfe entsprach etwa einem Zehntel der Hiroshimabombe, und die Orte der drei Explosionen gespiegelt auf die Nordhalbkugel lägen westlich von Lissabon sowie an zwei Punkten südlich von Irland. Neuschwabenland gespiegelt auf die Nordhalbkugel läge nördlich von Norwegen. Die *Norton Sound* sowie die Beobachterschiffe waren mit 100 bis 200 Kilometern Abstand also deutlich näher an den Orten der Explosion als das angebliche Ziel des „Angriffs".

Nicht nur einen Zusammenhang von Operation *Argus* mit Neuschwabenland, sondern auch sämtliche anderen militärisch relevanten Kernwaffeneinsätze in der Antarktis kann man ausschließen. Kernwaffentests wurden seit dem Moskauer Teststoppabkommen von 1963 überwiegend, nach 1980 ausschließlich unterirdisch durchgeführt, so dass fast alle freigesetzten radioaktiven Stoffe in der unmittelbaren Umgebung des Explosionsortes wieder eingeschlossen werden. Beim Einsatz als Waffe von Flugzeugen oder Raketen aus würden die Sprengköpfe jedoch zwangsläufig an oder über der Erdoberfläche gezündet, wobei durch die Energie der Explosion die Reststoffe der Kernspaltung in der Umgebung verteilt oder in die Atmosphäre getragen werden. Aus der Atmosphäre gelangen sie als sogenannter *Fallout* mit Niederschlägen wieder zu Boden.

Radioaktive Atomkerne zerfallen allmählich, das heißt, sie wandeln sich unter Abgabe von Strahlung in andere Kerne um. Die Zeit, nach der die Hälfte der Kerne zerfallen ist, wird als Halbwertszeit bezeichnet. Nach zwei Halbwertszeiten ist wiederum die Hälfte der verbliebenen Kerne zerfallen und so weiter, so dass noch nach zehn Halbwertszeiten etwa ein Tausendstel der ursprünglichen Aktivität vorhanden ist. Die meisten in einer Kernspaltung entstehenden Atomkerne sind entweder stabil oder zerfallen in kürzester Zeit zu stabilen Kernen, aber ein kleiner Teil radioaktiver Kerne bleibt über lange Zeit erhalten. Hierzu gehören, je nach Bauart des Sprengsatzes, nicht gespaltene Reste natürlichen Urans mit Halbwertszeiten von Milliarden Jahren, nicht gespaltenes Plutonium mit einer Halbwertszeit von 24 000 Jahren sowie die Spaltprodukte Strontium-90 und Cäsium-137 mit Halbwertszeiten von einigen Jahrzehnten. In anderen Teilen der Erde werden solche Verunreinigungen durch Wasser ins Meer abtransportiert oder versickern in tiefere Erdschichten. Im Eis der Antarktis blieben sie jedoch als klar definierte Schicht erhalten und wären so nicht nur über viele Halbwertszeiten problemlos nachweisbar, sondern auch leicht zu datieren. Klimaforscher messen die Radioaktivität von Eisbohrkernen, auch in Neuschwabenland, um historische Vulkanausbrüche datieren zu können. In diesen Messungen ist auch der Effekt von Kernwaffentests in ganz anderen Erdteilen in den 1950er und 1960er Jahren deutlich zu erkennen.[238] Überirdische Kernwaffenexplosionen in der unmittelbaren Umgebung müssten dabei so starke Signale auslösen, dass sie unmöglich zu übersehen oder zu verschweigen wären.

Könnte eine Nazi-Kolonie in Neuschwabenland unentdeckt überleben?

Wenn man Halbwahrheiten und unbelegte Behauptungen als solche erkennt, sind die als Belege für eine Nazi-Kolonie in Neuschwabenland vorgebrachten historischen Sachverhalte alles andere als stichhaltig. Einige der dabei betrachteten Themen, zum Beispiel die Schwierigkeit, außerhalb des kurzen antarktischen Sommers überhaupt nach Neuschwabenland zu gelangen, lassen die Existenz einer solchen Geheimbasis sogar einigermaßen unplausibel erscheinen. Dennoch muss man auch zu dieser Verschwörungsbehauptung die Frage stellen, ob sie, wenn schon nicht bewiesen, vielleicht doch einigermaßen realistisch möglich ist.

Unterschiedliche Autoren stellen völlig unterschiedliche Dinge in den Raum, von einer einzelnen Festung im Eis, die nach den angeblichen Kernwaffenangriffen von 1958 aufgegeben wurde, bis zur Zentrale einer global agierenden „Dritten Macht", die sich gemeinsam mit ihren außerirdischen Verbündeten anschickt, die Weltherrschaft zu übernehmen.

Die ersten Gerüchte nach der Landung von U 530 in Mar del Plata behaupteten, Hitler und Eva Braun seien von dem Boot zu einem Anwesen in deutschem Eigentum im südargentinischen Patagonien gebracht worden.[239] Erst nach einem Dementi der argentinischen Regierung meldete die dortige Boulevardzeitung *Crítica*, die beiden seien stattdessen zu einem schon von der deutschen Antarktisexpedition 1939 gebauten „neuen Berchtesgaden" in Königin-Maud-Land gelangt.[240] Die Bezugnahme auf Hitlers Landhaus am Obersalzberg legt eher ein Versteck für ihn und eine kleine Gruppe von Getreuen nahe als eine große Militärbasis. Symptomatisch für die Verbreitung und Entwicklung solcher Gerüchte ist, dass die Meldung aus der spanischsprachigen *Crítica*, die sich selbst auf schwedische Presseberichte berief, über einen französischsprachigen Radiosender im Kongo zu amerikanischen Presseagenturen gelangte.[241]

Der nach Argentinien emigrierte Ungar Ladislao Szabo formulierte die gleichen Gerüchte umfassender 1947 in seinem Buch *Hitler lebt*. Hier war schon von einem U-Boot-Konvoi die Rede, der neben Hitler weitere Personen seines unmittelbaren Umfelds in das neue Berchtesgaden gebracht haben soll.[242] Szabo forderte die Großmächte aber zur Suche nach Hitler auf, ging also offenbar davon aus, dass es sich eher um ein Versteck als um eine neue Machtbasis handle.

Während deutsche Medien wie *Der Spiegel* noch mehrfach über Szabo berichteten, verschwanden die Gerüchte aus der US-Öffentlichkeit und spielten auch im Umfeld der Militärübung Operation *Highjump* keine besondere

Rolle. In den 1950er Jahren veröffentlichte aber das Revolverblatt *National Police Gazette* eine ganze Serie von zum Teil haarsträubenden Artikeln über den angeblich entkommenen Hitler, diverse Verstecke, unter anderem in der Antarktis, sowie seine Pläne zur Rückkehr. Hierin tauchte auch offenbar erstmals das in der Verschwörungsszene seitdem regelmäßig wiederholte, aber unbelegte Zitat des Oberbefehlshabers der Marine Karl Dönitz auf, die U-Boot-Flotte habe Hitler „in einem anderen Teil der Welt ein Shangri-La gebaut". Die Artikel strotzen, üblicherweise unter Berufung auf anonyme Quellen, auch vor offensichtlichem Unsinn, zum Beispiel, dass die Flugboote der *Schwabenland* auf dem Festland hätten landen können oder dass zehn bis zwölf deutsche Schiffe ausgerechnet im antarktischen Winter 1939 mit dem Bau der Basis begonnen hätten.[243]

Flugscheiben spielen in diesen Darstellungen einer Basis in Neuschwabenland keine Rolle, und sie wird auch nicht als Stützpunkt einer global bedeutenden Streitmacht dargestellt. Zwei Bücher eines Amerikaners namens Michael X. Barton aus den 1960er Jahren sollen die angeblichen Reichsflugscheiben behandeln und auch Neuschwabenland erwähnen, aber Barton sieht die Hauptbasis der NS-treuen Truppen eher in Lateinamerika als in der Antarktis.[244] Ein fester Bestandteil des Neuschwabenland-Mythos werden die Flugscheiben erst 1974 im Buch des Holocaustleugners Ernst Zündel. In Interviews mit dem Journalisten Frank Miele erklärte Zündel später, es handle sich dabei eher um ein Unterhaltungs- als um ein Sachbuch. Die bizarren Ideen hätten ihm vor allem dazu gedient, Aufmerksamkeit in den Medien zu erhalten, um dort seine antisemitischen Thesen verbreiten zu können.[245] Entsprechend enthält Zündels Buch ohne irgendwelche Belege völlig absurde Behauptungen, zum Beispiel, die Flugboote der deutschen Antarktisexpedition seien in Neuschwabenland auf Seen gelandet, die warm genug seien, um darin nur mit einer Badehose zu schwimmen. Dazu zeigt Zündel ein Foto eines solchen Flugbootes, das auf dem Meer am Schelfeis angelegt hat.

So absurd manche von Zündels Behauptungen sind, er erklärt ausdrücklich, die von Neuschwabenland aus operierenden Flugscheiben seien Ingenieurleistungen rein irdischen, natürlich deutschen, Ursprungs, und distanziert sich von der Idee eines Kontakts zu Außerirdischen. Übernatürliche Mächte fanden ihren Weg nach Neuschwabenland erst 1980 in dem Roman *Wolfszeit um Thule* des NS-Mystikers und ehemaligen SS-Geheimdienstlers Wilhelm Landig, kurz darauf dann auch in Sachbuchform in den Schriften der Hugin-Gruppe. In den 1990er Jahren, bei Norbert Jürgen Ratthofer und Jan van Helsing, wurde die Antarktis außerdem noch zur Heimstatt außerirdischer Spezies und zum Eingang in die angeblich hohle Erde.

Behauptungen wie die von van Helsing, die, zumindest für bestimmte übernatürliche oder außerirdische Mächte, die Gültigkeit naturwissenschaftlicher Erkenntnisse komplett abstreiten, lassen sich nicht auf Basis eben dieser naturwissenschaftlichen Erkenntnisse widerlegen. Wenn Behauptungen aber in dieser Form die Gültigkeit zum Beispiel der Physik bestreiten, dann ist dafür ein experimenteller Nachweis zu erbringen, und zwar von dem, der die Behauptungen aufstellt. In diesem Buch und auf Basis naturwissenschaftlicher Erkenntnisse sind folglich nur Ideen zu prüfen, die keine übernatürlichen Fähigkeiten voraussetzen. Die Idee einer hohlen oder gar flachen Erde wird uns ab Seite 171 noch beschäftigen und um Flugscheiben geht es ab Seite 158 – somit ist zunächst einmal die Frage zu klären, ob eine eigenständige Machtbasis in Neuschwabenland existieren könnte und ob diese erfolgreich geheim zu halten wäre. Der Begriff einer eigenständigen Machtbasis beinhaltet dabei zumindest, dass sie nicht wie gewöhnliche Forschungsstationen ausschließlich durch Unterstützung von außen existieren könnte. Ferner müsste sie in der Lage sein, zumindest regional nennenswerte militärische Aktivitäten zu entfalten, zum Beispiel, wie von fast allen Neuschwabenland-Autoren in Bezug auf Operation *Highjump* behauptet, einen Angriff von mehreren tausend Soldaten zurückzuschlagen.

Dazu ist zunächst einmal zu beachten, dass es sich bei Neuschwabenland um eine extrem lebensfeindliche Gegend handelt. Das gesamte Gebiet ist im Wesentlichen eine endlose Eiswüste, aus der nur stellenweise nackte Felsen, sogenannte Nunataks, herausragen. An der deutschen Neumayer-III-Station, die auf dem Schelfeis vor der Küste von Neuschwabenland steht, also durch das nahe Meer und die Distanz zum Pol klimatisch noch relativ günstig, liegt die Jahresmitteltemperatur bei –16 Grad Celsius. Im Südsommer gibt es gelegentlich Temperaturen über dem Gefrierpunkt, aber im Südwinter sinken die Temperaturen bis –50 Grad, bei regelmäßigen schweren Stürmen und entsprechendem Windchillfaktor. Die Station steht auf Stelzen, um nicht von Schneeverwehungen begraben zu werden, und damit sie nicht wie ihre Vorgängerstationen mit der Zeit im Schnee versinkt, wird sie jedes Jahr um fast einen Meter angehoben.

Neuschwabenland-Autoren berufen sich als möglichen Standort regelmäßig auf die sogenannte Schirmacher-Oase, einen aus dem Eis herausragenden Hügelzug etwa 100 Kilometer von der Küste entfernt. Der malerische Name täuscht: Klimageografisch werden die antarktischen „Oasen" wesentlich treffender als Frostschuttwüsten bezeichnet. Die Jahresmitteltemperatur beträgt –10 Grad und nur in den Sommermonaten Dezember bis Februar erwärmt die Sonne die Felsen genug, dass die kleinen Seen für einige Zeit eisfrei sind. Im Rest des Jahres erstarrt die „Oase" im Dauerfrost und wird von jährlich durchschnittlich 20 der für die antarktischen Küstenregionen typischen Schneestürme heimgesucht. Die Vegetation beschränkt sich auf einige Moose und Flechten an geschützten Stellen im Fels.

Zu verstecken wäre eine Basis dort ohnehin nicht: Wegen des festen Untergrunds in relativer Nähe zur Küste ist der gerade 25 Kilometer lange eisfreie Felsrücken ein beliebter Standort für Forschungsstationen und Ausgangspunkt von Expeditionen. Dort gibt es seit 1961 eine ganzjährig besetzte russische Forschungsstation, an die über viele Jahre auch eine Station der DDR angeschlossen war. Seit 1989 besteht dort außerdem eine ganzjährig besetzte indische Station. Eine Landebahn auf dem Eis kann von Kapstadt aus mit vierstrahligen Transportflugzeugen angeflogen werden, und Propellermaschinen verteilen Versorgungsgüter und Wissenschaftler von dort aus zu mehreren anderen Forschungsstationen in und um Neuschwabenland, darunter auch zu der deutschen Neumayer-Station. Im Sommer halten sich regelmäßig über 100 Forscher aus unterschiedlichen Ländern in der Schirmacher-Oase auf, von denen nie jemand von irgendwelchen Spuren reichsdeutscher Aktivitäten berichtet hat.

Gleichzeitig sind alle diese Expeditionen und Stationen auf Versorgung von außerhalb der Antarktis angewiesen. Allein für den Bau der deutschen Neumayer-III-Station mussten 2300 Tonnen Material angeliefert werden. Trotz einer eigenen Windkraftanlage ist die Station jährlich auf die Lieferung von mehr als 300 000 Liter speziellen Polardiesels zum Heizen, für Generatoren sowie zum Betrieb der Schneeraupen und Schneemobile angewiesen, obwohl dort gerade einmal neun Personen überwintern können. Zu den Stationen in der Schirmacher-Oase wird schwereres Material in mehrstündigen Fahrten per Schneeraupe vom rund 100 Kilometer entfernten Anlegeplatz an der Schelfeiskante angeliefert. Alle diese Versorgungsfahrten sind nur im kurzen antarktischen Sommer möglich.

Ein Text, der im Internet vor allem auf Reichsbürgerseiten verbreitet wird, behauptet, eine reichsdeutsche „Basis 211 soll sich im Mühlig-Hofmann-Gebirge befinden".[246] Als Hochgebirge, das etwa doppelt so weit von der Küste entfernt ist wie die Schirmacher-Oase, ist dieser Ort für eine dauerhafte selbstversorgende Basis noch wesentlich ungeeigneter. Die zum Teil über 3000 Meter hohen kahlen Felsen bieten vom Meer herüberziehenden Sturmvögeln sichere Brutplätze, von allen Feinden geschützt durch hunderte Kilometer Eiswüste. Ansonsten gibt es hier außer einzelnen Insektenarten, Milben, Flechten und Moosen kein sichtbares Leben. Die Temperaturen bleiben selbst im Südsommer durchgehend unter dem Gefrierpunkt.[247]

Weiter südlich, jenseits der Gipfel des Mühlig-Hofmann-Gebirges und der sich westlich davon zwischen Küstengebiet und Inland hinziehenden Mayr-Kette, lassen zwar die in Küstennähe regelmäßig tobenden Schneestürme nach, aber die Temperaturen werden auch immer eisiger. Wo das Sonnenlicht keine hervorstehenden Felsen erwärmen kann, sondern von den teils mehrere tausend Meter dicken Eismassen reflektiert wird, ist an Temperaturen über dem Gefrierpunkt ohnehin nicht zu denken. Das zeigt das grundsätzliche Problem jeder Vorstellung einer eigenständigen Basis in Neuschwabenland: Es ist dort wegen der minimalen Sonneneinstrahlung und der eisigen Temperaturen schlicht unmöglich, irgendwelche Nahrungsmittel zu produzieren. Hinzu kommt der für ein halbwegs menschenwürdiges Überleben riesige Energiebedarf zum Heizen und für wenigstens die elementarste Logistik. Selbst mit der nach Maßstäben der 1940er Jahre besten Logistik ist man allerdings für mehr als die Hälfte des Jahres vollständig von der Außenwelt abgeschnitten.

Gernot Geise, der auf Seite 51 und 61 schon im Zusammenhang mit der Mondlandung erwähnt wurde und auch Artikel über Chemtrails veröffentlicht hat[248], liefert eine kreative Antwort zum Problem der lebensfeindlichen Bedingungen in der Antarktis: Unter Berufung auf „alte reichsdeutsche U-Boot-Karten“ behauptet er, die Antarktis bestünde aus zwei Teilkontinenten, zwischen denen ein Warmwassergraben zwischen Atlantik und Pazifik verliefe. Dass ein solcher Graben mit heutiger Technik selbst unter kilometerdickem Eis problemlos zu finden sein müsste, dürfte sich von selbst verstehen. Ausgehend von diesem phantastischen Graben, schreibt Geise, hätten die deutschen U-Boote warme Seen, Höhlen, Gletscherspalten und Eistunnel entdeckt. Die Wärme erklärt er durch Vulkane, die es in der Antarktis durchaus gibt – aber nicht in Neuschwabenland. Im gleichen Artikel schreibt Geise auch, in der Schirmacher-Oase, deren nackte Felsen man sich nicht nur auf Bildern der Forschungsstationen, sondern auch als Satellitenbild in Google Maps ansehen kann, gäbe es Wälder und Savannen.[249]

In einem anderen Artikel spekuliert Geise ernsthaft über die Frage, ob es am Südpol ein Loch gebe, über das man dann offenbar ins Innere der Erde gelangen soll. Als Beleg verweist er auf einen kreisförmigen weißen Fleck, der in der Satellitenbilddarstellung von Google Maps und Google Earth am Südpol zu sehen ist. Der Fleck entsteht offensichtlich durch die Art und Weise, wie Google die Satellitenbilder auf die Kugeloberfläche der Erde und diese dann wieder auf das Bild am Computer projiziert. Auf grundsätzliche Probleme, Satellitenbilder von den Polen zu bekommen, wird auf Seite 173 noch einzugehen sein. „Was befindet sich dort, was wir nicht sehen sollen oder dürfen?", fragt Geise dazu. Was genau sich am Südpol befindet, kann sich jeder auf der Seite des *United States Antarctic Program* sogar live per Webcam ansehen[250]: Dort wird seit 1956 durchgehend die Amundsen-Scott-Südpolstation betrieben, auf der sich inzwischen im Südwinter rund 50, im Sommer zeitweise rund 150 Wissenschaftler aufhalten. Neben mehreren Radioteleskopen gibt es dort tatsächlich auch Löcher im Untergrund, allerdings reichen diese nicht einmal bis zum Erdboden, sondern nur bis in tiefe Lagen der dort fast 3000 Meter dicken Eisschicht. In einem sechseckigen Muster aus 86 Eisbohrungen hat das Ice-Cube-Experiment hochempfindliche Lichtmessgeräte in diesen Bohrungen versenkt. Diese bilden zusammen mit dem umgebenden Eis einen riesigen Detektor, der in einem Volumen von einem Kubikkilometer hochenergetische Neutrinos aus den Tiefen des Alls nachweist. Die Wissenschaftler direkt am Südpol beschäftigen sich also zu einem großen Teil nicht mit Polarforschung, sondern mit Astrophysik.

Die Anwesenheit einer so großen Zahl von Wissenschaftlern seit mehr als 50 Jahren in Verbindung mit empfindlichen Messgeräten bis in mehrere tausend Meter Tiefe lässt die Vorstellung einer geheimen Militärbasis selbst am Südpol mehr als unplausibel erscheinen.

Auch in Neuschwabenland selbst gab es Expeditionen von Wissenschaftlern schon relativ kurz nach dem Krieg. Die Norwegisch-Britisch-Schwedische Antarktisexpedition betrieb von Ende 1949 bis Anfang 1952 eine durchgehend besetzte Station an der Küste im äußersten Westen des als Neuschwabenland bezeichneten Gebiets. Nach der norwegischen Namensgeberin der Region, Königin Maud, wurde die Station, an der 15 Personen überwintern konnten, als Maudheim bezeichnet. Im Gegensatz zu Operation *Tabarin* oder Operation *Highjump*, die tausende Kilometer von Neuschwabenland entfernt stattfanden, wird diese Expedition in den meisten Verschwörungserzählungen überhaupt nicht erwähnt. Erst 2006 erschien ein Artikel, der Maudheim unter Berufung auf einen fiktiven Augenzeugenbericht zur Basis einer geheimen britischen Militäroperation im Zusammenhang mit Operation *Tabarin* erklärte, in der ein großer Teil der beteiligten Soldaten ums Leben gekommen sein sollte.[251] Tatsächlich gab es bei der sehr erfolgreichen internationalen Expedition drei Tote, allerdings durch einen Unfall, als eine Schneeraupe von der Eiskante ins Meer stürzte.

Seit den ersten Gerüchten über eine geheime Nazi-Basis in Neuschwabenland wurde es mit der immer besseren Erforschung der Antarktis und dem immer leichteren Zugang der Öffentlichkeit zu Informationen immer schwieriger zu erklären, wie eine solche Station in dieser unwirtlichen Gegend überleben und zudem unentdeckt bleiben sollte. Wie die Darstellungen von Geise und van Helsing zeigen, ist dies heute eigentlich nur noch durch absurde Konstrukte wie unterirdische, praktischerweise von Vulkanen beheizte Gräben, einen Durchgang zur angeblich hohlen Erde oder außerirdische Helfer mit übernatürlichen Fähigkeiten darzustellen.

Die Reichsflugscheibe – die ultimative Geheimwaffe?

Die vorgebrachten Belege für die Existenz von Reichsflugscheiben sind ganz überwiegend sehr einfacher Natur. Ernst Zündel listete schon 1974 zu seiner These, sogenannte Ufos, also unidentifizierte Flugobjekte, seien tatsächlich Nazi-Flugscheiben, seitenweise Sichtungen solcher Objekte auf. Gleiches taten die Autoren der Hugin-Gruppe in den 1980er Jahren, als sie behaupteten, deutsche Flugscheiben und U-Boote überwachten die Weltmeere. Dem gleichen Argumentationsmuster folgen van Helsing und seine Nachfolger bis zu einem Buch von Martin Neumann aus dem Jahr 2015, das *Das Dritte Reich als dritte Supermacht auf Erden* proklamiert.

Diese Art der Beweisführung steht in ganz offensichtlichem Widerspruch zur Argumentation sogenannter Ufologen, die in exakt den gleichen Sichtungen außerirdische Raumschiffe erkennen wollen. Schwierig wird eine Entscheidung zwischen beiden Thesen dadurch, dass den Reichsflugscheiben praktischerweise die gleiche Untertassenform zugeschrieben wird wie den Raumschiffen aus fremden Welten.

Erforderlich zur Erklärung solcher Beobachtungen sind ohnehin weder fliegende SS-Männer noch grüne Männchen: Bei den wenigen Ufo-Sichtungen, die tatsächlich ungeklärt sind, liegt dies in der Regel an unvollständigen oder unzuverlässigen Informationen, zum Beispiel aus Zeugenaussagen. Die große Mehrheit aller Ufo-Meldungen erweist sich nach überschaubarem Rechercheaufwand als gewöhnliche Flugzeuge, Hubschrauber oder Ballons, als astronomische Objekte, besonders häufig den Planeten Venus, oder als Lichtreflexe an Fenstern von Gebäuden, Autos oder Flugzeugen.[252] Der Hobby-Ufo-Forscher Werner Walter betrieb jahrzehntelang eine Ufo-Meldestelle unter seiner privaten Telefonnummer und beschrieb die überwiegende Mehrzahl der Sichtungen als frustrierend banal. Walter erklärte, er könne Häufungen von Ufo-Sichtungen aus dem Stand der Venus vorhersagen, die zu bestimmten Zeiten morgens oder abends besonders hell über dem Horizont zu sehen ist.[253] Anfang der 2000er Jahre kamen weitere Häufungen an Wochenendnächten hinzu: Kleine Heißluftballons, sogenannte Himmelslaternen, beheizt mit Wachs oder Brennstofftabletten, waren über einige Jahre eine beliebte Attraktion bei privaten Feiern. Die im Formationsflug lautlos über den Himmel gleitenden Lichter lösten jedoch bei Anwohnern regelmäßig Panik aus.[254] Inzwischen sind die im wahrsten Sinne des Wortes brandgefährlichen Flugobjekte jedoch in den meisten Gebieten des deutschsprachigen Raums verboten. Die meisten Ufo-Fotos, vor allem die einigermaßen deutlichen, konnten relativ schnell als meist plumpe Fälschungen identifiziert werden.

Neben den Ufo-Sichtungen dreht sich die Argumentation für die Existenz von Reichsflugscheiben vor allem um historisch anmutende, aber detailarme Schemazeichnungen, Geschichten ohne erkennbare Quellenangaben, die von Autor zu Autor immer weiter ausgeschmückt werden, unbelegte Berichte angeblicher Augenzeugen und um Presseberichte aus der Nachkriegszeit, in denen angebliche Flugscheibenentwickler aus dem Krieg zu Wort kamen. Diese frühen Berichte sind eine genauere Betrachtung wert, weil sie zum einen die Entstehung und weitere Entwicklung der Flugscheibenerzählung verständlich machen, zum anderen wichtige Informationen auch für die Glaubwürdigkeit der späteren Behauptungen enthalten. So lässt sich der Realitätsgehalt der jeweiligen Darstellungen immer nur für einzelne Texte naturwissenschaftlich bewerten, weil sich entscheidende technische Daten im Lauf der Jahrzehnte immer weiter verändert haben.

Die Entstehung des Flugscheiben-Mythos, ob man in ihnen nun eine reichsdeutsche oder eine außerirdische Technik erkennen will, ist ein typisches Produkt der unmittelbaren Nachkriegszeit. Begünstigt wurde sie vor allem durch die Kriegserzählungen alliierter Bomberbesatzungen über die sogenannten *foo fighters*. Die Soldaten sahen leuchtende Punkte oder diffuse Kugeln, die vor allem bei Nachtflügen neben ihren Maschinen herflogen und entweder deren Flugmanövern exakt folgten oder plötzlich rechtwinklig ihre Flugrichtung änderten. Solche Bewegungsmuster sind typisch für Lichteffekte oder Reflexionen am eigenen Flugzeug, die auch heute gelegentlich von Piloten als Ufos wahrgenommen werden. Im Krieg kamen besondere Bedingungen hinzu: die ständige Lebensgefahr, Nachbarflugzeuge der eigenen Formation, zur Zielbeleuchtung abgeworfene Magnesiumfackeln, feindliche Nachtjäger, Flugabwehrscheinwerfer und Leuchtspurgeschosse, Schwindel durch extreme körperliche Belastung und Schlafentzug sowie mangelnde Erfahrung der Besatzungen in Nachteinsätzen oder auf neuen Flugzeugtypen. Unter diesen Bedingungen ist davon auszugehen, dass sich unterschiedliche Wahrnehmungen realer oder scheinbarer Phänomene zum Mythos der *foo fighters* verdichtet haben.[255] Im Sommer 1947 führten dann eine ähnliche Sichtung aus einem Sportflugzeug und einige Wochen später ein abgestürzter

Wetterballon neben einer Luftwaffenbasis bei Roswell in New Mexico zur ersten Fliegende-Untertassen-Panik in den USA.

Das Thema blieb über die folgenden Jahre in den Medien präsent und am 24. März 1950 veröffentlichte der faschistische Politiker Giuseppe Belluzzo einen Artikel im *Giornale d'Italia* mit der Behauptung, die sich damals häufenden Ufo-Berichte seien in Wirklichkeit deutsch-italienische Flugscheibenentwicklungen aus dem Zweiten Weltkrieg, die noch immer von einer „geheimen Macht" eingesetzt würden.[256] Sein eigener Entwurf einer solchen Scheibe ist jedoch kein Luftfahrzeug, sondern ein primitiver unbemannter Flugkörper, der sich, durch ausströmende Pressluft angetrieben, rotierend in die Höhe schrauben sollte und dann einfach zu Boden gefallen wäre. Der 73-jährige ehemalige Minister der Regierung Mussolini versuchte offensichtlich, sich nach einem Gefängnisaufenthalt wieder politisch in Szene zu setzen. Von seinem Wechsel in die Politik 1925 bis zu seiner Verhaftung 1944 war er mit kurzen Unterbrechungen entweder italienischer Abgeordneter oder Minister, und es gibt keine Hinweise darauf, dass er in dieser Zeit tatsächlich noch mit technischen Fragen beschäftigt gewesen wäre.

Nur sechs Tage später erschien in der deutschen Zeitschrift *Der Spiegel* ein Artikel über Ufo-Sichtungen, in dem der ehemalige Luftwaffenpilot Rudolf Schriever behauptete, während des Krieges die Idee zu einem „Flugkreisel" gehabt zu haben. Nach eigenen Angaben hatte er geplant, Entwürfe ans Reichsluftfahrtministerium zu schicken, wurde aber nicht rechtzeitig vor Kriegsende fertig. Einige tschechische Ingenieure, die ihm bei Zeichnungen geholfen hätten, könnten sein Gerät für „eine andere Macht" rekonstruiert haben.[257] Gemeint war hier ganz offensichtlich die Sowjetunion. Schrievers Entwurf ist letztlich nichts weiter als ein sehr umständlich konstruierter Hubschrauber, bei dem die Kabine nicht unter dem Rotor hängt, sondern die Rotorblätter an einem Ring befestigt um die Kabine laufen. Der Rotor wird dabei nicht durch einen zentralen Motor in Drehung versetzt, sondern durch an Rotorblättern befestigte Strahltriebwerke. Schriever hat offenbar nicht berechnet, dass sich die äußeren Enden seiner Rotorblätter bei den von ihm angegebenen 1800 Umdrehungen pro Minute mit mehr als vierfacher Schallgeschwindigkeit bewegen müssten, was allerlei aerodynamische Probleme hervorruft. Die rund 40 Rotorblätter sind wie Turbinenschaufeln überlappend angeordnet, was den Eindruck einer Scheibe erst erzeugt, aber unnötiges Gewicht mit sich bringt und wenig effizient ist, wenn man Luft nicht komprimieren, sondern nur Auftrieb durch einen Luftstrom nach unten erzeugen will. Dadurch liegen die Rotorblattspitzen zwar nicht frei im Luftstrom, aber das grundsätzliche Problem beim Überschreiten der Schallgeschwindigkeit bleibt, und die Steuerung der unflexiblen Rotorblätter wird schwierig. Hinzu kommt, dass die Haupttriebwerke für den Antrieb unter dem Schwerpunkt liegen, so dass mangels eines Höhenruders davon auszugehen ist, dass sich der ganze Apparat beim Beschleunigen nach hinten überschlagen hätte. Es hat Gründe, dass sich bei heutigen Hubschraubern ein relativ einheitliches Konstruktionsprinzip durchgesetzt hat. Für den ehemaligen Ingenieur und Piloten Schriever, der inzwischen als Kraftfahrer für das US-Militär arbeitete, war der Artikel offenbar eine gute Gelegenheit, sich wichtig zu machen.

1952 tauchen in französischen Zeitungen Berichte über einen nach Ägypten geflüchteten deutschen Ingenieur namens Richard Miethe auf. Miethe behauptete demnach, in Deutschland am Bau eines scheibenförmigen Überschallhubschraubers mit interkontinentaler Reichweite gearbeitet zu haben, der Ende 1944 tatsächlich geflogen sein soll[258]. Miethes Angaben enthalten jedoch haarsträubende Fehler: Die 10. Armee, für die er ab April 1943 in Essen, Stettin und Dortmund gearbeitet haben will, wurde erst vier Monate später aufgestellt und war nie in Deutschland stationiert, sondern nur in Italien. Sein Hubschrauber sollte als Treibstoff komprimiertes Helium verwenden – als nicht brennbares Edelgas eine denkbar ungeeignete Substanz. Schließlich sollten die Abgase von Miethes Triebwerken wieder aufgesaugt werden, wodurch natürlich der Schub verloren gegangen und die Triebwerke nutzlos gewesen wären.

In einem Bericht der *Welt am Sonntag* 1953 tauchten die angeblichen Flugscheibenerfinder erstmals zusammen auf. Ein „Oberingenieur Klein" wollte gegen Kriegsende Testflüge von Flugscheiben durchgeführt haben, an denen Schriever und Miethe sowie ein mysteriöser Entwickler namens Habermohl beteiligt gewesen sein sollen. Der beim Erscheinen des Artikels bereits verstorbene Belluzzo wird von Klein als angeblicher Experte zitiert. Hier tauchen auch erstmals sehr optimistische Leistungsdaten von 12 400 Metern Flughöhe und 2200 Stundenkilometern Geschwindigkeit auf, die seitdem immer wieder zitiert werden.[259] 1956 finden die drei Möchtegernerfinder nebst Habermohl und den genannten Leistungsdaten ihren Weg dann auch in ein ansonsten relativ seriöses Buch über deutsche Waffen und Geheimwaffen des Zweiten Weltkriegs.[260] Von dort wurde sie wiederum 1974 von Holocaustleugner Zündel in dessen Buch übernommen.

Ein weiterer angeblicher Flugscheibenkonstrukteur hatte seinen Auftritt in einem Buch im Jahr 1955.[261] Der Förster Viktor Schauberger, dessen größte technische Leistung offenbar im Bau von Wasserrinnen zum schwimmenden Transport von Holz bestanden hatte, meinte, mit seiner „Implosionstechnik" Energie aus nichts gewinnen zu können. Nach dem Krieg hatte sich eine Gemeinde von Anhängern gebildet, die nach Schaubergers Entwürfen am Bau von Heimkraftwerken tüftelte – und das offenbar bis heute tut.[262] Schauberger behauptete, Ufos seien mit seiner Technik angetriebene außerirdische Raumschiffe. Er selbst habe kurz vor Kriegsende mit schweren rotierenden Kupferscheiben experimentiert, die er als „Repulsine" bezeichnete, sei aber noch zu keinem nutzbaren Flugobjekt gelangt. Schaubergers Vorstellungen von Physik sind von geradezu rührender Naivität. Daraus, dass bestimmte Materialien in sehr starken Magnetfeldern schweben, folgert er, sie würden überall schweben und erklärt damit die Funktion der Flugscheiben. Sein Denken strotzt von mystisch-magischen Vorstellungen. Seine Technik sei „naturrichtig", „weiblich bzw. lunar und magnetisch", und sie sei eine Notwendigkeit für das kommende Wassermann-Zeitalter.

Ende der 1950er Jahre versuchte ein weiterer Bastler, Andreas Epp, erfolglos, verschiedene Flugzeughersteller für seinen eigenen Entwurf eines scheibenförmigen Senkrechtstarters zu interessieren. Dazu behauptete Epp, er habe während des Krieges ein Modell eines früheren Entwurfs an das Reichsluftfahrtministerium geschickt und die Antwort bekommen, es werde „erprobt". Von weiteren Entwicklungen wollte er nur noch durch Hörensagen erfahren, also nie selbst in offiziellem Auftrag Flugscheiben entwickelt haben. Dabei bezog er sich auch auf die kursierenden Presseberichte über andere angebliche Flugscheibenkonstrukteure und beschuldigte unter anderem Schriever, in offiziellem Auftrag seine Arbeiten kopiert zu haben. Epps (viel später veröffentlichte) Skizzen zu seinen angeblichen Entwürfen aus Kriegszeiten haben tatsächlich große Ähnlichkeit mit denen von Schriever – und im Wesentlichen die gleichen Konstruktionsfehler. Sein Nachkriegsentwurf hingegen hatte in einem scheibenförmigen Korpus acht senkrechte Triebwerke, ringförmig angeordnet. Hinzu kamen zwei drehbar montierte Antriebsturbinen.[263] Bei geschickter Ansteuerung der einzelnen Triebwerke wäre ein solches Gerät möglicherweise sogar stabil zu fliegen gewesen, jedenfalls mit hinreichend geringer Geschwindigkeit. Die Komplexität und vermutlich auch der Treibstoffverbrauch von zehn Triebwerken für ein relativ kleines Luftfahrzeug lassen diese Lösung jedoch wenig praktikabel erscheinen.

Neben fragwürdigen Berichten über angebliche Flugscheiben-Entwickler aus der Nachkriegszeit berufen sich Reichsflugscheiben-Autoren auch gerne auf ungewöhnliche Flugzeugtypen, von denen tatsächlich Prototypen glaubwürdig belegt sind.

Zu den am häufigsten genannten Modellen zählt dabei das turbinengetriebene Nurflügelflugzeug Horten IX oder 229, das mit Flugscheiben direkt nichts zu tun hatte, wenngleich es, ohne Rumpf und Heckleitwerk, von der Seite einigermaßen scheibenförmig aussah. Zündel zeigt in seinem Buch tatsächlich ein Foto einer gelandeten Horten IX mit der Bildunterschrift „Deutsches Ufo bei der Wartung". Im Internet kursieren Illustrationen von Horten IX gemeinsam mit Flugscheiben über Neuschwabenland[264], und entsprechende Modellbausätze werden in Kleinanzeigenplattformen als Set angeboten. Die Maschine, Höhepunkt einer langen Entwicklung von Nurflügelflugzeugen durch die Brüder Horten, wurde wegen einer oberflächlichen Ähnlichkeit mit dem amerikanischen Tarnkappenbomber B-2 in einer Dokumentation von *National Geographic* als *Hitler's Stealth Fighter* bezeichnet. Mitunter wird auch in englischsprachigen Medien behauptet, eine größere Zahl dieser Flugzeuge hätte den Ausgang des Krieges verändern können. Tests der einzig noch existierenden Horten IX zeigen jedoch nicht die Beschichtungen, die notwendig gewesen wären, um das Flugzeug tatsächlich für Radar unsichtbar zu machen.[265]

Wie praktisch alle militärischen Entwürfe der Brüder Horten kam auch die Horten IX nie über das Prototypstadium hinaus. Alle Nurflügelflugzeuge dieser Zeit hatten wegen des fehlenden Heckleitwerks die Neigung, im Flug instabil zu werden und nach vorne oder hinten zu kippen sowie häufig auch Probleme im Kurvenflug. So hatte schon 1938 ein unmotorisierter Vorläufer, die Horten II, von der berühmten Testpilotin Hanna Reitsch eine vernichtende Bewertung erhalten.[266]

Neben den Nurflügelflugzeugen wurde im Krieg auch mit Flugzeugen experimentiert, die tatsächlich eine nahezu kreisförmige Grundfläche haben, bei denen die beiden Tragflächen zusammen also eine ungefähr runde Scheibe ergeben. Wenn man davon ausgeht, dass eine Flugscheibe nicht nur wie ein Senkrechtstarter oder Hubschrauber fliegen, sondern auch als ihre eigene Tragfläche einen Auftrieb generieren soll, dann wäre sie sozusagen eine extreme Kombination aus einem Nurflügler und einem solchen Kreisflügelflugzeug. Allerdings fielen die wenigen jemals getesteten Kreisflügelflugzeuge durch noch schlechtere Flugeigenschaften auf als die Nurflügler. Der Grund dafür sind die Turbulenzen an den Tragflächenenden, die man bei modernen Verkehrsflugzeugen durch hochgeknickte Flügelspitzen, sogenannte Winglets, zu minimieren versucht. Die Turbulenzen entstehen dadurch, dass Luft vom höheren Druck an der Unterseite um das Tragflächenende herum zum niedrigeren Druck an der Oberseite wirbelt. Bei sehr kurzen und breiten, zum Beispiel also auch runden, Tragflächen ist das Problem besonders ausgeprägt. Darüber hinaus stören die in der Mitte weit nach hinten reichenden Tragflächen die Wirkung des Höhenruders. Dementsprechend waren die in den

1940er Jahren getesteten Kreisflügelflugzeuge auch alles andere als erfolgreich. Der einzige Prototyp der deutschen Sack AS-6, von Piloten als „fliegender Bierdeckel" bezeichnet, kam trotz der für ein Flugzeug dieser Größe eigentlich guten Motorisierung nicht über ein paar Hüpfer auf der Startbahn hinweg und zeigte schon bei diesen Hüpfern eine instabile Fluglage. Worin der Nutzen der ungewöhnlichen Bauform liegen sollte, ist für die AS-6 auch nicht überliefert. Die eher ovalen als runden „fliegenden Pfannkuchen" der US-Firma Vought waren hingegen Entwicklungen für die US Navy, bei der die kompakte Form auf Flugzeugträgern besonders platzsparend gewesen wäre. Die Probleme mit den Turbulenzen außen an den Tragflächen konnten dadurch minimiert werden, dass man die Propeller ganz außen platzierte. Ein erstes Versuchsflugzeug zeigte tatsächlich gute Flugleistungen und hohe Manövrierfähigkeit. Das größere Serienflugzeug XF5U kam jedoch über kurze Hüpfer nicht hinaus und die Entwicklung wurde schließlich zugunsten von Strahlflugzeugen aufgegeben.

Tipps für eigene Beobachtungen

Die aerodynamischen Nachteile runder Flugzeuge erscheinen zunächst überraschend, wenn man die guten Flugeigenschaften eines Diskus oder einer Frisbee-Scheibe betrachtet. Diese Wurfscheiben rotieren aber im Flug, so dass die Drehimpulserhaltung die Bewegung stabilisiert und die Scheiben am Kippen hindert. Versuchen Sie, eine Frisbee-Scheibe (oder einen runden Bierdeckel) so zu werfen, dass sie nicht in Drehung versetzt wird, zum Beispiel mit zwei Händen. Werfen Sie dann mit etwa gleicher Kraft normal, also mit einer Drehung aus dem Handgelenk, und vergleichen Sie über mehrere Versuche die Flugbahn und die Reichweite.

Was würde dies für bemannte Flugscheiben bedeuten, deren Insassen vermutlich im Flug nicht rotieren möchten? Da ein Luftfahrzeug aufgrund der erforderlichen Lenkkräfte, die ein Insasse ja auch unbeschadet überstehen können muss, seine Richtung ohnehin nur allmählich ändern kann, welchen Vorteil hätte eigentlich ein kreisförmiges Luftfahrzeug gegenüber heute üblichen Formen? Warum bauen wir keine kreisförmigen Autos?

Das historische Experimentalflugzeug, das den Vorstellungen einer Flugscheibe wohl am nächsten kommt und daher von Reichsflugscheiben-Gläubigen bis heute gerne zitiert wird, ist die amerikanisch-kanadische VZ-9 Avrocar. Das Ende der 1950er Jahre entwickelte Flugzeug war tatsächlich ein kreisrunder Senkrechtstarter. Eine senkrechte Turbine in der Mitte saugte Luft von oben an, die dann über drei kleine Triebwerke geleitet und rund um den Rand der Scheibe nach unten ausgestoßen wurde. Dieser Luftstrom entlang der Außenhaut der Scheibe sollte weitere Luft aus der Umgebung mitziehen (sogenannter Coandă-Effekt) und so die Position des Gefährts in der Luft stabilisieren. Ein kompliziertes System steuerbarer Düsen musste die Funktion von Rotorblattneigung und Heckrotor bei einem konventionellen Hubschrauber ersetzen. Bei einer Bewegung in der Horizontalen verschoben sich zudem die Strömungen an der Unterseite, die die Scheibe eigentlich stabilisieren sollten, so dass der Auftrieb vorne größer wurde als hinten. Solange die Avrocar nahe am Boden auf einer Art Luftkissen schwebte, ließen sich die resultierenden Bewegungen nach einigen Umbauten an der Steuerung der ausströmenden Luft noch halbwegs ausgleichen, bei Geschwindigkeiten über 50 Stundenkilometern oder Flughöhen über einem Meter geriet die Maschine aber ins Kippen. Angesichts dieser höchst bescheidenen Flugleistungen wurde das Projekt 1961 aufgegeben.

Seit den 1980er Jahren arbeitet die kalifornische Firma Moller an der Entwicklung eines einsitzigen scheibenförmigen Senkrechtstarters, der mit acht senkrechten Gebläsen vage an den Entwurf von Andreas Epp erinnert. Mit intelligenter Computersteuerung hat diese Entwicklung möglicherweise tatsächlich eine Chance, im Flug nicht umzukippen. Ein marktfähiges Ergebnis war aber 2018 noch nicht in Sicht. Einsatzfähige Senkrechtstarter hingegen sind heute entweder Hubschrauber, als Sonderfall auch mit nach vorne kippbaren Rotoren, oder sie haben die gewöhnliche Form starrflügeliger Flugzeuge, und im Schwebeflug wird der Schub über mehrere einzeln steuerbare Auslassdüsen geleitet, um die Lage des Flugzeugs zu stabilisieren.

Nachdem sich über die Jahrzehnte immer wieder Entwickler, von Einzelgängern bis zu Weltkonzernen, an der Idee scheibenförmiger Fluggeräte versucht haben, muss man vermutlich akzeptieren, dass Flugscheiben auf der Basis heutiger Technologien einfach keine gute Idee sind. Heutige Hubschrauber und starrflügelige Flugzeuge sind Ergebnisse eines Optimierungsprozesses, der schon mehr als 70 Jahre andauert. Eine Vielzahl von Sackgassen wurde dabei bereits durchprobiert. Grundsätzliche Innovationen, wie zuletzt Tarnkappenflugzeuge und Drohnen, sind vielleicht aufgrund neuer Technologien oder neuer Aufgaben zu erwarten, ganz sicher aber nicht mit Technologie aus dem Zweiten Weltkrieg.

Vor diesem ernüchternden Hintergrund scheint sich ein großer Teil der späteren Reichsflugscheiben-Verfechter gänzlich von den Grenzen heutiger Antriebs- und Auftriebstechnologien und schließlich auch von den Grenzen der Physik und der Vernunft verabschiedet zu haben.

Der Ausgangspunkt dafür scheint ein 1970 im Selbstverlag erschienenes Buch mit dem Titel *Deutscher Raumflug ab 1934 – Ein unbequemes Buch* zu sein, aus dem selbst Ernst Zündel nur mit vorsichtiger Distanzierung zitiert. Der Autor soll in einem Schreiben an Zündel behauptet haben, „der Führer" hätte ihm persönlich uneingeschränkte Vollmachten erteilt. In der Art eines Kindes, das seine Phantasieraumschiffe aufmalt, präsentiert er in dem Buch primitive Skizzen von Flugscheiben und raketenähnlichen Objekten und schreibt ihnen physikalisch unmögliche Eigenschaften zu. Sie sollen von der Erde „lautlos in den Weltraum" starten, sich mit 1200-facher Schallgeschwindigkeit, mit „absoluter Lichtgeschwindigkeit" oder gar mit dreifacher Lichtgeschwindigkeit bewegen. Belege für diese Behauptungen enthält das Buch nicht und auch keine Erklärungen, wie die „Sonnenstrahl-Triebwerke" funktionieren sollen, die diese Leistungen vollbringen. Nach der Relativitätstheorie kann kein Objekt Geschwindigkeiten über der Lichtgeschwindigkeit erreichen. Natürlich könnte auch die Relativitätstheorie falsch sein, aber gerade deshalb wäre der Beweis dafür, der experimentelle Nachweis eines solchen Objekts, sei es auch nur eines einzigen Elementarteilchens, ein sicherer Weg zum Nobelpreis. Dennoch wurde in inzwischen 100 Jahren Forschung immer wieder nach solchen Teilchen gesucht und nie eines entdeckt. Gefunden hat man vielmehr, was die Relativitätstheorie vorhersagt: Je mehr sich ein Objekt der Lichtgeschwindigkeit nähert, desto größer wird seine Masse und desto mehr Energie braucht man, um es noch weiter zu beschleunigen. Selbst die gesamte Energie des Universums würde also nicht ausreichen, um eine der abgebildeten Raketen auf „absolute Lichtgeschwindigkeit" zu beschleunigen.

Andere Schriften aus den 1970er Jahren, in denen angebliche Nazi-Flugscheiben eine Rolle spielen, beschreiben nach wie vor hubschrauberähnliche Konstruktionen, wie sie schon in den Zeitungsartikeln über Schriever dargestellt waren. Das ändert sich in den 1980er Jahren, in den Publikationen der Hugin-Gesellschaft, in denen der „reichsdeutschen Flugscheibenmacht" von Buch zu Buch immer phantastischere Fähigkeiten angedichtet werden. Schließlich wird behauptet, sie könnten auch außerhalb der Erdatmosphäre operieren und bis zum Mond fliegen. Ein solcher Raumflug wäre auf Basis von Schrievers Hubschraubertechnologie logischerweise nicht möglich, weil ein Hubschrauber seinen Auftrieb erzeugt, indem der Rotor die Umgebungsluft nach unten beschleunigt. Auch Flugscheiben, die nach dem Prinzip einer Flugzeugtragfläche funktionieren, wären dafür auf die Erdatmosphäre angewiesen.

Als Quelle der angeblich alle heutige Physik übersteigenden Technik der Flugscheiben führen die Autoren der Hugin-Gesellschaft ein merkwürdiges

Gemisch an aus christlicher Gralssage, altindisch-„arischer" Mythologie, der Vorstellung von einer hohlen Erde und von Kontakten mit untergegangenen oder außerirdischen Kulturen. In diesen sich meist offen zum Nationalsozialismus bekennenden Büchern tauchten auch erstmals die angeblich von der SS stammenden Entwürfe verschiedener „weltraumfähiger" Flugscheiben auf, die sich später in vielen anderen Büchern wiederfanden und auf denen auch der erwähnte Revell-Bausatz basiert.

Fast alle späteren Flugscheibenautoren, darunter auch van Helsing, übernehmen Vorstellungen aus den Hugin-Büchern. Die bereits erwähnten angeblichen Flugscheibenentwickler Belluzzo, Schriever, Miethe, Klein, Habermohl, Epp und Schauberger verschmelzen in diesen Erzählungen zu einer geheimen Entwicklungsabteilung der SS. Tatsächlich hatten jedoch Belluzzo, Schriever und Epp ausdrücklich erklärt, ihre Entwürfe unabhängig von irgendwelchen Regierungsstellen gemacht zu haben, während bei Miethe, Klein und Habermohl fraglich ist, ob es sich überhaupt um reale Personen handelt. Diese Entwicklungsabteilung soll mit einer geheimnisvollen Vril-Gesellschaft zusammengearbeitet haben, die ihre Erkenntnisse durch mediale Fähigkeiten von Außerirdischen erhielt. Der Begriff Vril bezeichnet dabei eine fiktionale Naturkraft, die ihren Ursprung in dem 1871 erschienenen Science-Fiction-Roman *The Coming Race* von Edward Bulwer-Lytton hat. Neben Schaubergers angeblich genialen Erkenntnissen dient Vril als Pauschalerklärung dafür, dass das Funktionieren der Wundertechnik in den Flugscheiben in den meisten dieser Texte einfach vorausgesetzt, aber nicht einmal im Ansatz erklärt wird.

Einer der wenigen Texte, die überhaupt den Versuch einer Erklärung für die behaupteten Fähigkeiten der Flugscheiben machen, ist ein Buch über *Geheime Wunderwaffen* aus der Hugin-Reihe, erschienen im Jahr 1985. Dem Buch vorangestellt ist ein Zitat des Hitler-Stellvertreters Heß und in der Quellenangabe dazu werden die nach den Nürnberger Prozessen 1946 hingerichteten Kriegsverbrecher als „Märtyrer" bezeichnet. Das Buch erklärt unumwunden, um den Antriebsmechanismus zu erklären, müssten weite Teile des physikalischen Schulwissens, „das z.T. ohnehin nur auf Theorien basiert", in Frage gestellt werden. Dass der Begriff der Theorie in der Wissenschaft die verlässlichste Form von Wissen bezeichnet, die die Menschheit überhaupt erlangen kann, war dem Autor offenbar nicht bekannt. Dementsprechend enthalten auch seine inhaltlichen Ausführungen Defizite im Verständnis grundlegender physikalischer Zusammenhänge, die jeden Physiklehrer einer Hauptschule zur Verzweiflung treiben würden. So lehnt er zwar die von wiederum einem anderen Autor behauptete Vorstellung als „zu einfach" ab,

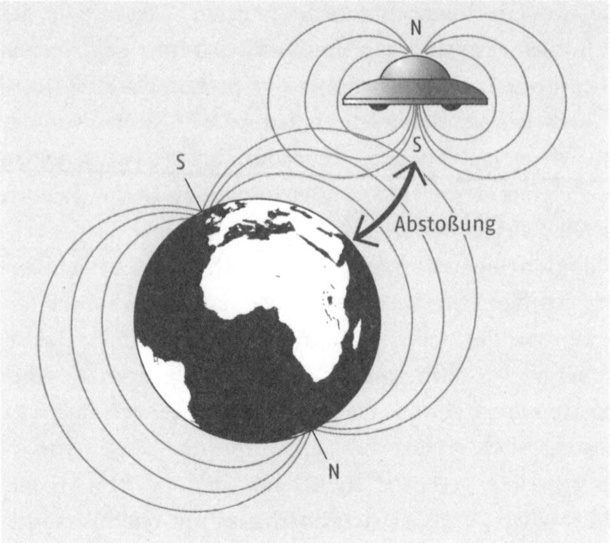

Abb. 21 Skizze nach dem Buch *Geheime Wunderwaffen III*. Ein Ansatz, der im Buch ernsthaft diskutiert wird, ist das Schweben einer magnetischen Flugscheibe im Erdmagnetfeld.

Flugscheiben könnten als starke Elektromagnete im Erdmagnetfeld schweben, begründet dies aber mit der falschen Vorstellung, zwischen Erd- und Elektromagnetismus gebe es einen grundlegenden Unterschied. Die Erde mit den Strömungen flüssigen Eisens in ihrem Inneren ist nichts weiter als ein riesiger Elektromagnet. Tatsächlich ist das Erdmagnetfeld aber einfach viel zu schwach, um ein Objekt zu bewegen, geschweige denn zum Schweben zu bringen, das deutlich massiver als eine Kompassnadel ist. Die Vorstellung von einer magnetischen Flugscheibe, die im Erdmagnetfeld schweben kann, hat jedoch noch ein anderes Problem:

Tipps für eigene Beobachtungen

Stellen Sie die in Abb. 21 skizzierte Anordnung von Flugscheibe und Erdmagnetfeld mit einem kleinen und einem großen Stabmagneten nach. Ist es möglich, die Flugscheibe anders als genau über einem magnetischen Pol stationär zum Schweben zu bringen, ohne dass sie umkippt und zu einem der Pole gezogen wird?

Können Sie mit den Magneten eine Kraft des Erdmagnetfelds spüren? Wie viel stärker müsste der Magnet eines tonnenschweren Flugobjekts sein, um durch diese Kräfte schweben zu können? Bei Magnetschwebebahnen enthalten sowohl die Schiene als auch das Fahrzeug starke Magnete und ihre „Flughöhe" beträgt nur Zentimeter.

Die Erklärung, die der Autor des Wunderwaffen-Buchs selbst liefert, ist allerdings noch naiver und physikalisch noch absurder: Unter Berufung auf Schauberger erklärt er, die Gewichtskraft eines Gegenstands sei nicht durch die Erdanziehung verursacht, sondern durch das umgebende Medium. Als Beleg verweist er darauf, dass ein Ei in normalem Leitungswasser zu Boden sinkt, in Salzwasser aufgrund von dessen höherer Dichte aber schwimmt. Das über 2200 Jahre alte Archimedische Prinzip, dass der Auftrieb in einem dichteren Medium einfach nur durch die Erdanziehung des verdrängten Mediums verursacht wird, hat der Autor offensichtlich nicht verstanden. So argumentiert er, eine Flugscheibe könne schweben, indem sie die Dichte der umgebenden Luft erhöht. Wie sie das tun soll, erklärt er nicht, und ihm ist offenbar auch nicht klar, dass sie dazu auch die Dichte der gesamten Luft darunter vervielfachen müsste, damit die umgebende Luft nicht einfach mit der Scheibe herunterfällt. Der dadurch extrem angestiegene Luftdruck am Boden unter der Flugscheibe hätte aber verheerende Folgen für alles, was in diesem Bereich lebt.

Im luftleeren Raum würde so etwas natürlich ohnehin nicht funktionieren. Damit die Reichsflugscheiben wie behauptet auch ins All fliegen können, muss der Raum außerhalb der Erdatmosphäre nach dem Wunderwaffen-Buch also „von höchster Dichte sein“, weil es dort so kalt ist. So wird auch die Schwerelosigkeit von Astronauten innerhalb Raumstationen erklärt, obwohl sie dort ja gerade nicht vom kalten Weltraum, sondern von der zimmerwarmen Luft der Station umgeben sind. Tatsächlich erlebt man innerhalb einer Raumstation einfach deshalb Schwerelosigkeit, weil sie sich auf einer Umlaufbahn befindet, die sich durch die Erdanziehung ergibt. Die Raumstation ist also sozusagen ständig im freien Fall um die Erde und der Astronaut in der Station fällt einfach mit gleicher Geschwindigkeit mit.

Ebenfalls unter Berufung auf Schauberger will der Wunderwaffen-Autor auch das Problem der Energieversorgung der Flugscheiben geklärt haben. So heißt es: „Wir schwimmen also in einem unvorstellbaren Meer von kostenloser und leicht anzuzapfender Energie, die an jedem Punkt der Erde, in der Luft, wie im Weltraum genutzt werden könnte.“ Dieser Begriff der sogenannten freien Energie wird von Autoren üblicherweise dann benutzt, wenn sie die Existenz eines Perpetuum mobile behaupten, diesen in der Öffentlichkeit weitgehend diskreditierten Begriff aber vermeiden wollen. Genutzt wird diese Energie laut dem Autor durch ein Gerät, das er als Tachyonen-Konverter bezeichnet. In typischem Verschwörungsdenken muss diese Wunderenergie natürlich von der „Energie-Mafia“ unterdrückt werden. Tatsächlich handelt es sich hier jedoch einfach um Schlagworte, die der Physik entnommen und zweckentfremdet wurden, ohne ihren Sinn zu verstehen. Als Tachyonen bezeichnet man gedachte Teilchen, die sich schneller als das Licht bewegen würden. Wie schon erwähnt, werden solche Teilchen seit 100 Jahren gesucht. Wie man die nicht existierenden Teilchen zu Energie konvertieren will, erklärt das Buch nicht und zitiert stattdessen die genauso unbewiesenen Behauptungen anderer Verschwörungsgläubiger.

Realistisch-naturwissenschaftlich betrachtet sieht es also weder für eine Nazi-Basis in Neuschwabenland noch für die angeblich von dort operierenden Flugscheiben sonderlich gut aus. Die vorgebrachten Beweise beschränken sich für Neuschwabenland auf einige angeblich verschwundene U-Boote und für die Reichsflugscheiben auf Sichtungen unidentifizierter Objekte am Himmel.

Bei der Frage, ob die von Verschwörungsgläubigen behaupteten Sachverhalte überhaupt möglich sind, muss man die Veränderungen ihrer Thesen über die Jahrzehnte berücksichtigen. Beide Mythen haben ihren Ursprung in typischen Gerüchten der Nachkriegszeit, die im Lauf der Jahrzehnte über Zeitungsberichte und propagandistische Bücher immer weiter aufgebläht wurden. Je offensichtlicher die technischen Ungereimtheiten in den Erzählungen wurden, desto mehr wurden diese Ungereimtheiten mit übernatürlichen, außerirdischen oder mythologischen Behauptungen umgangen. In der Sache sind diese Behauptungen nach experimentell prüfbaren wissenschaftlichen Erkenntnissen eindeutig falsch.

Wer sich also Sorgen um eine mögliche Rückkehr des Nationalsozialismus macht, sollte sich vielleicht lieber Gedanken um die eigene Nachbarschaft machen als nach Flugscheiben aus Neuschwabenland Ausschau zu halten.

Ist die Erde hohl oder flach –
oder vielleicht beides?

„Die *Flat Earth Society* hat Freunde rund um die Welt." Es dürfte sich nicht mehr klären lassen, ob das legendäre Facebook-Posting der amerikanischen Anhänger der Flache-Erde-Theorie nun Ironie, eine bizarre Fehlleistung oder schlicht eine Fälschung von skeptischen Spöttern war. Inzwischen ist es auf der Facebook-Seite jedenfalls nicht mehr auffindbar. Allerdings schreibt die Vereinigung auch Mitte 2018 auf ihrer Homepage über die Erde, es gebe Beweise für die Flachheit „des Planeten"[267], obwohl die gleiche Organisation an anderer Stelle schreibt, die Erde sei kein Planet, sondern der Mittelpunkt des Sonnensystems[268]. Das Ziel der *Flat Earth Society*, die regelmäßig ihre eigene Ernsthaftigkeit betonen muss, besteht darin, Menschen zu überzeugen, dass die Erde eine Scheibe ist, deren Kugelform uns von einer Verschwörung internationaler Wissenschaftler und Regierungen vorgetäuscht wird.

Die *Hollow Earth Research Society* verbreitet Bücher, in denen die Erde als eine Hohlkugel dargestellt wird, in deren Innerem uns unbekannte Kulturen und Spezies, darunter eine „Herrenrasse" leben. Zu diesen Büchern zählt auch ein angebliches geheimes Tagebuch des Polarforschers und US-Admirals Richard Byrd. Darin soll der Entdecker beschreiben, wie er im Rahmen von Operation *Highjump* mit einem Flugzeug durch eine Öffnung am Südpol ins Innere der Erde gelangt und dort tausende von Kilometern über warme, blühende Landschaften geflogen sei. Erhalten haben will der amerikanische Gründer der Gesellschaft das Buch von einem deutschen Offizier, der auf U-530 nach Neuschwabenland gefahren sein soll. Das moderne Konzept der hohlen Erde ist also auch außerhalb Deutschlands eng mit dem Neuschwabenland-Mythos verbunden. Vorstellungen von einer unterirdischen Welt in Form von Gängen und Kammern oder auch eines riesigen Hohlraums reichen jedoch weit in die Geschichte zurück und finden sich zum Beispiel als Totenreich in der Unterwelt in der griechischen Mythologie. Eine Hohlwelt mit einem inneren Planeten und der Innenseite der Erdkruste als Firmament findet sich im 1741 erschienenen *Niels Klims unterirdische Reisen* des dänischen Frühaufklärers Ludvig Holberg.[269] Schon ein halbes Jahrhundert zuvor war eine ähnliche Vorstellung als ernsthafte wissenschaftliche These vom britischen Astronomen Edmond Halley vertreten worden.[270] Die großen Öffnungen rund um den Nord- und Südpol fanden sich 1818 in einer Publikation des amerikanischen Offiziers John Cleves Symmes.[271]

Vordergründig haben die Vorstellungen von einer flachen Erde mit der einer hohlen Erde wenig gemeinsam und stehen vielmehr im klaren Widerspruch zueinander. Bei einigen heutigen Verschwörungsautoren finden sich jedoch beide Thesen gleichberechtigt nebeneinander und mit Verweis darauf, dass ja beide darin übereinstimmten, die Kugelform der Erde werde uns nur vorgetäuscht.[272] Mitunter wird auch eine kugelförmige Erde als mehr oder weniger beliebiges drittes „Weltbild" akzeptiert.[273]

Tatsächlich wird sich im Folgenden zeigen, dass hohle und flache Erde physikalisch ähnliche Probleme aufweisen. Die vorgebrachten Belege unterscheiden sich jedoch auch von der Struktur her deutlich, so dass sie separat betrachtet werden müssen.

Ist die hohle Erde nur eine Erfindung hohler Köpfe?

Als Edmond Halley 1692 die Idee verbreitete, die Erde sei hohl, argumentierte er tatsächlich naturwissenschaftlich: Ausgehend von einem Wert für die Masse des Mondes, den Isaac Newton berechnet hatte, errechnete Halley, dass das Material des Mondes eine viel höhere Dichte haben müsse als das der Erde. Mit der Annahme, dass beide Himmelskörper eigentlich aus ähnlichem Material bestehen müssten, folgerte er, in der Erde müsse es einen riesigen Hohlraum geben, der den Unterschied erklärt. Tatsächlich war einfach Newtons Mondmasse falsch: Sie basierte auf Messungen von Ebbe und Flut an der Küste, wo die Höhe der Gezeiten durch den Einfluss von Küstenlinie und Meeresgrund verfälscht wird. Halley aber zweifelte lieber an der Form der Erde als an den Ergebnissen des von ihm verehrten Newton.

1913 unternahm der Amerikaner Marshall B. Gardner noch einen Versuch, eine hohle Erde mit einer kleinen Sonne in der Mitte naturwissenschaftlich zu belegen.[274] Darin erklärte er unter anderem die hellen Polkappen des Mars zu Öffnungen, aus denen dessen innere Sonne herausscheine. Außerdem verdrehte er die Erkenntnisse damaliger Polarexpeditionen. Zu jener Zeit haben möglicherweise einige seiner Ideen nicht ganz so lächerlich geklungen wie beim heutigen wissenschaftlichen Erkenntnisstand, aber seine Vorstellungen von Planetenentstehung zeigen deutlich, dass er das Wirken der Schwerkraft ebenso wenig verstanden hatte wie den fundamentalen Unterschied zwischen planetarischen Nebeln und massiven Objekten.

Bei modernen Verfechtern einer hohlen Erde sind naturwissenschaftliche Argumentationen deutlich seltener zu finden. Die *Hollow Earth Research Society* beruft sich in erster Linie auf Informationen aus „geistigen Reisen" und Kontakte zum reichsdeutschen Neuschwabenland.

Der Autor des Reichsbürger-Blogs *BRD-Schwindel* beruft sich in einem Video neben Gardners Buch vor allem auf angebliche NS-Unterlagen, die von Reisen in die hohle Erde berichten sollen. Außerdem zitiert und empfiehlt er die Dokumentarkomödie *Die Mondverschwörung*, offenbar ohne zu merken, dass dieser Film vor allem die Absurdität derartiger rechtsesoterischer Gedankenwelten aufzeigen soll.

Im gleichen Reichsbürger-Video kommt auch ein Ausschnitt aus einem Vortrag vor, in dem als Beleg für die hohle Erde Aufnahmen der Erdoberfläche von unterschiedlichen Satelliten gezeigt werden, die alle eines gemeinsam haben: Die Pole sind nicht zu erkennen. Hier, so der Referent, würden offensichtlich die Öffnungen der hohlen Erde von den Weltraumagenturen absichtlich verborgen. Warum sollten auf den Satellitenaufnahmen sonst die Pole nicht zu sehen sein?

Dafür gibt es tatsächlich einen sehr einfachen Grund: Satelliten bewegen sich nicht beliebig um die Erde, sondern auf weitgehend konstanten Kreis- oder Ellipsenbahnen. Mittelpunkt der Kreisbahn oder ein Brennpunkt der Ellipsenbahn ist dabei immer der Schwerpunkt der Erde. Nur so brauchen Satelliten während des Betriebs keinen ständigen Antrieb. Die wohl bekannteste Bahn ist die geostationäre Umlaufbahn, bei der ein Satellit sich genau mit der Erdrotation mitbewegt. Von der Erde betrachtet steht der Satellit dabei in rund 38 000 Kilometern Höhe an einem festen Punkt über dem Äquator. Hierzu gehören zum Beispiel die Meteosat-Wettersatelliten sowie die Rundfunksatelliten der Astra-, Hotbird oder Türksat-Reihen. Ein Satellit, der ständig über dem Äquator steht, kann aber logischerweise niemals die Pole abbilden.

Für Landvermessungs- oder Forschungssatelliten, die die ganze Erde mit hoher Genauigkeit abbilden sollen, ist eine solche feste Position am Himmel in extrem großer Höhe logischerweise ungeeignet. Das exakte Gegenteil einer Satellitenbahn über dem Äquator wäre eine Bahn, die 90 Grad zum Äquator geneigt direkt über die Pole führt. Dabei dreht sich die Erde unter der Bahn des Satelliten, während dieser den Erdmittelpunkt umkreist. Jedes Mal, wenn der Satellit wieder den Äquator überquert, hat sich die Erde darunter ein Stück weitergedreht. Ein solcher Satellit überfliegt also beide Pole bei jeder Umlaufbahn, jeden anderen Punkt der Erde aber nur, wenn sich die Bahn des Satelliten und der sich um die Erdachse drehende Punkt am Boden gerade treffen. Er verbringt also erheblich mehr Zeit über den Polen als irgendwo sonst – aber die Pole sind für die meisten Satellitenaufgaben ziemlich uninteressant. Dort halten sich kaum Menschen auf und das arktische Meer sowie der antarktische Kontinent sind ganzjährig von Eis bedeckt, so dass es auch wenig zu sehen gibt. Wenn man nicht explizit Polarforschung betreiben will, nutzt man die Betriebszeit des Satelliten also effizienter, wenn man seine Bahn um weniger als 90 Grad zum Äquator neigt. Ein Satellit, der die Pole nicht bei jeder Umlaufbahn überfliegt, überfliegt sie aber nie. Daher liefern viele typische Landvermessungssatelliten wie Landsat oder die tieffliegenden Wettersatelliten der amerikanischen NOAA keine Aufnahmen in unmittelbarer Nähe von Nord- und Südpol. Dass die aus vielen Einzelaufnahmen unterschiedlicher Satelliten zusammengesetzten Bilder von Google Earth (inzwischen sehr kleine) blinde Flecken an den Polen aufweisen, dürfte hingegen eher ein Problem der Projektion sein.

Gleichzeitig stürzen sich die Hohle-Erde-Anhänger auf beliebige offene Diskussionspunkte in der Geophysik über Strukturen in der Erdkruste.[275] Hierzu gehören zum Beispiel einige sogenannte *bright spots*, an denen Erdbebenwellen in der Tiefe unerwartet stark gestreut werden. Solche Effekte entstehen an Grenzschichten zwischen unterschiedlichen Gesteinsarten oder an dünnen Flüssigkeitsfilmen im Gestein und sind geologisch interessant, aber nicht sonderlich rätselhaft.[276] Bei dieser Argumentation geht es jedoch lediglich darum, den Anschein zu erwecken, die seriöse Wissenschaft hätte das Erdinnere auch nicht verstanden, denn auf Hohlräume oder gar eine große hohle Innenerde deuten solche Signale eben gerade nicht hin.

Als naturwissenschaftlich klingender Beleg taucht bei Hohle-Erde-Autoren gelegentlich ein sogenanntes Pendulum-Experiment auf, das 1901 in Frankreich durchgeführt worden sein soll. Zwei Gewichte sollen als Lote in einen tiefen Bergwerksschacht herabgelassen worden sein, um nachzuweisen, dass sich die Lote bei Annäherung an den Erdmittelpunkt einander nähern. Entdeckt worden sei jedoch das Gegenteil. Mit zunehmender Tiefe hätten sich die Lote voneinander entfernt – somit könne die Erde kein massiver Körper sein.

Die Geschichte hat einige Schönheitsfehler. Erstens taugt sie keineswegs als Beleg für eine hohle Erde, denn bei einer symmetrischen hohlen Erde läge der Schwerpunkt, auf den die Lote zulaufen, ebenso in der Mitte wie bei einer massiven Erde. Selbst bei einer unsymmetrischen Höhlung in der Erde müssten die Lote auf irgendeinen gemeinsamen Schwerpunkt zulaufen. Zweitens sind zu dem mysteriösen französischen Experiment keine Quellen angegeben, so dass sich nicht nachvollziehen lässt, was dort tatsächlich gemessen worden sein soll. Dokumentiert ist, dass es von 1901 bis 1916 eine Reihe ähnlicher Experimente in einem Schacht der *Tamarack Mine* im US-Bundesstaat Michigan gab, die möglicherweise in der Nacherzählung irgendeines späteren Autors irrtümlich nach Frankreich verlegt wurden. 1901 berichtete eine

Lokalzeitung über ein solches Experiment, bei dem die Lote in der Tiefe tatsächlich mehr als zwei Zentimeter weiter voneinander entfernt waren als ihre Aufhängungen 1300 Meter darüber.[277] Bei etwas über fünf Metern Abstand an der Erdoberfläche hätte die Annäherung an den Erdmittelpunkt jedoch nur ungefähr einen Millimeter Abstand ausgemacht, was man bei dieser Anordnung kaum hätte messen können. Nach Spekulationen über magnetische Effekte oder Schwankungen in der Schwerkraft des umliegenden Gesteins wiederholte man das Experiment mehrfach mit Gewichten aus anderen Materialien und in anderen Schächten desselben Bergwerks und erhielt immer wieder andere Ergebnisse. Schließlich stellte man fest, dass die Ergebnisse solcher Messungen stark von der Belüftung des Bergwerks abhingen.[278] Die Gewichte wurden also schlicht durch den Luftzug im Schacht bewegt, der auf die langen Drahtseile wirkte – womit auch dieser „Beweis" für die hohle Erde sozusagen durch den Schornstein geht.

Bei der Frage, ob die Hohle-Erde-Erzählung, wenn schon nicht bewiesen, dann vielleicht doch wenigstens möglich sein könnte, muss man wie in den vorherigen Kapiteln zunächst festlegen, welche Form der Erzählung eigentlich gemeint ist. Einige Autoren schreiben anstelle einer tatsächlich hohlen Erde von einer Innenerde in Form unterirdischer Gänge und Kammern. Da in der Erdkruste Höhlen und heutzutage auch Bergwerke existieren, wäre ein solches unterirdisches Stollensystem physikalisch offensichtlich denkbar. Die Frage wäre dann eher ganz praktisch, wie Menschen in diesen finsteren Stollen überleben, woher sie Nahrung und Energie beziehen sollten. Zumindest größere Gangsysteme oder Kammern in geringeren Tiefen sollten sich mit heutiger geophysikalischer Technik auch durchaus aufspüren lassen, so dass der Wert als sicheres Versteck deutlich nachließe.

Autoren, die ausdrücklich von einer hohlen Erde schreiben, meinen damit aber in der Regel, dass unsere Erde tatsächlich nur ein Schale sei, in deren Innerem sich ein einzelner großer Hohlraum öffnet. Bei der Frage, was sich in diesem Hohlraum befindet und ob Menschen dort an der Innenseite der Schale, auf einer zentralen inneren Erde oder auf einem um eine zentrale Innensonne kreisenden Planeten leben, unterscheiden sich die Texte dann schon wieder deutlich. Alle diese Vorstellungen haben aber ein zentrales Problem: die Schwerkraft.

Schwerkraft lässt sich nicht abschirmen, und sie kann auch keine negativen Werte annehmen – die Schwerkraft gleich schwerer Objekte in gleichem Abstand aus entgegengesetzten Richtungen kann sich allerdings aufheben. Auf der Innenseite einer Hohlkugel würde man also nicht von innen zur Schale hingezogen, sondern sie Anziehungskräfte aus allen Richtungen würden sich aufheben, und man wäre schwerelos. Das größte Problem der hohlen Erde wäre aber ein anderes: Die Schwerkraft würde ja auch auf die Schale selbst wirken. Nimmt man eine äußere Schale von in entsprechenden Schriften häufig genannten 1500 Kilometern an, mit der Dichte von typischen Tiefengesteinen wie Granit, dann müsste die Decke des darunter liegenden Hohlraums pro Quadratmeter das Gewicht von 4,2 Milliarden Kilogramm Gestein tragen. Tatsächlich müsste die Dichte des Gesteins sogar noch höher sein, um die Masse der Erde trotz des riesigen inneren Hohlraums erklären zu können. Selbst wenn die Schwerkraft zum Hohlraum hin abnähme, würden die resultierenden Gewichtskräfte jede Vorstellungskraft übersteigen. Über den tiefsten bekannten Höhlen liegen gut zwei Kilometer Gestein, aber die Kammern dieser Höhlen sind überschaubar groß, und ihre Decken haben in der Regel die gerundete oder spitze Form eines Gewölbes. Dies führt dazu, dass die Gewichtskraft des darüber liegenden Gesteins auf die Seitenwände übertragen wird und das Material der Decke vom Gewicht des darüber liegenden Gesteins fast nur zusammengepresst wird, was die meisten Gesteine gut aushalten können. Bei seitlichen Kräften oder Zugkräften brechen sie wesentlich leichter. Die Decke der hohlen Erde hätte jedoch keine Seitenwände, auf die die Gewichtskraft übertragen werden könnte. Millionen Tonnen Gestein müssten als ein riesiges Gewölbe in der Größe der gesamten Erde über tausende von Kilometern frei getragen werden.

Kurz gesagt, damit eine hohle Erde überhaupt existieren könnte, müsste alles falsch sein, was wir über die Schwerkraft wissen, von Newtons Gravitationsgesetz bis zur allgemeinen Relativitätstheorie. Anderenfalls müsste die äußere Hülle einfach unter ihrem eigenen Gewicht kollabieren, so dass ein kleinerer, aber massiver Himmelskörper entstünde. Tatsächlich ist es kein Zufall, dass nur relativ kleine Himmelskörper wie der Asteroid Juno, der von der Rosetta-Sonde erkundete Komet Tschurjumow-Gerassimenko oder der Saturnmond Phoebe ungleichmäßige Formen haben. Ab einer gewissen Masse, die einem Durchmesser von einigen hundert Kilometern entspricht, zwingt die eigene Schwerkraft selbst massives Gestein in eine Kugelform, zum Beispiel bei dem größeren Saturnmond Enceladus oder dem Zwergplaneten Ceres. Die Schwerkraft ist auch in vielerlei Hinsicht sehr gut erforscht, von der winzigen Massenanziehung zwischen zwei nebeneinander hängenden Gewichten bis zum Einfluss großer Massen auf den Weg des Lichts, den die allgemeine Relativitätstheorie vorhersagt und der erstmals 1919 nachgewiesen wurde. An einer Verschwörung, um eine hohle Erde zu verschweigen, müssten also nicht nur zigtausende Geophysiker und Geologen, sondern auch praktisch alle Astrophysiker und Astronomen weltweit beteiligt sein.

Dieses grundlegende Problem mit zentralen Erkenntnissen der Physik, vor allem über die Schwerkraft, verbindet die Idee einer hohlen Erde mit einer noch abseitiger anmutenden Verschwörungsbehauptung, die dennoch überzeugte Anhänger hat: Die Erde, so heißt es, sei tatsächlich eine Scheibe.

Flacher gehts nicht: Die Erde ist eine Scheibe

Der international bekannte US-Rapper B.o.B, Bobby Ray Simmons, startete 2017 eine Crowdfunding-Kampagne, um Wetterballons und Satelliten zu kaufen, die den Horizont fotografieren und damit zeigen sollten, ob die Erde rund oder flach ist. Von den angestrebten 1 Million Dollar kamen nach rund einem Jahr jedoch nicht einmal 7000 Dollar zusammen.[279] In dem Titel *Flatline*, benannt nach dem flachen Horizont als Beweis für die flache Erde, bezeichnet er die Wissenschaft als Lügen verbreitenden Kult und wirbt für den Holocaustleugner David Irving.[280] Ganz so weit lehnt sich der deutsche Popsänger Xavier Naidoo nicht aus dem Fenster, aber auch er soll mehrfach in Gesprächen mit Kollegen ein Lineal gezückt haben, um mit Blick auf den Horizont zu zeigen, dass die Erde eine Scheibe sei.[281] Auch einige Profisportler haben sich öffentlich zur Idee einer flachen Erde bekannt, darunter die US-Basketballstars Shaquille O'Neal, Kyrie Irving und Wilson Chandler.[282]

Bei den dabei vorgebrachten angeblichen Beweisen spielt ein Lineal immer wieder eine zentrale Rolle: Nach Ansicht der meisten Flacherdler muss die Erde einfach deshalb flach sein, weil sie flach aussieht. So werden immer wieder Bilder der flachen Wasseroberfläche in einem Glas oder einem See mit der konvexen Form der Ozeane auf einem Globus verglichen, die dementsprechend nicht stimmen könne. Wie groß die Erde tatsächlich ist und wie unsichtbar gering dementsprechend die Krümmung der Wasseroberflächen in einem menschlichen Sichtfeld ist, können Flache-Erde-Gläubige sich offenbar einfach nicht vorstellen.

Davon abgesehen findet man zum Beispiel bei der *Flat Earth Society* an naturwissenschaftlichen Belegen vor allem Behauptungen, man habe an bestimmten Stellen über Wasserflächen Objekte gesehen oder fotografiert, die auf einer kugelförmigen Erde angeblich hinter dem Horizont hätten liegen müssen. Die aufgeführten Beispiele stammen überwiegend aus der Gründungszeit der Vereinigung im 19. Jahrhundert. Aus den vorgelegten Beschreibungen und Skizzen ist daher kaum nachvollziehbar, wie authentisch die behaupteten Beobachtungen sind und welche Fehler dabei möglicherweise aufgetreten sind. Auffällig ist aber, dass solche historischen Berichte sich fast immer auf Beobachtungen von sehr niedrigen Objekten über Flüssen beziehen. Der Wasserspiegel eines Flusses hat jedoch immer ein Gefälle, das abhängig von Breite, Tiefe und Fließgeschwindigkeit nicht konstant sein

Abb. 22 Screenshot aus einem Video, dessen Urheber versucht, die flache Erde zu beweisen, indem er Windkraftanlagen zeigt, die knapp über den Horizont ragen.[283] Die Erdkrümmung ist deutlich daran zu erkennen, dass der untere Teil der Anlagen hinter dem Horizont verdeckt ist. Kommentar und Beschreibungstext geben sowohl die Höhe der Masten (70 Meter statt tatsächlich 90 Meter) als auch die Entfernung (40 Kilometer statt tatsächlich 33 Kilometer) falsch wieder. Die Verzerrung der Rotorblätter nahe am Horizont macht den Brechungseffekt der Atmosphäre sichtbar, der aufgrund warmer Luft über dem Wasser hier die Form einer Luftspiegelung annimmt.

muss. Auch Temperatureffekte in der Luft sowie Spiegelungen an der Wasseroberfläche können hier leicht zu Täuschungen führen.

Andere Flacherdler präsentieren das gleiche Argumentationsmuster regelmäßig mit neuen Bildern oder Videos, die sie im Internet verbreiten. Bizarrerweise ist auf diesen Aufnahmen, mit denen die Flachheit der Erde bewiesen werden soll, die Erdkrümmung fast immer überdeutlich zu sehen. Gezeigt werden, mit einem Teleobjektiv über ein Gewässer aufgenommen, entfernte Gebäude, gelegentlich auch Berge, deren obere Teile knapp über den Horizont ragen. Hierzu wird dann die Behauptung aufgestellt, diese Objekte dürften bei der angegebenen Entfernung auf einer runden Erde von diesem Standort aus nicht zu sehen sein. Allein dadurch, dass die unteren Teile der Objekte unter dem Horizont liegen, beweisen diese Aufnahmen jedoch in Wirklichkeit die Erdkrümmung. Wenn die Behauptungen, man dürfe diese Objekte auf einer runden Erde mit den bekannten Ausmaßen eigentlich nicht sehen, stimmten, würde das lediglich nahelegen, dass die Erdkugel größer sein müsste als in Büchern angegeben. Sofern die für eine Nachprüfung notwendigen Informationen überhaupt geliefert werden, erweisen sich diese Behauptungen jedoch in der Regel als falsch: Die Entfernungen und Höhen der beobachteten Objekte werden gerne großzügig in die gewünschte Richtung gerundet, die Höhe des Beobachters häufig vernachlässigt und die Lichtbrechung in der Atmosphäre fast immer vergessen.

Lichtbrechung kennen wir normalerweise von Linsen aus Glas. Da Glas ein optisch dichteres Medium ist als Luft, was bedeutet, dass die Lichtgeschwindigkeit im Glas reduziert ist, ändert ein Lichtstrahl an der Oberfläche seine Richtung – das Licht wird gebrochen. Dichte Luft nahe am Boden ist auch optisch dichter als die dünne Luft in der Höhe. Lichtstrahlen in Horizontnähe werden daher so gekrümmt, dass Objekte knapp über dem Horizont leicht nach oben gestaucht abgebildet werden und auch eigentlich schon unter dem Horizont verdeckte Teile noch erahnt werden können. Da warme Luft dünner ist als kalte, kann sich der Effekt direkt über warmem Boden oder warmem Wasser allerdings umkehren, was sich wie in Abb. 22 als Luftspiegelung äußern kann.

Von der Lichtbrechung abgesehen, kann man die Sichtweite bis zum Horizont über flachem Wasser in Abhängigkeit von der Höhe des Betrachters oder des betrachteten Gegenstands einfach mit dem Satz des Pythagoras berechnen:

$$\mathit{Erdradius}^2 + \mathit{Sichtweite}^2 = (\mathit{Erdradius} + \mathit{Höhe})^2$$

Daraus ergeben sich beispielhaft die Sichtweiten bis zum Horizont in Tabelle 1. Da ein am Meeresstrand stehender Betrachter den Horizont in nur rund fünf Kilometern Entfernung sieht, kann er mit einem Fernglas, bei hohem Seegang auch mit bloßem Auge, sogar die Wellen am Horizont sehen. Auf einer flachen Erde wären Wellen am Horizont allenfalls möglich, wenn die Wellenberge höher wären als der Beobachter – dann wäre es aber auch am Strand in dieser Höhe recht ungemütlich. Die maximale Sichtweite bis zu einem hohen Objekt errechnet man, indem man die Sichtweite vom Betrachter zum Horizont und die vom Objekt zum Horizont addiert. Ein zwei Meter hoher Betrachter kann ein 50 Meter hohes Objekt also noch aus 30 Kilometern Entfernung sehen. Befindet er sich aber selbst in 20 Metern Höhe, so erkennt er das Objekt schon aus über 40 Kilometern Entfernung. Daher hatten Segelschiffe früher einen Ausguck am Mast.

Tab. 1 Sichtweiten bis zum Horizont in Abhängigkeit von der Höhe des Betrachters

Höhe des Betrachters (m)	Sichtweite bis zum Horizont (km)
1,50	4,4
2,50	5,6
5	8
10	11
20	16
50	25
100	36
200	51
500	80

Aus diesen Größen erklärt sich auch leicht, warum uns der Horizont trotz runder Erde gerade vorkommt, wenn wir ihn zum Beispiel wie Xavier Naidoo mit einem Lineal vergleichen. Aufrecht am Meeresufer stehend, sehen wir den Horizont in fünf Kilometern Entfernung. Ein 30 Zentimeter langes Lineal in einer Armlänge von 60 Zentimetern Abstand vor den Augen projiziert sich also am Horizont auf eine Strecke von 2,5 Kilometern. Denkt man sich eine gerade Linie von 2,5 Kilometern Länge, deren Endpunkte an der Erdoberfläche liegen, dann ergibt sich wieder mit dem Satz des Pythagoras, dass die Erdkrümmung in der Mitte gerade 12 Zentimeter über diese Linie hinausragt. Projiziert von 2,5 Kilometern auf die Länge des Lineals wäre der Horizont in der Mitte also gerade 0,015 Millimeter höher als an den Enden – und das kann man schlicht nicht sehen. Auch die 570 Meter, die der Amerikaner „Mad" Mike Hughes im Frühjahr 2018 in einer eigens zu diesem Zweck gebastelten Rakete erreichte, helfen nicht weiter. Um über die Länge des Lineals von 30 Zentimetern eine Krümmung des Horizonts von wenigstens einem Millimeter erahnen zu können, müsste man den Horizont schon aus einem Flugzeug in zehn Kilometern Höhe betrachten, und durch die kleinen Fenster in Flugzeugen ist auch das schwer zu erkennen. So sieht man die Erdkrümmung mit bloßem Auge nur auf Raumflügen. Da die meisten Menschen Raumflüge nur über Bilder und Videos miterleben und Kameraobjektive je nach Brennweite eine Krümmung des Horizonts verzerren oder gar vortäuschen können, ist das Betrachten des Horizonts mit einem Lineal schlicht nicht hilfreich, um zu erkennen, ob die Erde rund ist.

Einzelpersonen präsentieren in eigenen Internetangeboten oder in den sozialen Medien zum Teil noch weniger durchdachte Belege dafür, dass die Erde eine Scheibe sein soll. Der britische ehemalige Cricketprofi Freddie Flintoff erklärte zum Beispiel in seinem Podcast, wenn sich die Erde tatsächlich drehen würde, müsse sie sich unter einem schwebenden Hubschrauber ja hinwegdrehen.[284] Die Antwort ist natürlich, dass ein Hubschrauber in der Luft schwebt, die sich mit der Erde dreht. Die Atmosphäre um eine sich drehende Erde kann unmöglich im Raum stillstehen, da es Reibung zwischen dem Erdboden und der Luft gibt, die die Atmosphäre mitzieht, aber keine Reibung zwischen der Luft und irgendwelchen außerirdischen Objekten, die das Mitdrehen der Atmosphäre abbremsen würde.

Tatsächlich beeinflusst die Erddrehung aber deutlich die Entstehung großräumiger Windsysteme auf der Erde, die ohne diesen Einfluss nicht zu verstehen wären. Da die Sonneneinstrahlung am Äquator höher ist als an den Polen, steigt in den Tropen ständig mehr Luft auf als absinkt, während die Luft in den kalten Polarregionen überwiegend aus der Höhe in Richtung Boden sinkt. Ohne Erdrotation würde dies dazu führen, dass am Boden ständig Wind vom Pol direkt zum Äquator und in der Höhe ständig Wind vom Äquator zu den Polen wehen müsste. Bewegt sich allerdings auf diese Weise ein Luftpaket, das sich am Nordpol relativ träge einmal am Tag um sich selbst gedreht hat, in Richtung Äquator, dann befindet es sich schon in der Region von Oslo oder Stockholm über einem Erdboden, der sich mit über 800 Stundenkilometern um die Erdachse bewegt. Das Luftpaket hängt der Erddrehung also immer etwas hinterher, bis es durch Reibung auf die Geschwindigkeit des Bodens beschleunigt ist, was sich in den Polargebieten als fast ständiger Ostwind äußert.

Dieser Effekt, die sogenannte Corioliskraft, wurde schon auf Seite 83 erwähnt, weil er die Drehrichtung von Tiefdruckwirbeln erklärt. Über der Breite Südnorwegens führt der Effekt in der vom Pol kommenden Luft ebenfalls zu Verwirbelungen, in denen die Luft aufsteigt und in der Höhe zum Pol zurückströmt. Diese Verwirbelungen sind die Tiefdruckgebiete, die in unseren Breiten das Wetter bestimmen. Ebenso funktioniert die Zirkulation zwischen aufsteigender Luft am Äquator und absinkender Luft über den Subtropen, was die subtropischen Wüsten und, mit der Erddrehung, die dazwischenliegenden Ostwindzonen, den Passat, erklärt. In unseren Breiten strömt die Luft am Boden von den Subtropen zu den Tiefdruckwirbeln nördlich von uns und wird dabei von der Erddrehung zu den bei uns vorherrschenden Westwinden abgelenkt. Die Erde dreht sich also stellenweise tatsächlich unter der Atmosphäre hinweg, was genau die großen, global zu beobachtenden Windsysteme erklärt.

Auf der Facebook-Seite „Flache Erde vs. Globeheads" werden neben Kreationismus und praktisch allen in den vorigen Kapiteln dargestellten Verschwörungsbehauptungen vor allem angebliche Beweise für die flache Erde verbreitet[285]. Bei der weit überwiegenden Zahl der Postings handelt es sich jedoch um Wiederholungen der immer gleichen Behauptung, die Erde sähe doch flach aus, also müsse sie auch flach sein. Die Naivität der Argumentation erweckt mitunter den Eindruck einer Satireseite, aber die Ernsthaftigkeit und mitunter Verbissenheit der Diskussionen deutet darauf hin, dass zumindest die Aktiven unter den mehr als 2000 Abonnenten mehrheitlich tatsächlich an eine flache Erde glauben. Abgesehen von einer Dämonisierung praktisch aller politischen Verantwortungsträger sind die über die Seite verbreiteten Inhalte vordergründig relativ unpolitisch; ausländerfeindliche und reichsbürgernahe Inhalte teilt die Betreiberin lieber auf ihrer privaten Facebook-Seite.[286]

Auch auf dieser Facebook-Seite hat man offenbar ein Problem mit dem Verstehen der Atmosphäre und fragt, wie es möglich sei, dass im All ein Vakuum herrsche, direkt über der Erde jedoch nicht. Eine entsprechende Illustration suggeriert dazu, es müsse dabei irgendwo eine scharfe Grenze geben. An anderer Stelle heißt es sogar ausdrücklich: „Seit wann hat die Erde eine Karosserie? Hat die Atmosphäre eine Schale? Warum wird die Atmosphäre nicht vom Vakuum Weltall absorbiert?" Tatsächlich wird auf jedem halbwegs hohen Berg deutlich, dass die von der Schwerkraft der enthaltenen Gase an die Erde gebundene Atmosphäre mit zunehmender Höhe immer dünner wird. In sehr großen Höhen ändert sich auch die Zusammensetzung der Atmosphäre, weil sich dort vor allem die leichten Gase wie Wasserstoff und Helium ansammeln. Einige Aspekte zur Ionosphäre als einem extrem dünnen Bereich der hohen Atmosphäre wurden bereits auf Seite 69 angesprochen. Selbst auf der Umlaufbahn der Raumstation ISS in rund 400 Kilometern Höhe bremst die Restatmosphäre die Station so stark ab, dass sie pro Tag rund 100 Meter an Höhe verliert und regelmäßig von Raumtransportern wieder angeschoben werden muss.

Neben dummen Witzen darüber, dass in Australien alles auf dem Kopf stehen müsste, finden sich auf der Seite auch Sätze wie: „Globeheads sehen kein Problem darin, dass in einem mit 2 Mio km/h expandieren Universum alle Sternbilder über Jahrtausende gleich bleiben." Ein Verständnis für die räumlichen und zeitlichen Dimensionen astronomischer Vorgänge geht den Autoren offensichtlich vollkommen ab. Dass das Universum sich ausdehnt, ändert auch nichts an den Winkeln seiner Bestandteile zueinander. Zudem sind die Objekte im Universum, die sich am schnellsten von der Erde entfernen, so weit entfernt, dass man sie nicht mit bloßem Auge als Sterne sehen kann. Dennoch bewegen sich Sterne innerhalb unserer Sternbilder – aber nicht durch die Expansion des Universums, sondern durch ihre unterschiedlich schnelle Rotation um das Zentrum unserer Galaxis. Bis eine solche Veränderung tatsächlich mit bloßem Auge unterscheidbar wäre, müssten allerdings zehntausende von Jahren vergehen.

Eine ernsthafte Überprüfung der Thesen der Flacherdler erübrigt sich eigentlich, weil diese schon durch die von ihnen selbst vorgelegten „Beweise" widerlegt werden. Beim Versuch, beispielsweise zu erklären, wie die Sonne auf einer flachen Erde gleichzeitig in Deutschland hinter dem Horizont versinken, in Amerika aber im Zenit stehen kann, verstricken sich Flache-Erde-Autoren in immer absurdere Erklärungen, die selbst einfachsten Überprüfungen nicht standhalten.

Für die meisten Flacherdler ist die Erde eine runde Scheibe, in deren Mittelpunkt der Nordpol liegt, während der Eiswall der Antarktis eine äußere Begrenzung bildet, hinter der sich die Scheibe aber möglicherweise unbegrenzt fortsetzt. Dass Reisezeiten per Schiff oder Flugzeug auf der Südhalbkugel zu dieser Vorstellung überhaupt nicht passen und man von Sydney in zwölf Stunden ohne Zwischenlandung nach Santiago de Chile fliegen kann, wird dabei in der Regel ignoriert. Zudem führt von der südlich von Neuseeland gelegenen Antarktisstation McMurdo eine nur 1500 Kilometer lange Eispiste zur Amundsen-Scott-Südpolstation. Dieselbe Station können zahlende Touristen in zwei nur gut vierstündigen Flügen, der zweite in einem kleinen Propellerflugzeug, vom chilenischen Punta Arenas erreichen. Dies muss von einer weltumspannenden Verschwörung vorgetäuscht werden, denn auf einer flachen Erde lägen zwischen McMurdo und Punta Arenas mehr als 30 000 Kilometer, zwischen Sydney und Santiago kaum weniger.

Da man heutzutage per Telefon problemlos verifizieren kann, dass in Amerika oder Ostasien die Sonne scheint, während es bei uns dunkel ist, kann die Sonne über dieser Scheibe nicht untergehen. Sie kreist vielmehr, wie auch Mond, Planeten und Sterne, in konstanter Höhe von wenigen tausend Kilometern an einem festen Firmament über dieser Scheibe. Dunkel wird es nachts demnach nicht, weil die Sonne sich auf der anderen Seite des Erdballs befindet, sondern weil sie sich über der Scheibe von uns entfernt hat und nun zum Beispiel über der amerikanischen Westküste steht. Dass das in Verbindung mit der vergleichsweise kurzen Dämmerung vor dem Eintreten totaler Dunkelheit bedeuten müsste, dass Sonnenlicht eine scharf begrenzte Reichweite hat, wird meist nicht erklärt. Aus dieser Vorstellung heraus überhaupt nicht erklärbar ist die Mitternachtssonne im antarktischen Sommer, die inzwischen jedes Jahr von vielen tausend Kreuzfahrtpassagieren beobachtet werden kann.

Eine Sonne, die sich gegen Abend entfernt, müsste dabei natürlich aufgrund der Perspektive kleiner erscheinen. Mit einem dunklen Schutzglas, für den Mond auch mit bloßem Auge, lässt sich aber leicht nachprüfen, dass die Sonne kurz vor Sonnenuntergang exakt gleich groß ist wie mittags. Subjektiv erscheint sie knapp über dem Horizont oft sogar größer, doch das ist eine optische Täuschung, die im Gehirn durch den Vergleich mit anderen Objekten im Sichtfeld entsteht. Dass die Sonne mit angeblich zunehmender Entfernung nicht kleiner wird, erklärt die *Flat Earth Society* damit, dass die Sonne durch den längeren Weg des Lichts durch die Atmosphäre („Atmoschicht", da die Luft über einer Scheibe ja keine Sphäre bilden kann) vergrößert würde, was den Effekt der Perspektive zufällig genau ausgleicht. Außerdem soll dieser Effekt nur für Lichtquellen ab einer gewissen Helligkeit und über einer gewissen Mindestentfernung gelten – sonst könnte man ihn ja sehr leicht experimentell widerlegen.[287] Dass die nachweislich immer gleich schnelle (Schein-)Bewegung der Sonne über den Himmel, wenn sie sich denn abends entfernte, durch die Perspektive auch immer langsamer erscheinen sollte, wird durch falsch verstandene Perspektive weggewischt.[288] Ein Skizzieren des Winkels, unter dem die Sonne zu unterschiedlichen Uhrzeiten zu beobachten ist, brächte hier Klarheit, wird aber vorsichtshalber unterlassen.

Noch abenteuerlicher werden die Erklärungen dafür, dass die Sonne beim Sonnenuntergang ja sehr offensichtlich hinter dem Horizont versinkt. Dies entspricht der Beobachtung, dass auch ein Schiff, das sich auf dem Meer entfernt, hinter dem Horizont verschwindet, wobei zuerst der Rumpf verdeckt wird und erst später die Aufbauten. Auf einer runden Erde ist die Erklärung dafür einfach und offensichtlich – Flacherdler müssen deutlich mehr Phantasie aufbringen. Bis heute zitiert wird David Wardlaw Scott, der 1901 die Flachheit der Erde unter anderem aus der Bibel bewiesen haben wollte. Er behauptete, bei entsprechender Vergrößerung mit einem guten Teleskop würde man den Rumpf des Schiffes noch in beliebiger Entfernung sehen.[289] Das erklärt nicht den Sonnenuntergang und es ist leicht nachprüfbar falsch, siehe Abb. 23. Die meisten Flacherdler flüchten sich jedoch in bizarre Verbiegungen der Perspektive. Die *Flat Earth Society* erklärt zum Beispiel, der Fluchtpunkt, in dem alle Linien eines Bildes im Unendlichen zusammenlaufen, liege „durch menschliche Begrenzungen" in einer endlichen Entfernung. Alle Objekte jenseits dieser Entfernung schienen somit hinter dem Horizont

Abb. 23 Eine in Kopenhagen ausgelaufene Fähre in zunehmender Distanz und mit entsprechenden Vergrößerungen. Deutlich ist zu erkennen, wie zunächst der untere Teil des Rumpfes mit dem Schriftzug, dann der ganze Rumpf hinter dem Horizont verdeckt wird. Foto: Mark Bailey, Hellerup

zu verschwinden. Der Sonnenuntergang stehe in keinem Zusammenhang mit dem Eintritt der Dunkelheit, der durch die Lichtundurchlässigkeit der Atmosphäre verursacht sei.[290] Deutsche Flacherdler zitieren gerne Videos, nach denen die Perspektive den Horizont als eine Art Rampe erzeugt, die sich über der flachen Erde erhebt und so die Sichtweite begrenzt und deren Höhe und Entfernung von der Höhe des Betrachters abhängt.[291] In anderen Videos übernimmt über dem Meer die nächste höhere Welle die Rolle dieser Rampe.[292] Bemerkenswerterweise haben diese Wellen oder Rampen zufällig immer gerade die Höhe, die sich für eine runde Erde aus der Erdkrümmung ergibt …

Tipps für eigene Beobachtungen

1. Bei einem Urlaub am Meer beobachten Sie von einem festen Punkt mit einem Fernglas oder einer Kamera mit Teleobjektiv sich nähernde oder entfernende Schiffe. Ist das Versinken des Schiffsrumpfs hinter dem Horizont tatsächlich dadurch erklärbar, dass das Schiff einfach nur durch Perspektive kleiner wird, während es hinter einer hypothetischen konstant hohen Rampe auf einer ebenen Fläche fährt? Wie müsste es in dem Moment aussehen, in dem das Schiff die Rampe gerade passiert?
2. Skizzieren Sie auf einem großen Blatt Papier unten eine horizontale Linie als flache Erde, oben eine weitere als Firmament, an dem sich die Sonne bewegt. Markieren Sie sich eine Beobachterposition in einer gewissen Höhe über der unteren Linie. Verschieben Sie eine Münze entlang der Firmamentlinie als Sonne, ein weiteres Objekt als Schiff auf der unteren Linie. Wie weit müsste die Sonne sich entfernen und wie hoch müsste eine fiktive Rampe sein, damit die Sonne hinter dieser Rampe untergeht? Versuchen Sie, mit derselben Rampe in derselben Höhe das Verschwinden des sich entfernenden Schiffes zu erklären.

Dass eine flache Erde der Existenz der Schwerkraft widerspricht, dürfte sich von selbst verstehen. Selbst wenn die Scheibe eine hinreichend stabile Struktur hätte, um nicht unter ihrem eigenen Gewicht zu einer Kugel deformiert zu werden, müssten Menschen im äußeren Teil der Scheibe eine Schwerkraft nicht nach unten, sondern zum Schwerpunkt, also der Mitte der Scheibe hin erleben. Für Flacherdler kann es also keine Schwerkraft durch die gegenseitige Anziehung von Massen geben. Die Bewegung der Himmelskörper wäre danach rein zufällig so, dass sie perfekt durch die Schwerkraft erklärt und vorhergesagt werden kann. Als Ersatz für die Schwerkraft behaupten viele Flacherdler, die Erdscheibe samt Firmament würde permanent nach oben beschleunigt, so dass wir durch unsere Trägheit gegen den Boden gepresst werden. Die *Flat Earth Society* vertritt diese Beschleunigungsthese in ihrem Wiki[293], bestreitet sie aber auf ihrer Homepage[294]. Die Frage, welche Geschwindigkeit die Erde seit Beginn ihrer Existenz inzwischen erreicht haben müsste, erübrigt sich offensichtlich.

Für eine flache Erde gibt es also nicht nur keine sinnvollen Belege; auch die Erklärungen für ganz alltägliche Beobachtungen gleiten schon nach wenigen Nachfragen ins vollkommen Absurde ab. Wozu es dienen soll, den Bewohnern einer flachen Erde vorzuspielen, sie lebten auf einer Kugel, bleibt auch eher diffus. Die *Flat Earth Society* erklärt, dies könne erst nach dem Sturz der Verschwörer abschließend geklärt werden. Sie spekuliert allerdings, es könne dazu dienen, die Wahrheit der Bibel zu verbergen oder von der Unmöglichkeit einer Landung auf dem sehr kleinen, am Firmament kreisenden Mond abzulenken. Für eine Verschwörung, an der praktisch sämtliche seriösen Wissenschaftler der letzten 2500 Jahre beteiligt sein müssten, sind das wenig überzeugende Motive.

Die richtigen Fragen

Wie man sich nicht aufs Glatteis führen lässt

Wahrscheinlich halten Sie die meisten der hier dargestellten Verschwörungsbehauptungen für puren Blödsinn. Sie würden doch nicht auf unfundiertes Verschwörungsdenken hereinfallen, oder? Ganz bestimmt nicht.

Aber einige Argumente der Verschwörungsautoren könnten und sollten Sie ins Nachdenken gebracht haben. Vielleicht konnten Sie sich einige Ungereimtheiten in der offiziellen Darstellung von Ereignissen nicht erklären. Vielleicht passten einige Thesen von Verschwörungsgläubigen zu gut zu seriösen Veröffentlichungen aus Wissenschaft, Behörden oder Wirtschaft. Vielleicht stimmten einige der behaupteten Verhaltensweisen bestimmter Politiker zu gut zu dem, was Sie ihnen schon immer zugetraut haben. Solche Zweifel sind keine Schwäche – sie sind ein Zeichen des Suchens nach Zusammenhängen und eines eigentlich gesunden Misstrauens gegenüber den Mächtigen.

Wenn man mit solchen Zweifeln konfrontiert ist, kann man auf unterschiedliche Arten damit umgehen. Man kann sie zum Anlass nehmen, den Verschwörungsbehauptungen Glauben zu schenken. Man kann in mehr oder weniger blindem Vertrauen auf Autoritäten die Zweifel beiseitelegen. Man kann sie zum Anlass nehmen, nachzuforschen und sich Zeit nehmen, um sich Klarheit zu verschaffen. Als Leser dieses Buches hatten Sie auch die Option, sich zurückzulehnen und sich zu denken: „Ich bin gespannt, wie er das jetzt wieder erklärt." Wenn Sie dieses Buch bis hierher gelesen und es nicht in die Ecke geworfen haben, ist die Wahrscheinlichkeit groß, dass Sie sich nicht regelmäßig für die erste Option entschieden haben. Das ist aber nicht zwangsläufig eine Folge Ihres überlegenen kritischen Denkens; wie Sie mit Verschwörungsbehauptungen und den Argumenten dazu umgehen, hat viel mit Ihren vorherigen Erwartungen sowie Ihren politischen und weltanschaulichen Überzeugungen zu tun. Das ist menschlich und letztlich unvermeidlich, und somit sind Verschwörungsbehauptungen ein regelmäßiger Bestandteil unseres politischen Diskurses. Auch der Autor dieses Buches glaubt an mindestens eine Variante eines politischen Ereignisses, die offiziellen Untersuchungsberichten widerspricht und die oft als „Verschwörungstheorie" diskreditiert wird – und auch dieser ganz persönliche Verschwörungsglaube steht praktischerweise im Einklang mit politischen Überzeugungen und Voreingenommenheiten.

Zum Problem wird es, wenn verbreitetes Verschwörungsdenken den politischen Diskurs lähmt, wenn tatsächliche oder gefühlte Mehrheiten basierend auf falschen Informationen die Politik zum Handeln zwingen, wenn das Vertrauen nicht nur in die Regierung, sondern in alle demokratischen Kräfte verloren geht und Extremisten die letzten Redlichen zu sein scheinen. Gleichzeitig können aber auch reale False-Flag-Operationen oder ähnliche Verschwörungen mit Verbindungen in Regierungskreise eine Bedrohung für die Demokratie darstellen. Für die aktive Beteiligung in einer demokratischen Gesellschaft ist es also unverzichtbar, sich ein qualifiziertes Bild von der Glaubwürdigkeit von Verschwörungsbehauptungen machen zu können.

Aber wie soll man das tun? Da viele aktuelle Vertreter von Verschwörungsbehauptungen sich auf naturwissenschaftliche Argumente berufen und diese mit der höchsten Objektivität nachprüfbar sind, ist es wichtig, gerade diesen Argumenten sorgfältig auf den Zahn zu fühlen. Als Laie fühlt man sich dabei möglicherweise überfordert von der Häufung wissenschaftlich scheinender Aussagen. Die Personen, die diese Aussagen treffen, sind jedoch häufig selbst keine Wissenschaftler. In der Regel braucht man auch kein Studium in Baustatik, Raumfahrttechnik oder Atmosphärenphysik, um wenigstens die grundsätzliche Plausibilität der Aussagen zu prüfen. Die vorigen Kapitel haben das für einige der wichtigsten aktuell verbreiteten Verschwörungsbehauptungen getan, und sie sind dabei einem Muster gefolgt, das sich auf andere, ähnliche Thesen übertragen lässt. Ein strukturiertes Vorgehen kann helfen, sich nicht ins Bockshorn jagen zu lassen, eine möglicherweise gefährliche Verschwörung aber auch nicht voreilig auszuschließen. Die folgenden Fragen sind dazu hilfreich.

Was wird eigentlich behauptet?

Viele Verschwörungsautoren überschütten die Leser mit einer Vielzahl oft zusammenhangloser Aussagen, die sich in dieser Form kaum aufnehmen, geschweige denn hinterfragen lassen. Es ist daher sinnvoll, diese zunächst in die wichtigsten Kategorien einzuordnen:

1. **Offiziell anerkannte Sachverhalte, die bestritten werden.** In manchen klassischen Verschwörungstheorien werden überhaupt keine Sachverhalte bestritten, sondern lediglich die Motive der handelnden Akteure durch eine Verschwörung von zum Beispiel Freimaurern oder Illuminaten erklärt. Solche Behauptungen lassen sich nicht sachlich prüfen, sondern lediglich politisch bewerten. Moderne Verschwörungsbehauptungen machen hingegen in der Regel Sachbehauptungen, häufig über das Bestehen von False-Flag-Operationen. Es lohnt sich, hier genauer hinzusehen: Es

ist ein Unterschied, ob man behauptet, das World Trade Center sei nicht durch die Einschläge der Flugzeuge eingestürzt, oder ob man sagt, es sei nicht von Flugzeugen getroffen worden. Dennoch wird zwischen beiden Thesen oft nicht sauber unterschieden, und ihre Vertreter zitieren sich zum Teil gegenseitig als Bestätigung.

2. **Alternative Sachverhalte, die behauptet werden.** Wer bestimmte Sachverhalte bestreitet, muss zumindest eine grobe Vorstellung dessen vermitteln, was stattdessen passiert sein soll. Auch hier ergeben sich bei genauerem Hinsehen häufig Widersprüche. Wenn HAARP einerseits eine Anlage zur massenhaften Gedankenkontrolle sein soll, die gleichen Radiowellen derselben Anlage aber gezielt Erdbeben auslösen sollen, dann ist der Zusammenhang beider Mechanismen zumindest erklärungsbedürftig. Mitunter folgt auch einer halbwegs plausibel scheinenden Kritik anerkannter Sachverhalte eine Alternativerklärung, die so hanebüchen ist, dass sich eine genauere Prüfung erübrigt.
3. **Emotionalisierung.** Ein großer Teil der Kommunikation zu Verschwörungsbehauptungen dient nicht der Vermittlung der Inhalte, sondern der emotionalen Aufladung der eigenen Botschaft. Diese kann in besonders dramatischer Darstellung möglicher Konsequenzen der Verschwörung bestehen, in der Dämonisierung der behaupteten Verschwörer bis hin zur buchstäblichen Entmenschlichung als Reptiloiden oder andere Außerirdische, oder in der Abwertung derjenigen, die offizielle Erklärungen akzeptieren, als „Schlafschafe“ oder „Globeheads“. Über den Wahrheitsgehalt der aufgestellten Behauptungen machen solche Angriffe keine Aussage – höchstens über die Gesinnung derer, die sie verbreiten.
4. **Appelle.** Mitunter werden Verschwörungsbehauptungen einfach in den Raum gestellt, ohne dass daraus unmittelbar Handlungskonsequenzen abgeleitet werden. Es gibt jedoch auch immer wieder Aufforderungen zu konkretem Handeln, vom Verfassen von Protestschreiben über die Teilnahme an Veranstaltungen bis hin zum Kauf von Produkten. Solche Appelle müssen nicht zwangsläufig die eigentlichen Ziele ihrer Verfasser offenbaren. Sie können dennoch aufschlussreich sein, wenn Flache-Erde-Gläubige zum Kauf von Cannabisprodukten aufgefordert werden oder Chemtrail-Gläubigen Cloudbuster, physikalisch funktionslose Kunstharzskulpturen für 5000 Euro, angeboten werden. Auch eine Verknüpfung von Verschwörungsbehauptungen mit extremistischer Propaganda oder religiösen Glaubenssätzen macht Aussagen über deren Urheber.
5. **Belege gegen die offiziell anerkannten Sachverhalte.** Wer eine vom allgemeinen Wissensstand abweichende Behauptung aufstellt und damit

ernst genommen werden will, ist dafür in der Beweispflicht. Es genügt also nicht, eine Verschwörungsbehauptung mit Aussagen wie „Dem Trump ist doch alles zuzutrauen" zu belegen oder wie im Fall des 11. September von der Regierung immer neue Beweise für die Richtigkeit längst vorliegender Berichte einzufordern. Als absolutes Minimum sind also schlüssige Belege zu erbringen, warum die anerkannten Sachverhalte so nicht stimmen können. Diese Belege können unterschiedlicher Art sein, sich auf unterschiedliche Wissenschaften berufen, eine unterschiedliche Qualität aufweisen und unterschiedlich gut nachprüfbar sein – sie werden aber dementsprechend auch unterschiedlich glaubwürdig sein. Für den Leser ist es zunächst wichtig, alle vorgebrachten Belege zu erfassen, um sie in der Folge hinterfragen zu können.

6. **Belege für die eigenen Erklärungen zum Sachverhalt.** Für jemanden, der einen schlüssigen Beweis erbringen könnte, dass die Mondlandungen nicht stattgefunden haben, wäre es nicht zwingend notwendig, zu belegen, wie sie vorgetäuscht worden wären. Es wäre im Prinzip hinreichend, hypothetisch eine mögliche alternative Erklärung für die Fernsehbilder und sonstige Berichterstattung zu liefern. Wer einen alternativen Sachverhalt für erwiesen erklärt, ist jedoch auch in der Pflicht, hierfür Belege zu liefern. Bei einem Zeitverlauf komplexer Ereignisse muss allerdings klar sein, dass es niemals möglich sein wird und somit auch nicht verlangt werden kann, jedes einzelne Detail des Ablaufs im Nachhinein noch zu belegen. Das gilt sowohl für die offiziell anerkannten Sachverhalte als auch für behauptete Alternativen.

Welcher Art sind die vorgebrachten Belege?

Die Auffassungen darüber, was ein valider Beleg für eine behauptete Verschwörung oder wenigstens gegen eine offizielle Darstellung von Ereignissen ist, gehen weit auseinander. Das zeigt sich nicht nur, wenn auf *Youtube* Beweise für eine flache Erde versprochen werden, worauf im Video die Erdkrümmung deutlich zu sehen ist. Häufig folgen einer vollmundigen Ankündigung von Beweisen nur reißerisch präsentierte Meinungen, unterlegt mit unbelegten oder aus dem Zusammenhang gerissenen Zitaten vermeintlicher Autoritäten. Was ist also ein brauchbarer Beweis?

Beweisbegriffe aus anderen Disziplinen sind nur begrenzt hilfreich. In der Mathematik und der Philosophie wird ein Beweis erbracht durch logische Schlussfolgerungen aus Voraussetzungen, die als wahr anerkannt sind. Da sich Verschwörungsgläubige und Skeptiker gerade im Fall behaupteter

False-Flag-Operationen schon über die Sachverhalte nicht einig sind, ist eine solche gemeinsame Basis, aus der sich folgern ließe, nicht gegeben. Das Recht kennt als Beweismittel den direkten Augenschein, Zeugen, Urkunden, Sachverständige und die Anhörung der Betroffenen. Wie diese Beweismittel zu würdigen sind und wann ein Beweis als erbracht gilt, hängt aber nach deutschem Recht ausdrücklich nur von der „freien Überzeugung" des oder der Richter ab. In diesem Fall ist aber ja gerade das Ziel, sich von derart subjektiven Bewertungen zu lösen. Die Erde ist entweder flach oder rund – das ist eben keine Frage einer subjektiven Bewertung oder einer Weltanschauung.

Ein idealer Beweis sollte keinen Interpretationsspielraum mehr lassen, also für jeden Betrachter und in jeder Situation zum gleichen Ergebnis führen. Dazu dürfte er möglichst wenige zufällige, kontextabhängige oder manipulierbare Anteile haben. Unterschiedliche Formen der Beweisführung zu Verschwörungsbehauptungen kommen diesem Idealbild unterschiedlich nahe und sind damit auch unterschiedlich glaubwürdig.

Eine besonders geringe Glaubwürdigkeit haben danach die bei Verschwörungsgläubigen sehr beliebten Belege aus der Motivation handelnder Personen heraus („Der Bush wollte eben einen Krieg anfangen."). Der Grund ist, dass weder die tatsächlichen Motive eines Menschen noch der Zusammenhang zwischen diesen Motiven und bestimmten Handlungen objektiv überprüfbar ist. Offensichtlich plausibel sind Argumente der Gewinnmaximierung bei Unternehmen oder des Machterhalts bei politischen Verantwortungsträgern, aber sich dafür über ethische oder rechtliche Grenzen hinwegzusetzen wäre unter Umständen von allenfalls kurzfristigem Erfolg, so dass eine solche Beweisführung keinesfalls zwingend ist. Das gilt natürlich auch für vergleichbare Argumentationslinien gegen Verschwörungsbehauptungen. Lediglich die Motivation, sich selbst und seinen Kindern keinen körperlichen Schaden zuzufügen und sich zum Beispiel nicht selbst aus der Luft mit Giften besprühen zu lassen, kann wohl als einigermaßen plausibel angesehen werden.

Dokumente gelten allgemein als gute Belege; sie gehören zu den anerkannten Beweismitteln vor Gericht und sind als Informationsquelle praktisch die Basis der gesamten Geschichtswissenschaft. Sie spielen auch in der Erforschung historischer Verschwörungsbehauptungen eine zentrale Rolle. Fälschungen von Dokumenten sind jedoch seit der Antike bekannt, so dass immer auch die Herkunft der Dokumente zu hinterfragen ist. Zeichnungen von Flugscheiben, die ein Selbstverlags-Autor aus den 1980er Jahren von anonymen SS-Quellen zugespielt bekommen haben will, haben eine ziemlich geringe Glaubwürdigkeit, selbst wenn sie hinterher von vielen anderen Autoren übernommen worden sind.

Ähnliches gilt für Berichte angeblicher Zeugen und Whistleblower. Zeugenaussagen gehören zu den wichtigsten Beweismitteln vor Gericht, aber auch dort ist immer die Glaubwürdigkeit zu hinterfragen. Dabei geht es nicht nur darum, dass Zeugen möglicherweise lügen – unsere Erinnerung ist alles andere als ein genaues Abbild der Realität. Viele Details werden nie gespeichert und später vom Gehirn mehr oder weniger korrekt wieder ergänzt. So kann bei jemandem, der Arbeiten an einem Flugzeug beobachtete, ihren Sinn nicht verstand und später über Chemtrails gelesen hat, aus dem Entleeren des Toilettentanks das Auffüllen mysteriöser Chemtrail-Flüssigkeit geworden sein. Im Fall von Verschwörungsbehauptungen kommt noch hinzu, dass bei vielen der oft anonymen Zeugen keinesfalls klar ist, ob die betreffende Person überhaupt existiert oder ob der Bericht samt angeblichem Urheber frei erfunden ist. Das entlarvt sich mitunter, wenn der anonyme Zeuge zum Beispiel Pilot, Ingenieur oder Regierungsmitarbeiter sein soll, aber in dem Bericht erkennbar nicht über das damit verbundene Fachwissen verfügt oder entsprechenden Fachjargon falsch verwendet.

Aus genau diesem Grund kommt für die Überprüfung von Verschwörungsbehauptungen den naturwissenschaftlichen Beweisversuchen und der naturwissenschaftlichen Kritik eine besondere Rolle zu. Mathematik, Physik, Chemie und, bei entsprechenden Bedingungen und mit entsprechend geringerer Genauigkeit, auch die Biologie sind immer und für jeden gleich. Während auch Naturwissenschaftler sich mit ihren Überlegungen irren können, mitunter eigene Interessen vertreten und in Einzelfällen Ergebnisse gefälscht haben, ist die Natur, die sie mit ihren Theorien beschreiben, unbestechlich. Wer das Fliegen seiner Flugscheiben oder die Stabilität seiner hohlen Erde damit erklären will, dass die Gesetze der Schwerkraft falsch seien, muss nicht nur die zentralen Theorien von Newton und Einstein widerlegen. Er muss seine eigenen Vorstellungen von Schwerkraft auch in den Experimenten prüfen, die die Gültigkeit sowohl der Newton'schen Gesetze in ihrem Geltungsbereich als auch der allgemeinen Relativitätstheorie seit 100 Jahren wieder und wieder bestätigt haben.

Mitunter ist gar keine über alltäglichen Menschenverstand hinausgehende Theorie erforderlich: Wer, um die Flachheit der Erde zu rechtfertigen, behauptet, auf einer ebenen Fläche würden bei einem Menschen, der sich entfernt, schon nach 100 Metern die Beine hinter einem rampenförmigen Horizont versinken, wird an der Beobachtung der Realität schon auf dem nächsten Fußballplatz scheitern. Wenn man sich zwischen unterschiedlichen

Fragestellungen zum Hinterfragen einer Verschwörungsbehauptung entscheiden muss, bieten naturwissenschaftliche Ansätze also in der Regel die beste Möglichkeit, Klarheit zu schaffen.

Was kann ich selbst überprüfen?

Für Leser ohne naturwissenschaftlichen Hintergrund mag das Hinterfragen von Dokumenten, Zeugenberichten oder politischen Entscheidungen und Motiven die naheliegendere Möglichkeit für eigene Recherchen sein als eine naturwissenschaftliche Überprüfung von Behauptungen. Auch solche Recherchen können aber anspruchsvoll werden, wenn Originalquellen zum Beispiel nur in nicht online archivierten Tageszeitungen aus der Nachkriegszeit oder möglicherweise auch gar nicht mehr zu finden sind. Vergriffene Bücher von Verschwörungsautoren werden online zum Teil zu astronomischen Preisen gehandelt und sind ansonsten allenfalls in der Deutschen Nationalbibliothek in Frankfurt oder Leipzig einzusehen – im Selbstverlag erschienene Bücher oft nicht einmal dort. Mitunter werden sie auch auf ominösen Abonnementplattformen als pdf-Datei angeboten, sind dann aber nach Eingabe der Kreditkartendaten plötzlich doch nicht verfügbar. Verschwörungsautoren geben außerdem häufig ihre Quellen nicht sorgfältig an, so dass es wie beim Pendulum-Experiment der Hohle-Erde-Anhänger schon schwierig sein kann, überhaupt einen Ursprung der Behauptungen zu finden. Will man dann aus diesen Quellen, die möglicherweise bereits missverstanden wurden, die tatsächlichen historischen Ereignisse rekonstruieren, kann das eine anspruchsvolle Aufgabe werden. Schließlich hätte jede historische, politische oder psychologische Überprüfung einer Verschwörungsbehauptung mit den gleichen Schwächen und Unsicherheiten zu tun, die auch die Aussagekraft einer Beweisführung der Autoren selbst auf Basis solcher Methoden einschränken.

Viele der in diesem Buch zusammenstellten naturwissenschaftlichen Prüfungen basieren hingegen auf reiner Schulphysik oder -chemie in Verbindung mit Daten, die sich problemlos auf *Wikipedia* nachlesen lassen. Die allermeisten der in diesem Buch zitierten Verschwörungsautoren, auch derjenigen, die überwiegend naturwissenschaftlich-technisch argumentieren, haben selbst keinerlei naturwissenschaftliche Ausbildung. Ihre Einwände berufen sich daher in naturwissenschaftlichen Themen oft auf vermeintliche Offensichtlichkeiten. Wo Aussagen auf Berechnungen beruhen sollen, fehlen in der Regel entweder Angaben zu den Annahmen, auf denen die Berechnungen beruhen, oder die genauen Ergebnisse, was ein Nachvollziehen des Rechenwegs und eine Prüfung auf Fehler unmöglich macht.

In den allermeisten Fällen ist das Problem bei der Prüfung solcher Behauptungen jedoch nicht mathematischer Natur. Komplexe Berechnungen finden sich bei den hier dargestellten Fragen nur vereinzelt, zum Beispiel in den Simulationen zum Einsturz der World-Trace-Center-Gebäude, die auf numerischen Näherungen beruhen, oder bei der Strahlendosis im Lauf eines Fluges zum Mond und der Lichtbrechung zwischen Luftschichten unterschiedlicher Temperaturen, die beide Integralrechnung erfordern. Solche Berechnungen muss man aber in der Regel auch nicht selbst nachvollziehen.

Eine viel häufigere Fehlerquelle als die Berechnungen ist die Modellbildung. Jedes physikalische Ergebnis basiert auf einem mehr oder weniger vereinfachten Modell der Realität. Fallende Objekte oder ganze Sterne werden in Berechnungen zu Massenpunkten. Die Erde, die ähnlich einer Mandarine (aber natürlich viel schwächer) an den Polen leicht abgeplattet ist, wird als perfekte Kugel betrachtet, und das Metall von Stromleitungen wird oft als perfekter Leiter modelliert, obwohl ihr elektrischer Widerstand bei Überlastung durchaus dazu führen kann, dass sie warm werden. In der Chemie wird bei der Beschreibung chemischer Reaktionen häufig angenommen, dass der Einfluss von Verunreinigungen in den Ausgangsstoffen vernachlässigbar ist.

Die entscheidende Leistung bei jeder naturwissenschaftlichen Modellbildung ist, abzuschätzen, welche Näherungen noch zulässig sind und wann die Ergebnisse verfälscht würden. Klarheit schafft dann im Zweifelsfall ein Experiment, wobei auch das Experiment mit seinen bewusst kontrollierten Bedingungen wieder eine Annäherung an die in der Regel komplexe und unkontrollierbare reale Situation ist, die man eigentlich verstehen will. Die Voraussetzungen eigener Modellvorstellungen waren in den vorigen Kapiteln in der Regel in Formulierungen wie „Geht man davon aus, dass …" zu erkennen.

Der Begrenztheit der eigenen Modellvorstellungen muss man sich immer bewusst sein. Bei Verschwörungsautoren begegnen uns aber immer wieder Modelle, die ganz eindeutig und eigentlich offensichtlich untauglich sind. Für den Einsturz eines Hochhauses in Stahlskelettbauweise, dessen Inneres überwiegend aus Hohlräumen besteht, ist ein massiver Baumstamm ein denkbar ungeeignetes Modell. Allerdings käme auch ein Turm aus Legosteinen der Realität nicht wesentlich näher – sinnvoller wäre schon ein Modell aus Streichhölzern. Wollte man hingegen einen Plattenbau modellieren, dann wäre möglicherweise ein Kartenhaus näher an der Realität. Dieses Beispiel zeigt auch, dass man in seinen Modellierungen vorsichtig bei der Übertragung auf einen anderen Maßstab sein muss: Wenn man eine Metallkonstruktion maßstäblich um den Faktor 10 vergrößert, dann wächst der Querschnitt und damit näherungsweise die Tragkraft der Bauteile um den Faktor 100 – das Volumen und damit das Gewicht der Teile wächst aber um den Faktor 1000. Was in Klein stabil ist, kann in Groß also durchaus unter seinem eigenen Gewicht zusammenbrechen.

Behält man derlei Fallstricke im Auge und hinterfragt die eigenen Modellvorstellungen kritisch auf ihre Grenzen, dann kann man in vielen Fällen zumindest eine grobe Vorstellung davon bekommen, wie belastbar die Annahmen sind, mit denen zum Beispiel Fehler in den Fotos der Mondlandungen begründet werden. Mit der richtigen Modellierung ist es unter Umständen (siehe Seite 55) durchaus möglich, bestimmte Effekte, die auf dem Mond entstanden sind, auf der Erde mit einfachen Mitteln in angemessener Weise nachzustellen und zu testen. Die in den vorangegangenen Kapiteln enthaltenen „Tipps für eigene Beobachtungen“ sollten dabei nicht als abschließende Aufzählungen dienen, sondern eher als Inspirationen, sich Gedanken zu machen, wie man derartige Behauptungen selbst hinterfragen und testen kann. Entscheidend ist, auch mit diesen Ergebnissen wieder kritisch umzugehen, ebenso wie Wissenschaftler, die ihre Ergebnisse ganz bewusst so veröffentlichen, dass sie von anderen Wissenschaftlern möglich präzise hinterfragt und nachgeprüft werden können. Private Unternehmen, Militär und Geheimdienste sind mit den Hintergründen ihrer Erkenntnisse notwendigerweise weniger freigiebig, was für sich genommen natürlich nicht als Indiz für eine Verschwörung herhalten kann. Wenn Sie mit ihren Modellvorstellungen zu einer Erkenntnis gelangt sind, dann vergleichen Sie nicht nur ihre Ergebnisse, sondern vor allem die Annahmen und Methoden mit denen von Verschwörungsgläubigen und von offiziellen Stellen oder Wissenschaftlern.

Absurd erscheinenden Verschwörungsideen einmal selbst auf den Zahn zu fühlen kann eine unterhaltsame, für das allgemeine kritische Denken lehrreiche und gesellschaftlich nützliche Freizeitaktivität sein. Bevor man seine Freizeit aber aus reiner Besorgnis mit solchen Aktivitäten verbringt, gibt es eine Art Schnelltest, der dazu dienen kann, abzuschätzen, ob eine Verschwörung überhaupt eine Chance hätte, über einen längeren Zeitraum unentdeckt zu bleiben: sich die Anzahl der notwendigerweise beteiligten Mitwisser anzusehen.

Praktisch alle jemals aufgedeckten Verschwörungen, die zuvor über einen gewissen Zeitraum erfolgreich im Geheimen geblieben waren, hatten sehr begrenzte Zahlen von Mitwissern. Jeder weitere Mitwisser bedeutet ein zusätzliches Risiko, dass eine Verschwörung absichtlich oder aus Versehen verraten wird. Wie groß dieses Risiko ist, hängt von einer Vielzahl von Faktoren ab: Geheimdienstmitarbeiter, Soldaten oder die in der Einleitung erwähnten SS-Leute von Gleiwitz sowie Angehörige von Sekten oder anderen Minderheiten werden eher geneigt sein, ein Geheimnis zu bewahren, als unbeteiligte Zivilisten oder gar politische oder militärische Gegner. Ob eine einmal verratene Geheimoperation eine breitere Öffentlichkeit erreicht, ist auch durch ihr Skandalpotential bedingt. Versuche des US-Militärs, in Vietnam mit Silberjodid den Regen zu verstärken, erlangten angesichts der sonstigen Schrecken des Krieges aus gutem Grund kaum Aufmerksamkeit.

Zu beachten ist auch, dass nicht alle Unterstützer einer Verschwörung deren volle Tragweite kennen müssen. So erfuhren die SS-Leute, die vor dem Überfall auf den dortigen Grenzposten aus Hochlinden wieder abgezogen wurden, nie, wozu sie eigentlich an die Grenze geschickt worden waren. Angesichts der vielfältigen Spannungen in den letzten Tagen vor dem Krieg hätte das unterschiedlichste Gründe haben können.

Generell erhöhen mehr Beteiligte immer das Risiko einer Entdeckung. Der britische Biophysiker David Robert Grimes konnte 2016 durch statistische Methoden und den Vergleich mit aufgedeckten Fällen zeigen, dass Verschwörungen mit mehr als 1000 Mitwissern praktisch keine Chance haben, über längere Zeit unentdeckt zu bleiben.[295] Alle hier im Buch besprochenen Verschwörungsbehauptungen würden eine mindestens fünfstellige Zahl von Mitwissern in einer Vielzahl von unterschiedlichen Organisationen und über viele Nationen verteilt erfordern und sie müssten seit Jahrzehnten erfolgreich geheim gehalten worden sein.

Wem kann ich glauben?

Manchmal werden Sie mit eigenen naturwissenschaftlichen Kenntnissen nicht zu einer klaren Entscheidung kommen können, ob ein Sachverhalt auch ohne eine Verschwörung zu erklären ist oder ob der behauptete Hergang überhaupt möglich ist. In diesen Fällen führt kein Weg daran vorbei, sich auf die Hilfe von Experten zu verlassen. Natürlich hat aber nicht jeder in seinem persönlichen Umfeld zu jedem naturwissenschaftlichen Thema einen Experten seines Vertrauens. Es wird auch nicht jeder, der mit einer Materie vertraut ist, notwendigerweise Zeit oder Lust haben, sich ausgiebig mit mehr oder weniger abseitigen Verschwörungsbehauptungen auseinanderzusetzen.

Man ist also letztlich auf diejenigen Experten angewiesen, die sich bereits mit dem Thema befasst und dazu geäußert haben. Entsprechende Stellungnahmen von Personen, die sich für Experten halten, finden sich schon bei einer einfachen Internetrecherche zu den meisten Verschwörungsbehauptungen reichlich. Wie kann man aber entscheiden, welcher Experte glaubwürdig ist? Hierzu können einige Kriterien zumindest eine gewisse Orientierung geben.

- **Kompetenz:** Wohlklingende Titel sind nicht alles und sie können blenden, vor allem, wenn sie aus einem Fachgebiet stammen, das nicht unmittelbar mit dem jeweiligen Thema zu tun hat. Dennoch bleibt ein Studium die beste und sicherste Möglichkeit, sich zu einem wissenschaftlich zugänglichen Thema Fachwissen anzueignen, und ein Abschluss ist der sicherste Nachweis, dass man nicht nur an der Universität eingeschrieben war, sondern tatsächlich etwas gelernt hat. Wer selbstständig zu forschen gelernt hat, kann dies mit einer Doktorarbeit nachweisen, und eine Professur an einer wissenschaftlichen Hochschule zeigt, dass jemand ein hinreichend breites Wissen in einem Fachgebiet nachgewiesen hat, dass er es auch Studierenden vermitteln kann. Nichts davon schließt jedoch aus, dass jemand in seiner Freizeit und in anderen Fachgebieten vollkommen unwissenschaftlichen Ideen anhängt. Nur eine Führungsrolle in einer entsprechenden Organisation oder eine große Anhängerschaft zu haben, garantiert ebenfalls keine Fachkompetenz. Dominik Storr, Vorsitzender der Chemtrail-Gläubigen-Organisation Sauberer Himmel, ist Jurist, sein ehemaliger Mitstreiter Werner Altnickel gelernter Radio- und Fernsehtechniker. Von den führenden deutschsprachigen 11.-September-Truthern, die bevorzugt mit Baustatik argumentieren, sind Gerhard Wisnewski Politologe, Mathias Bröckers Germanist und Daniele Ganser Historiker. Der skurrile Neuschwabenland- und Flugscheiben-Guru Axel Stoll („Das ist Physik. Muss man wissen.“) war immerhin promovierter Geologe und bis zu seiner Arbeitslosigkeit nach der Wende Experte für Gesteinsformationen im Thüringer Wald. Das gleiche Argument lässt sich natürlich auch herumdrehen: Auf Seiten der Verschwörungsskeptiker sind zum Beispiel der Amerikanist Michael Butter oder der Psychologe Sebastian Bartoschek Experten für die Verbreitung und die Auswirkungen von Verschwörungsglauben in der Gesellschaft, aber nicht notwendigerweise für die inhaltliche Bewertung einzelner Verschwörungsbehauptungen. Die Autoren zum Beispiel der Untersuchungsberichte zum Einsturz des World Trade Centers, der wissenschaftlichen Veröffentlichung über die Unmöglichkeit einer Geheimbasis in Neuschwabenland oder der NASA-Veröffentlichungen zu den Mondlandungen umfassen aber natürlich eine Vielzahl von Fachwissenschaftlern, die sich dort genau zu ihren Arbeitsgebieten äußern.

- **Objektivität:** Je offensichtlicher fachkompetent gegenüber einer Verschwörungsbehauptung skeptische Experten sind und je deutlicher sie sich positionieren, desto häufiger wird ihnen unterstellt, selbst an der jeweiligen Verschwörung beteiligt zu sein. Dadurch immunisieren sich Verschwörungsgläubige gegen die Kritik gerade derjenigen, die ihre Befürchtungen am ehesten kompetent beantworten könnten. Wenn Verschwörungsskeptikern nicht direkte Mittäterschaft unterstellt werden kann, wird ihnen auch häufig vorgeworfen, Teil „des Systems" zu sein oder finanzielle Interessen zu verfolgen. Welcher Art diese finanziellen Interessen sein sollen, bleibt oft rätselhaft, da die meisten davon betroffenen Akteure sich tatsächlich in ihrer Freizeit engagieren und in wissenschaftlichen Institutionen die Beschäftigung mit populärwissenschaftlichen Themen wie Verschwörungsglauben von wenigen Ausnahmen abgesehen kaum gewürdigt wird. Abgesehen von Gerhard Wisnewski, Jan van Helsing und eventuell Daniele Ganser dürfte es hingegen auch kaum deutschsprachige Autoren geben, die allein vom Verbreiten von Verschwörungsglauben leben können. Verschwörungsbehauptungen werden auch gelegentlich zur Vermarktung diverser Esoterikprodukte herangezogen, sind dabei aber, mit Ausnahme der Cloudbuster gegen Chemtrails, in der Regel nur eines von vielen Verkaufsargumenten. Verbreiteter ist eine politische Instrumentalisierung. So werden auf diversen Onlineportalen Verschwörungsbehauptungen offenbar gezielt eingesetzt, um Angebote aus dem Bereich der klassischen Esoterik anschlussfähig an ein rechtsextremes Publikum zu machen.[296] Zusammenfassend bleibt zu sagen, dass praktisch alle öffentlich Stellung nehmenden Experten eine deutliche eigene Positionierung zu dem Thema haben und ihre Ergebnisse in entsprechender Form darstellen, diese Positionierung sich aber auf beiden Seiten meist eher auf echte Überzeugung als auf unlautere Interessen zurückführen lässt.
- **Nachvollziehbarkeit:** Wer unter Wissenschaftlern eine Erkenntnis weitergeben möchte, kann das nicht tun, indem er nur sein Ergebnis berichtet. Auch der Weg, mit dem er zu diesem Ergebnis gelangt ist, muss nachvollziehbar beschrieben werden. Sofern das realistisch möglich ist, sollten heutzutage nach Abschluss der Auswertungen die verwendeten Daten, zum Beispiel Messwerte, ebenfalls zugänglich gemacht werden. Das ist auch der Grund, warum die Berichte der amerikanischen Norm- und Eichbehörde NIST zum Einsturz des World Trade Centers mehrere tausend Seiten füllen. In der Kommunikation mit der Öffentlichkeit werden solche Regeln jedoch manchmal zum Hindernis. Bedauerlicherweise sind solche Veröffentlichungen, wenn sie in wissenschaftlichen Fachzeitschrif-

ten erschienen sind, in vielen Fällen sehr teuer und nur an Hochschulbibliotheken kostenlos einzusehen. Solche Artikel sind oft nur mit Fachwissen zu verstehen, aber sie machen eine Nachprüfung überhaupt erst möglich. Wenn die gleichen Wissenschaftler in Tageszeitungen oder im Fernsehen zitiert werden, müssen sie sich zwangsläufig auf die Kernaussagen ihrer Ergebnisse beschränken. Diese Kernaussagen sind dann oft schwer von bloßen Behauptungen von Pseudoexperten zu unterscheiden. Es lohnt sich also, zu recherchieren, ob es von der betreffenden Person auch detailliertere Veröffentlichungen zu einem relevanten Thema gibt. Wer seine Ergebnisse nur auf privaten, möglicherweise auch noch anonymen Internetseiten, in selbst verlegten Büchern ohne Quellenangaben oder gar in selbst produzierten Onlinevideos darlegt, erfüllt nicht das Kriterium der Nachvollziehbarkeit, selbst wenn die Argumentation dort auf den ersten Blick plausibel erscheint.

So kommt man auch beim Rückgriff auf Expertenwissen nicht darum herum, sich Gedanken zu den vorgebrachten Aussagen zu machen und gegebenenfalls ein wenig zu recherchieren, mit wem man es zu tun hat. Einen Rat zum Thema Verschwörungsbehauptungen kann man aber auf alle Fälle verallgemeinern: Vertrauen Sie niemandem blind – schon gar nicht den Verschwörungsgläubigen.

Falls Sie sich nun durch den Inhalt dieses Buches, durch Recherchen oder eigene Experimente, zu denen Sie hier ermutigt wurden, bestätigt fühlen, seien Sie vorsichtig: Je mehr Ihr Ergebnis Ihre eigenen vorherigen Erwartungen, Ihre politischen und weltanschaulichen Einstellungen bestätigt, desto kritischer sollten Sie damit umgehen. Unsere naturgegebene Tendenz, uns Erkenntnisse zu suchen, die das bestätigen, was wir ohnehin schon zu wissen glauben, ist eine Denkfalle, der man nur schwer entkommen kann. Und vor allem: Bleiben Sie im Kopf offen – aber nicht so offen, dass der Verstand herausfällt!

Literatur

1 Wuermeling HL: August ’39: 11 Tage zwischen Krieg und Frieden. Ullstein (Berlin), 1989
2 Spieß A, Lichtenstein H: Unternehmen Tannenberg. Limes Verlag (Wiesbaden), 1979
3 Benz W (Hrsg): Legenden Lügen Vorurteile. Moos & Partner (München), 1990
4 Spieß A, Lichtenstein H: Unternehmen Tannenberg. Limes Verlag (Wiesbaden), 1979
5 Feldstein M: Wallowing in Watergate: Historiography, Methodology, and Mythology in Journalism’s Celebrated Moment. American Journalism 2014; 31: 4, 550–570
6 Walsh LE: Final Report of the Independent Counsel for Iran/Contra Matters. United States Court of Appeals for the District of Columbia Circuit (Washington), 1993
7 Anton A: Unwirkliche Wirklichkeiten: Zur Wissenssoziologie von Verschwörungstheorien. Logos (Berlin), 2011
8 Bartoschek S: Bekanntheit von und Zustimmung zu Verschwörungstheorien – eine empirische Grundlagenarbeit. jmb (Hannover), 2015
9 Raab M et al: Am Anfang war die Verschwörungstheorie. Springer (Berlin), 2017
10 Grüter T: Freimaurer, Illuminaten und andere Verschwörer. Scherz (Frankfurt), 2006
11 Grüter T: Freimaurer, Illuminaten und andere Verschwörer. Scherz (Frankfurt), 2006
12 Butter M: Plots, Designs, and Schemes. De Gruyter (Berlin), 2014
13 Caesar I: German Transcript of Irene Caesar’s Interview for Alexander Gottwald #2. http://irenecaesar.livejournal.com/27713.html, zugegriffen am 13.10.2017
14 Anonym: 30 Thesen zur jüdischen Weltherrschaft. http://wahrheit1933.blogspot.de/2009/11/30-thesen-zur-judischen-weltherrschaft.html, zugegriffen am 13.10.2017
15 Aaronovitch D: Voodoo Histories: The Role of the Conspiracy Theory in Shaping Modern History. Riverhead Books (New York), 2011
16 Raab M et al: Am Anfang war die Verschwörungstheorie. Springer (Berlin), 2017
17 Lau J: Ein Wahn stützt den anderen. https://www.zeit.de/2003/38/Verschw_9arung, zugegriffen am 26.9.2018
18 Schink A: Verschwörung, Praxis, Theorie: Bausteine einer Konspirologie. Zeitschrift für Anomalistik 2016; 16: 370–418
19 Idries A: Michael Butter: „Verschwörungstheorien waren lange Zeit normal“. https://www.aachener-nachrichten.de/nrw-region/michael-butter-verschwoerungstheorien-waren-lange-zeit-normal_aid-24491273, zugegriffen am 26.9.2018
20 Stern: „Deutschland ist kein souveränes Land. Wir sind nicht frei“. http://www.stern.de/kultur/musik/xavier-naidoo-im-stern--deutschland-ist-kein-freies-land-5956266.html, zugegriffen am 21.10.2017
21 Thompson P: America was behind the 9/11 atrocities, says actor Charlie Sheen. http://www.dailymail.co.uk/news/article-1212543/Charlie-Sheen-demands-speak-Barack-Obama-9-11-government-cover-up.html, zugegriffen am 21.10.2017
22 Von Bülow A: Die CIA und der 11. September: Internationaler Terror und die Rolle der Geheimdienste. Piper (München), 2014
23 Bröckers M, Walther CC: 11. 9. – zehn Jahre danach. Westend (Frankfurt), 2011
24 Wisnewski G: ZDF präsentiert neue Beweise für World-Trade-Center-Sprengung. https://web.archive.org/web/20080912223639/http://info.kopp-verlag.de/news/zdf-praesentiert-neue-beweise-fuer-world-trade-center-sprengung.html, zugegriffen am 18.10.2017
25 Maurer A: Verschwörungsstar verliert Lehrauftrag: Auch Uni St. Gallen lässt Daniele Ganser fallen. https://www.aargauerzeitung.ch/schweiz/verschwoerungsstar-verliert-lehrauftrag-auch-uni-st-gallen-laesst-daniele-ganser-fallen-132406642, zugegriffen am 16.4.2018
26 Hermsdorf D: Kino Okkult. Eine geheime Weltgeschichte im Zeitalter des Films 1: 11. September 2001. Filmdenken (Potsdam), 2011

27 Gross JL, McAllister TP: Structural Fire Response and Probable Collapse Sequence of the World Trade Center Towers. US Government Printing Office (Washington), 2005
28 McMichael J: Muslims Suspend Laws of Physics! http://www.serendipity.li/wot/mslp_i.htm, zugegriffen am 30.12.2017
29 Anonym: 9/11: Das Märchen vom schmelzenden Stahl. http://alles-schallundrauch.blogspot.de/2011/08/911-das-marchen-vom-schmelzenden-stahl.html, zugegriffen am 26.12.2017
30 DIN 4102-2:1977-09: Brandverhalten von Baustoffen und Bauteilen. Beuth (Berlin), 1977
31 Schaumann P: Brandschutznachweise für ungeschützte Stahlkonstruktionen. Bundesbaublatt 1999; 7: 69–71
32 Anonym: Der „paramilitärische" und rechte Contra-Magazin Redakteur Andreas Keltscha. https://matrochka.wordpress.com/2016/08/26/der-paramilitaerische-und-rechte-contra-magazin-redakteur-andreas-keltscha/, zugegriffen am 30.12.2017
33 Maier M: Hochhausbrand – Warum stürzt es nicht ein? https://www.contra-magazin.com/2017/06/hochhausbrand-warum-stuerzt-es-nicht-ein/, zugegriffen am 15.11.2018
34 Jones S et al: 15 Years Later: On the Physics of High-Rise Building Collapses. Europhysics News 2016; 47/4: 21–26
35 New Mexico Tech: Dr. Van D. Romero – Vice President for R&ED. http://w17.nmt.edu/energy-research-at-new-mexico-tech/51-research-and-economic-development/research-and-economic-development/152-vp-r-a-ed, zugegriffen am 15.11.2018
36 Hoffman J: Van Romero. http://911research.wtc7.net/disinfo/retractions/romero.html, zugegriffen am 1.1.2018
37 Wisnewski G: ZDF präsentiert neue Beweise für World-Trade-Center-Sprengung. https://web.archive.org/web/20080912223639/http://info.koppverlag.de/news/zdf-praesentiert-neue-beweise-fuer-world-trade-centersprengung.html, zugegriffen am 18.10.2017
38 McAllister T: World Trade Center Building Performance Study. Federal Emergency Management Agency (Washington), 2002
39 Gross JL, McAllister TP: Structural Fire Response and Probable Collapse Sequence of the World Trade Center Towers. US Government Printing Office (Washington), 2005
40 Brooklyn CB: Debunking the 9/11 *Anti-No-Plane-Theory* Myths. http://www.checktheevidence.co.uk/cms/index.php?option=com_content&task=view&id=163&Itemid=60, zugegriffen am 1.1.2018
41 Wood J: Where Did the Towers Go? The New Investigation (Ort ungenannt), 2010
42 Fox D, Fetzer J: 2 + 2 = Israel nuked the WTC on 9/11. http://jamesfetzer.blogspot.de/2015/09/2-2-israel-nuked-wtc-on-911.html, zugegriffen am 1.1.2018
43 Griffin DR: Der mysteriöse Einsturz von World Trade Center 7. Peace Press (Vientiane, Laos), 2017
44 McAllister TP et al: Structural Fire Response and Probable Collapse Sequence of World Trade Center Building 7. US Government Printing Office (Washington), 2008
45 ORF: Voitsberg: Kraftwerks-Sprengung schlug fehl. http://steiermark.orf.at/news/stories/2741021/, zugegriffen am 2.1.2018
46 Weber W: Einsatz von linearen Hohlladungen. Die Baustellen 2008; 9: 42–44
47 Hümmler H: Sprengung AfE-Turm. https://www.youtube.com/watch?v=_nfjqchIOTM, zugegriffen am 2.1.2018
48 Gleisbau-Welt: Alu-Thermit Schweißen. https://www.gleisbau-welt.de/lexikon/gleisbau-und-instandhaltung/maschineller-gleisbau/schweisstechnologie/alu-thermit-schweissen/, zugegriffen am 2.1.2018

49 Hughey MJ: AN-M14 TH3 Incendiary Hand Grenade. http://www.operationalmedicine.org/Safety/Weapons/AN-M14_TH3_Incendiary_Hand_Grenade.htm, zugegriffen am 2.1.2018
50 National Geographic: 9/11 Science & Conspiracy. USA 2009, TC: 0:44:45-0: 50:17
51 Albee R: THERMITE – It can CUT I-Beams and Girders. https://www.youtube.com/watch?v=zmA59hQnoOU, zugegriffen am 3.12.2018
52 Ekmann O: WARUM denkt der Mensch nicht weiter. Epubli (Berlin), 2012
53 Williams D: Pentagon Strike. http://www.pentagonstrike.co.uk/, zugegriffen am 4.1.2018
54 Unbekannt: Pentagon. Hunt the Boeing! And test your perceptions! https://web.archive.org/web/20020813055537/http://asile.org/citoyens/numero13/pentagone/erreurs_en.htm, zugegriffen am 4.1.2018
55 Schrang H: Germanwings Flug 9525 – das Lügengebilde bricht zusammen. https://www.macht-steuert-wissen.de/249/germanwings-flug-9525-das-luegengebilde-bricht-zusammen, zugegriffen am 5.1.2018
56 Sandia Video Services: Video Gallery. https://share-ng.sandia.gov/news/resources/video-gallery/index.html, zugegriffen am 5.1.2018
57 ‚Keenan': What do the 1992 crash of El Al Flt 1862 and 9/11 have in common? http://wtcdemolition.com/blog/node/2473, zugegriffen am 5.1.2018
58 Roberts S: Photos Of Flt 77 Wreckage Inside The Pentagon. http://www.rense.com/general32/phot.htm, zugegriffen am 10.1.2018
59 Stone A: Pentagon searchers encounter grisly scene. http://usatoday30.usatoday.com/news/washington/sept01/2001-09-14-pentagon-usat.htm, zugegriffen am 10.1.2018
60 United States v. Zacarias Moussaoui: Prosecution Trial Exhibits. http://www.vaed.uscourts.gov/notablecases/moussaoui/exhibits/prosecution.html, zugegriffen am 10.1.2018
61 Desmoulins JP: Pentagon 2001/9/11: the fraud! http://jpdesm.pagesperso-orange.fr/pentagon/archive/english3.html, zugegriffen am 4.2.2018
62 Unbekannt: Flight 77 - Pentagon Event - 3d Test. https://web.archive.org/web/20021021132424/ http://www.ifrance.fr/silentbutdeadly/index2.htm, zugegriffen am 4.2.2018
63 Integrated Consultants Inc.: 911 Case Study: Pentagon Flight 77. https://www.youtube.com/watch?v=YVDdjLQkUV8, zugegriffen am 5.2.2018
64 Meyssan T: 11. September 2001: Der inszenierte Terrorismus. Editio de facto (Bad Wildungen), 2002
65 Petritsch M: 9/11 Zeitablauf – Der dritte Einschlag. http://alles-schallundrauch.blogspot.de/2007/09/911-zeitablauf-der-dritte-einschlag.html, zugegriffen am 5.2.2018
66 SRG Ombudsstelle: SRF Online Beitrag „Flugzeugabsturz auf Pentagon – Die Erinnerung an 9/11" beanstandet. https://www.srgd.ch/de/aktuelles/news/2017/06/11/srf-online-beitrag-flugzeug-absturz-auf-pentagon-die-erinnerung-911-beanstandet/, zugegriffen am 5.2.2018
67 Kean TH et al: The 9/11 Commission Report. https://www.9-11commission.gov/report/911Report.pdf, zugegriffen am 27.9.2018
68 Patalong F: Die Pentagon-Attacke fand (so nie) statt. http://www.spiegel.de/netzwelt/web/hunt-the-boeing-die-pentagon-attacke-fand-so-nie-statt-a-191103.html, zugegriffen am 5.2.2018
69 Unbekannt: Flight 77 - Pentagon Event - 3d Test. https://web.archive.org/web/20021021132424/http://www.ifrance.fr/silentbutdeadly/index2.htm, zugegriffen am 4.2.2018

70 Eastman D: The September 11 Pentagon Murders. http://www.hiddenmysteries.org/conspiracy/conspiracy/911murders.html, zugegriffen am 5.2.2018
71 Meyssan T: The Pentagate. Edition Carnot (Versailles), 2002
72 United States v. Zacarias Moussaoui: Prosecution Trial Exhibits. http://www.vaed.uscourts.gov/notablecases/moussaoui/exhibits/prosecution/P200022.html, zugegriffen am 10.1.2018
73 Desmoulins JP: Pentagon surveillance cctv 2001/9/11: Where are the missing frames? http://jpdesm.pagesperso-orange.fr/pentagon/archive/english1.html, zugegriffen am 5.2.2018
74 Sault PW: A Cruise Missile at The Pentagon. http://www.odeion.org/cruisemissile/, zugegriffen am 5.2.2018
75 History Channel: BGM-109 Tomahawk Land Attack Missile (TLAM). https://www.youtube.com/watch?v=8sa7ZX58Kk4, zugegriffen am 5.2.2018
76 Cosy Clothes: Fatal Plane Crash Compilation - 20 Shocking Deadly Airplane Crash Videos. https://www.youtube.com/watch?v=UE9XCIeJEJk, zugegriffen am 5.2.2018
77 Kaysing B: We Never Went to the Moon. Mokelumne Hill Press (Mokelumne Hill, CA), 1976
78 Geise G: Die Apollo-Seite. http://www.gernot-geise.de/apollo/apollo.html, zugegriffen am 3.3.2018
79 Lunsford DR: Venus over the Apollo 14 LM. https://www.hq.nasa.gov/alsj/a14/a14Venus.html, zugegriffen am 12.3.2018
80 Jones EM: A Brief History of AS11-40-5903. https://www.hq.nasa.gov/alsj/a11/a11-5903history.html, zugegriffen am 12.3.2018
81 Kauderer A: Apollo Imagery - AS17-141-21608. https://spaceflight.nasa.gov/gallery/images/apollo/apollo17/html/as17-141-21608.html, zugegriffen am 12.3.2018
82 Jones EM: Apollo 17 Image Library. https://www.hq.nasa.gov/alsj/a17/images17.html#21608, zugegriffen am 12.3.2018
83 Aulis online: Examples of anomalies and inconsistencies in the Apollo photography. http://www.aulis.com/nasa4.htm, zugegriffen am 1.7.2018
84 Geise G: Unterschiedliche Schattenrichtungen. http://www.gernot-geise.de/apollo/dateien/schattenrichtungen.html, zugegriffen am 12.3.2018
85 Space Math: The Deadly Van Allen Belts? https://www.nasa.gov/sites/default/files/files/SMIII_Problem7.pdf, zugegriffen am 12.3.2018
86 Dachev TP et al: An overview of RADOM results for earth and moon
87 Cucinotta FA: Space Radiation Organ Doses for Astronauts on Past
88 RT Deutsch: Mondlandung 1972: Neue Nahrung für Verschwörungstheoretiker. https://deutsch.rt.com/gesellschaft/60883-neue-spekulation-uber-mondlandung-verschworungstheorien/, zugegriffen am 21.3.2018
89 Moffet J: Conspiracy Theory: Did We Land on the Moon? USA 2001, TC: 0:07:45-0:08:15
90 Brickner I: „Kapitalismus, ein Zerstörungsprojekt". https://derstandard.at/1265852135844/Interview-Kapitalismus-ein-Zerstoerungsprojekt, zugegriffen am 21.3.2018
91 abc.es: Chávez acusa a EE.UU. de provocar el seísmo de Haití. http://www.abc.es/20100119/internacional-/chavez-acusa-provocar-seismo-201001191332.html, zugegriffen am 21.3.2018
92 Iran German Radio: Ernsthafte Zweifel in internationalen Wissenschaftskreisen: Das Erdbeben von Haiti ist unnatürlich – war HAARP der Auslöser? http://german.irib.ir/analysen/beitraege/item/102485-ernsthafte-zweifel-in-internationalen-wissenschaftskreisen-das-erdbeben-von-haiti-ist-unnatürlich---war-haarp-der-auslöser, zugegriffen am 21.3.2018

93 Gaspard J: HAARP – Die Erde als Waffe? http://www.nexworld.tv/talk-shows/cafe-23/story/news/haarp-die-erde-als-waffe/ und Gaspard J: Das Ende des Patriarchats. http://www.nexworld.tv/talk-shows/cafe-23/story/news/das-ende-des-patriarchats/, zugegriffen am 21.3.2018
94 Eikelmann L: 31.12.2009: Die offizielle Version. http://lutz-eikelmann.de/blog.html, zugegriffen am 21.3.2018
95 Block T et al: Reichsbürger: Mehr als verquaste Quertreiber. https://www.swp.de/politik/inland/reichsbuerger_-mehr-als-verquaste-quertreiber-23277427.html, zugegriffen am 21.3.2018
96 Giesen C: Honorarprofessor unter Rechtsextremismus-Verdacht. http://www.spiegel.de/lebenundlernen/uni/uni-leipzig-honorarprofessor-unter-rechtsextremismus-verdacht-a-516859.html, zugegriffen am 21.3.2018
97 Conrad J: Aufbruch Gold Rot Schwarz. http://bewusst.tv/aufbruch-gold-rot-schwarz/, zugegriffen am 21.3.2018
98 Vogt MF: 3. Quer-Denken.TV-Kongreß 2016 – Programmupdate 20. November. https://quer-denken.tv/3-quer-denken-tv-kongress-2016/, zugegriffen am 21.3.2018
99 Begich N, Manning J: Angels Don't Play This Haarp: Advances in Tesla Technology. Earthpulse Press (Anchorage), 1997
100 Fielitz UW: Allgemein – Satellitenfunk auf U-Booten – das Ende von Längstwellen-kommunikation? https://www.globaldefence.net/archiv/artikel-analysen/allgemein-satellitenfunk-auf-u-booten-das-ende-von-laengstwellenkommunikation/, zugegriffen am 27.3.2018
101 Rajiva A: Das HAARP-Projekt. http://www.science-explorer.de/reports/haarpprojekt.htm, zugegriffen am 27.3.2018
102 Koren W: HAARP: Die geheimen Wettermacher. https://www.zeitenschrift.com/news/haarp-die-geheimen-wettermacher#.Wr2IXpcuBjE, zugegriffen am 27.3.2018
103 Osswald R: High Frequency Active Auroral Research Program. https://plus.google.com/photos/photo/104155020875894224093/6510661220811671698, zugegriffen am 27.3.2018
104 Geophysical Institute: Frequently Asked Questions About HAARP. https://www.gi.alaska.edu/haarp/faq, zugegriffen am 27.3.2018
105 Bezrodny VG et al: Application of an imaging HF riometer for the observation of scintillations of discrete cosmic sources. Radio Science 2008; 43,6: RS6007
106 Chang S et al: Resonant scattering of energetic electrons in the outer radiation belt by HAARP-induced ELF/VLF waves. Advances in Space Research 2016; 58,7: 1219–1228
107 Weinberger S: US ionospheric research facility to close. https://www.nature.com/news/us-ionospheric-research-facility-to-close-1.15243, zugegriffen am 27.3.2018
108 National Science Foundation: Master Government List of Federally Funded R&D Centers. https://www.nsf.gov/statistics/ffrdclist/, zugegriffen am 27.3.2018
109 Dubay E: Haiti Earthquake Caused by HAARP Weapon? http://www.atlanteanconspiracy.com/2010/01/haiti-earthquake-caused-by-haarp-weapon.html, zugegriffen am 27.3.2018
110 Calbery A: The Fight Against Geoengineering. Friesen Press (Victoria, Kanada), 2017
111 Begich N, Manning J: Angels Don't Play This Haarp: Advances in Tesla Technology. Earthpulse Press (Anchorage), 1997
112 Bussard RW et al: Lightweight Focusing Reflector for Space. United States Patent 5202689, 1993
113 Koert P, Cha JT: Power Beaming System. United States Patent 5068669, 1991
114 Eastlund BJ: Method and apparatus for altering a region in the earth's atmosphere, ionosphere, and/or magnetosphere. United States Patent 4686605, 1987
115 Weinberger S: The Imageneers of War. Vintage Books (New York), 2017

116 Anonym: UN-Dokument enthüllt: HAARP-Waffe ist vergleichbar mit Atombombe. http://brd-schwindel.ru/un-dokument-enthuellt-haarp-waffe-ist-vergleichbar-mit-atombombe/, zugegriffen am 27.3.2018
117 Anonym: HAARP-Bombe im UNO-Bericht. http://miryline.blogspot.de/2011/04/haarp-wie-atombombe.html, zugegriffen am 27.3.2018
118 Anonym: UN Report states HAARP can create ‚HEAVY NUCLEAR TYPE EXPLOSION'! https://ascendingstarseed.wordpress.com/2011/04/03/un-report-states-haarp-can-create-heavy-nuclear-type-explosion/, zugegriffen am 27.3.2018
119 United Nations General Assembly: Special Committee on Decolonization Calls on United States to Expedite Puerto Rico's self-determination process. https://www.un.org/press/en/2007/gacol3160.doc.htm, zugegriffen am 27.3.2018
120 Pilkington E: Puerto Rico governor to take statehood case to Washington but faces US snub. https://www.theguardian.com/world/2017/jun/12/puerto-rico-governor-washington-statehood-us, zugegriffen am 27.3.2018
121 Smith JE: HAARP The Ultimate Weapon of the Conspiracy. Adventures Unlimited (Kempton, Illinois), 1998
122 Seiler U: HAARP: Das Wetter als Waffe – Wahn oder Wirklichkeit? Zeitenschrift 2008; 57: 18
123 Zland Communications: European Parliament issues warnings on HAARP. http://exonews.org/european-parliament-issues-warnings-on-haarp/, zugegriffen am 27.3.2018
124 Theorin MB: Bericht 14. Januar 1999 über Umwelt, Sicherheit und Außenpolitik. http://www.europarl.europa.eu/sides/getDoc.do?pubRef=-%2F%2FEP%2F%2FTEXT+REPORT+A4-1999-0005+0+DOC+XML+V0%2F%2FDE#_part7_ref25, zugegriffen am 27.3.2018
125 Jones CB et al: Opertion Argus 1958. Defense Nuclear Agency (Washington), 1982
126 Bergkvist NO, Ferm R: Nuclear Explosions 1945–1998. Defense Research Establishment (Stockholm), 2000
127 Ethericplane: 13 reasons to suspect HAARP caused Haiti quake. http://www.godlikeproductions.com/forum1/message965951/pg1?disclaimer=1, zugegriffen am 27.3.2018
128 Prepetit C: Tremblements de terre en Haïti : mythe ou réalité? Le Matin 2008; 33083. 2–4
129 Prentice CS et al: Seismic hazard of the Enriquillo–Plantain Garden
130 K22MK: Erdbeben in Japan – alles deutet auf HAARP hin! https://www.youtube.com/watch?v=uyJnpAaFAlw, zugegriffen am 27.3.2018
131 JapanErdbeben: Mega Strudel im Hafen ! Japan Erdbeben Tsunami Flut 2011. https://www.youtube.com/watch?v=PtXSNcTu3kY, zugegriffen am 27.3.2018
132 Smith JE: HAARP: The Ultimate Weapon of the Conspiracy. Adventures Unlimited Press (Kempton, Illinois), 1998
133 Nycresistance: Did HAARP weapon cause Haiti Earthquake killing thousands? https://www.youtube.com/watch?v=xhJfkh0e3l0, zugegriffen am 27.3.2018
134 Begich N: About us. https://earthpulse.com/about-us/, zugegriffen am 27.3.2018
135 Anonym: Haiti, Haarp und Amerika. http://schnittpunkt2012.blogspot.de/2010/01/haiti-haarp-und-amerika.html, zugegriffen am 27.3.2018
136 Conrebbi H: Japans Megabeben- Beschreibung der Erdbebenwaffe. https://www.youtube.com/watch?v=wO-1DF5RKQ8, zugegriffen am 27.3.2018
137 Hurricane Research Division: Subject: D7) How much energy does a hurricane release? http://www.aoml.noaa.gov/hrd/tcfaq/D7.html, zugegriffen am 27.3.2018
138 Bundesamt für Justiz: Verordnung zum Gesetz über den Amateurfunk (Amateurfunkverordnung – AFuV). https://www.gesetze-im-internet.de/afuv_2005/BJNR024200005.html, zugegriffen am 3.12.2018
139 Rajiva A: Das HAARP-Projekt. http://www.science-explorer.de/reports/haarpprojekt.htm, zugegriffen am 27.3.2018

140 Begich N, Manning J: Angels Don't Play This Haarp: Advances in Tesla Technology. Earthpulse Press (Anchorage), 1997
141 Freeland E: Chemtrails, HAARP, and the Full Spectrum Dominance of Planet Earth. Feral House (Port Townsend, Washington), 2014
142 Ludwig K: Mittelwellenmast Ismaning gesprengt. https://www.radioeins.de/programm/sendungen/medienmagazin/radio_news/beitraege/2017/ismaning.html, zugegriffen am 27.3.2018
143 Hörstel C: Demonstration gegen Chemtrails – GMACAG: Berlin 25.4.2015. https://www.youtube.com/watch?v=fmNbdzmW920, zugegriffen am 16.4.2018
144 VitaVision: VitaVision – Chemtrails. https://www.youtube.com/watch?v=A9WAkDRy4rQ, zugegriffen am 16.4.2018
145 Veitblog: Ruediger Dahlke spricht Klartext über totale Manipulation, Chemtrails, Krieg. https://www.youtube.com/watch?v=tJMwyIz4RWY, zugegriffen am 16.4.2018
146 Bäumer M: Überwacht Bayern die Luft besser als Niedersachsen, oder werden in Niedersachsen nicht alle Informationen veröffentlicht? Niedersächsischer Landtag, Drucksache 2016; 17/7106
147 Altnickel W: Die totale Wetterkontrolle. Magazin2000plus 2013; 337: 58–71
148 Klinghardt D: Gesundheitliche Auswirkungen von Chemtrails. https://www.youtube.com/watch?v=f1eqT-xu54Y, zugegriffen am 26.6.2018
149 Federer B et al: Main Results of Grossversuch IV. J Appl Meteorol Climatol 1986, 25: 917–957
150 Svabik O: Hagelabwehr in der Steiermark 1982–2001. Forschungsbericht der ZAMG (Wien), 2004
151 Pachatz GC: Analyse der Effizienz der Hagelabwehr in der Steiermark anhand von Fallbeispielen. Wegener Center Verlag (Graz), 2005
152 Stetter G: Die Zerstörung des Himmels. raum & zeit 2004; 127: 5–15
153 Altnickel W: Militär- und Wirtschaftsnachrichten November 2016. https://www.youtube.com/watch?v=reD5F-3JdeA, zugegriffen am 28.12.2016
154 Bunger S: Vortrag von Traugott Ickeroth: „Angriff auf Deutschland – Hintergründe der Masseneinwanderung". https://www.extremnews.com/termine/vortraege/169815bc9d20db3, zugegriffen am 16.4.2018
155 Auditum Verum, Irrenhaus Deutschland: Chaos, Gewalt, Lügen und Intrigen. http://bereicherungswahrheit.com/irrenhaus-deutschland-chaos-gewalt-luegen-und-intrigen/, zugegriffen am 28.12.2016
156 Vögeli TR: BRD / Migranten / Bis in einem Jahr 10 Millionen. https://bumibahagia.com/2015/11/27/brd-migranten-bis-in-einem-jahr-10-millionen/, zugegriffen am 28.12.2016
157 Bartoschek S: Bekanntheit von und Zustimmung zu Verschwörungstheorien – eine empirische Grundlagenarbeit. jmb (Hannover), 2017
158 Tingley D, Wagner G: Solar geoengineering and the chemtrails conspiracy on social media. Palgrave Communications 2017; 3: 12
159 Hümmler H: Chemtrails zwischen Meteorologie und rechter Verschwörungstheorie. https://www.youtube.com/watch?v=TCdL7Q7KyM4, zugegriffen am 28.12.2016
160 Deutsche Flugsicherung: Luftverkehr in Deutschland. Mobilitätsbericht 2008. Deutsche Flugsicherung GmbH (Langen), 2009
161 Deutsche Flugsicherung: Luftverkehr in Deutschland. Mobilitätsbericht 2015. Deutsche Flugsicherung GmbH (Langen), 2016
162 Anonym: 09.08.2004. https://web.archive.org/web/20040831231701/http://www.chemtrails.erazor-zone.de:80/, zugegriffen am 22.4.2018

163 Sauberer Himmel: So schauen nur künstliche Wolken aus. http://www.sauberer-himmel.de/2013/04/23/so-schauen-nur-kunstliche-wolken-aus/, zugegriffen am 22.4.2018
164 Aikos2309: Tschüß blauer Himmel! „Schönwetter-Wolken" aus weißer Chemie über Deutschland (Video). https://www.pravda-tv.com/2016/07/tschuess-blauer-himmel-schoenwetter-wolken-aus-weisser-chemie-ueber-deutschland-video/, zugegriffen am 22.4.2018
165 Sauberer Himmel: HAARP-Wellen über Sachsen. http://www.sauberer-himmel.de/2013/06/28/haarp-wellen-uber-sachsen/, zugegriffen am 27.6.2018
166 Iribarne JV, Cho HR: Atmospheric Physics. Reidel (Dordrecht), 1980
167 Sauberer Himmel: Kurven und Schleifen verraten Chemtrail-Flugzeuge! http://www.sauberer-himmel.de/2011/11/08/kurven-und-schleifen-verraten-chemtrail-flugzeuge/, zugegriffen am 27.6.2018
168 Anton: Beitrag in: Flugbetrieb Neubrandenburg - Trollenhagen (ETNU) 2011. https://www.flugzeugforum.de/threads/flugbetrieb-neubrandenburg-trollenhagen-etnu-2011.63805/page-74#post-1654383, zugegriffen am 8.7.2018
169 Sauberer Himmel: Grandiose Halo-Effekte durch Chemie am Himmel. http://www.sauberer-himmel.de/2013/05/20/grandiose-halo-effekte-durch-chemie-am-himmel/, zugegriffen am 1.7.2018
170 Mahurin J: Chemical Sun Halo Becomes Commonplace Around the World. http://ireport.cnn.com/docs/DOC-421189, zugegriffen am 1.7.2018
171 SoCal SkyWatch: Visual Evidence of Aerosol Injection Spraying, What are the Health Effects? http://socalskywatch.net/2016/01/25/visual-evidence-of-aerosol-injection-spraying-what-are-the-health-effects/, zugegriffen am 1.7.2018
172 Stacy D, Huyghe P: The Field Guide to UFOs. Harper Paperbacks (New York), 2000
173 Kincses: Chemtrain, Chembow Final Rainbow Halo Impact Photo over Sydney 5/11/2012. http://unitedtruthseekers.com/photo/chemtrail-chembow-final-rainbow-halo-impact-photo-over-sydney-5, zugegriffen am 1.7.2018
174 Hammerstein W: What are „chembows?". http://chemtrails.cc/what-are-chembows/, zugegriffen am 1.7.2018
175 Genebean: A „Chembow" Observed in Prince Edward County, Ontario, July 3 2010. http://genesgreenbook.com/content/chembow-observed-prince-edward-county-ontario-july-3-2010, zugegriffen am 2.7.2018
176 Anonym: Heiter bis Wolkig. Geo Special 1982; 2: 124–140
177 Bravais A: Ueber die optischen Erscheinungen, zu welchen die Wolken von Eistheilchen Anlass geben. Annalen der Physik 1848; 149: 500–506
178 Anonym: https://web.archive.org/web/20071020035325/http://www.chemtrails.erazor-zone.de:80/, zugegriffen am 2.7.2018
179 Seriola: Unterschiede zwischen Chembows und Regenbögen. http://finanzcrash.com/forum/read.php?1,85249,86114, zugegriffen am 2.7.2018
180 Conspiracyanalyst: Chemtrail Induced Clouds And Ice Crystal Halos. http://wtfrly.com/2012/12/03/chemtrail-induced-clouds-and-ice-crystal-halos/#.WzlPpCAyUUE, zugegriffen am 2.7.2018
181 Siegel R: Sprache der Wolken. Kosmos (Stuttgart), 1949
182 Doepp M: Chemtrails, Morgellons und Nanobakterien. https://quantisana.ch/gesundheit-neu-denken/expertenberichte/chemtrails-morgellons-und-nanobakterien/, zugegriffen am 8.7.2018
183 Anonym: Morgellons. https://saubererhimmel.wordpress.com/2011/10/30/morgellons/, zugegriffen am 8.7.2018

184 Firger J: Joni Mitchell and the mystery of Morgellons disease. https://www.cbsnews.com/news/joni-mitchell-and-the-mystery-of-morgellons-disease/, zugegriffen am 8.7.2018
185 Harlan C: Mom fights for answers on what's wrong with her son. http://www.post-gazette.com/local/2006/07/23/Mom-fights-for-answers-on-what-s-wrong-with-her-son/stories/200607230221, zugegriffen am 27.8.2017
186 Al-Imam A: A systematic literature review on delusional parasitosis. Journal of Dermatology & Dermatologic Surgery 2016; 20,1: 5–14
187 Browne B: Sinister secrets in the sky. http://jonimitchell.com/library/view.cfm?id=2349, zugegriffen am 8.7.2018
188 Pearson ML et al: Clinical, Epidemiologic, Histopathologic and Molecular Features of an Unexplained Dermopathy. PLoS One. 2012; 7,1: e29908
189 Kachelmann J: Chemtrails gibt es nicht – die spinnen, die Verschwörungstheoretiker. http://wetterkanal.kachelmannwetter.com/chemtrails-gibt-es-nicht-die-spinnen-die-verschwoerungstheoretiker/, zugegriffen am 8.7.2018
190 Boldt B: Kachelmann gewinnt Prozess gegen Chemtrail-Anhänger. https://www.abendblatt.de/vermischtes/article107769627/Kachelmann-gewinnt-Prozess-gegen-Chemtrail-Anhaenger.html, zugegriffen am 8.7.2018
191 Lorenz J: Das Chemtrailhandbuch. jmb (Hannover), 2013
192 Stetter G: Chemtrail-Druckbehälter in der Fertigungsanlage bei Conair; Abbotsford, Canada. http://chemtrails.ch/photos.htm, zugegriffen am 8.7.2018
193 Jung S: Bündnis 90 mit Doppelspitze. http://www.taunus-zeitung.de/lokales/hochtaunus/Buendnis-90-mit-Doppelspitze;art690,201332, zugegriffen am 8.7.2018
194 Lorenz J: Das Chemtrailhandbuch. jmb (Hannover), 2013
195 Wenzel S: Wie sind die Auswirkungen von „Geo-Engineering" in Niedersachsen? Niedersächsischer Landtag Drucksache 2016; 17/5996
196 Freeland E: Under an Ionized Sky: From Chemtrails to Space Fence Lockdown. Feral House (Port Townsend, WA), 2018
197 Altnickel W: Besorgte Bürger fordern Greenpeace zum Handeln auf. http://www.chemtrail.de/?cat=18&paged=2, zugegriffen am 16.7.2018
198 Blauer Himmel: Der Bürgerservice des Umweltbundesamtes beantwortet unsere E-Mail Aktion zum Thema Geo-Engineering. http://blauerhimmel.info/?p=3067, zugegriffen am 16.7.2018
199 International Maritime Organization: Report of the Thirty-Fifth Consultative Meeting and the Eighth Meeting of Contracting Parties. International Maritime Organization (London), 2013
200 Edenhofer O et al (Hrsg): IPCC Expert Meeting on Geoengineering Lima, Peru 20–22 June 2011 Meeting Report. IPCC WG III Technical Support Unit (Potsdam), 2012
201 Peter T: Residual Climate Change and Unintended Consequences of Solar Radiation Management. In: Edenhofer O et al (Hrsg): IPCC Expert Meeting on Geoengineering Lima, Peru 20–22 June 2011 Meeting Report. IPCC WG III Technical Support Unit (Potsdam), 2012
202 Shepherd J et al: Geoengineering the Climate. The Royal Society (London), 2009
203 Sauberer Himmel: Hintergründe und Infos zum Geoengineering bzw. den Chemtrails über unseren Köpfen. http://www.sauberer-himmel.de/hintergrunde-2/, zugegriffen am 16.7.2018
204 Köwing E, Petersen C: Die Inhaltsstoffe des Climate Engineering bzw. der Chemical Trail bzw. Chemtrails. https://saubererhimmel.wordpress.com/2011/11/02/patente-fur-die-zusammensetzung-der-chemtrails/, zugegriffen am 16.7.2018
205 Krause D: Chemtrails: Chemtrail-Zusammensetzung – Fallout-Analyse. http://www.nwo-rebell.de/chemtrails-fallout-analyse-zusammensetzung/, zugegriffen am 16.7.2018

206 Temple J: How one climate scientist combats threats and misinformation from chemtrail conspiracists. https://www.technologyreview.com/s/611682/how-one-climate-scientist-combats-threats-and-misinformation-from-chemtrail-conspiracists/, zugegriffen am 28.9.2018
207 Burkhardt U, Kärcher B: Global radiative forcing from contrail cirrus. Nature Climate Change 2011; 1: 54–58
208 Kristjánsson JE et al: The hydrological cycle response to cirrus cloud thinning. Geophys Res Lett 2015; 42, 10: 807–815
209 Stocker TF et al: Climate Change 2013. The Physical Science Basis Summary for Policymakers. IPCC (Genf), 2013
210 Ananda R: Solar Radiation Management, Geoengineering and Chemtrails. http://www.globalresearch.ca/solar-radiation-management-geoengineering-and-chemtrails/5356632, zugegriffen am 16.7.2018
211 Drösser C: Wolkenschiebereien. https://www.zeit.de/2008/34/Stimmts-Regenmacher, zugegriffen am 12.7.2018
212 Grosch W: China baut gigantische Regenmaschine im Hochland Tibets. https://www.ingenieur.de/technik/fachbereiche/umwelt/china-baut-gigantische-regenmaschine-im-hochland-tibets/, zugegriffen am 12.7.2018
213 Weise S et al: Future Topic Geoengineering. Planungsamt der Bundeswehr (Berlin), 2012
214 Macdonald G: Intentional and Unintentional Modification of the Atmosphere. In: Appendices – Commission on the Organization of the Government for the conduct of Foreign Policy, Volume I. U.S. Government Printing Office (Washington), 1975
215 Vereinte Nationen: Convention on the prohibition of military or any other hostile use of environmental modification techniques. United Nations Treaty Collection (New York), 1976
216 Leitenberg M: Studies on Military R&D and Weapons Development. https://fas.org/man/eprint/leitenberg/index.html, zugegriffen am 12.7.2018
217 Keller M: Flieg Heil! http://www.spiegel.de/plus/flieg-heil-a-00000000-0002-0001-0000-000158024645, zugegriffen am 30.7.2018
218 Benrath B: Revell nimmt „Nazi-Ufo" aus dem Verkauf. http://www.faz.net/aktuell/wirtschaft/unternehmen/eklat-um-bausatz-revell-nimmt-nazi-ufo-aus-dem-verkauf-15646646.html, zugegriffen am 30.7.2018
219 Frickel T: Die Mondverschwörung, Presseheft. https://www.filmportal.de/sites/default/files/Presseheft_Die_Mondverschwoerung_2010.pdf, zugegriffen am 30.7.2018
220 Ammer A: Neuschwabenland-Symphonie (Radiosendung). Westdeutscher Rundfunk (Köln), 17.12.2012
221 Bartoschek S et al: Muss man wissen! Ein Interview mit Dr. Axel Stoll, 5. Auflage. jmb (Hannover), 2015
222 Kriska C: Neuschwabenland ist real. http://verschworen.blogspot.com/2012/08/neuschwabenland-ist-real.html, zugegriffen am 1.8.2018
223 Mills WJ: Exploring Polar Frontiers – A Historical Encyclopedia. ABC Clio (Santa Barbara), 2003
224 Schön H: Mythos Neuschwabenland – für Hitler am Südpol. Bonus (Selent), 2004
225 Umweltbundesamt: Der Antarktis-Vertrag. https://www.umweltbundesamt.de/themen/nachhaltigkeit-strategien-internationales/antarktis/das-antarktisvertragssystem/der-antarktis-vertrag., zugegriffen am 1.8.2018
226 Marrs J: Above Top Secret: Uncover the Mysteries of the Digital Age. Disinformation Books (New York), 2008
227 Summerhayes C, Beeching P: Hitler's Antarctic Base: The Myth and the Reality. Polar Record 2007; 43, 224: 1–21
228 Dudeney JR, Walton DWH: From Scotia to ‚Operation Tabarin': developing British policy for Antarctica. Polar Record 2012; 48, 247: 342–360

229 McNeill MHA: Views in Kiel and District. 25 May 1945, Various Aspects of Life in the German Naval Base and Types of U-Boats Used by the Enemy as they were Inspected by British Submarine Officers. https://www.iwm.org.uk/collections/item/object/205160268, zugegriffen am 6.8.2018
230 Herzog B: 60 Jahre deutsche Uboote 1906–1966. JF Lehmanns (München), 1968
231 Summerhayes C, Beeching P: Hitler's Antarctic Base: The Myth and the Reality. Polar Record 2007; 43, 224: 1–21
232 U.S. Navy Antarctic Development Project: Report of Operation Highjump. https://archive.org/details/TheOperationHighjumpReport1955, zugegriffen am 4.8.2018
233 Associated Press: U.S. Navy Plans Antarctic Tests. Hanover Evening Sun 1946; 68, 51: 1
234 Anonym: Operation Highjump: South-Pole. http://www.south-pole.com/main.html, zugegriffen am 4.8.2018
235 Robbins JH: The Story of George 1. http://www.south-pole.com/p0000153.htm, zugegriffen am 4.8.2018
236 Van Atta L: Byrd Warns of Pole Area Attacks. The San Antonio Light 1947; 67,44: 1
237 Jones CB et al: Operation Argus 1958. Defense Nuclear Agency (Washington), 1982
238 Karlöf L et al: A 1500 year record of accumulation at Amundsenisen western Dronning Maud Land, Antarctica, derived from electrical and radioactive measurements on a 120 m ice core. JGR Atmospheres 2000; 105, D10: 12471–12483
239 Associated Press: U.S. to Investigate Hitler Hideout in South America. The Troy Record 1945; 171: 1
240 Reuters: Says Hitler May Be in Antarctic. Nanaimo Free Press 1945; 22, 78: 1
241 Associated Press: Government to Check Rumor Hitler's Alive. Pittsburgh Post-Gazette 1945; 18, 298: 2
242 Schön H: Mythos Neuschwabenland. Bonus (Selent), 2004
243 Hümmler H: Neuschwabenland – Verschwörung, Mythos oder Ammenmärchen? Skeptiker 2013; 3: 100–106
244 Summerhayes C, Beeching P: Hitler's Antarctic Base: The Myth and the Reality. Polar Record 2007; 43, 224: 1–21
245 Miele F: Giving the Devil his Due. Skeptic 1994; 2, 4: 58–70
246 Anonym: Neuschwabenland (NSL). http://brd-schwindel.ru/neuschwabenland-nsl/, zugegriffen am 4.8.2018
247 Foreign and Commonwealth Office: The Atlantic Treaty. https://www.gov.uk/government/uploads/system/uploads/attachment_data/file/228814/8048.pdf, zugegriffen am 3.12.2018
248 Geise G: Die Chemtrails – Streifen am Himmel. Efodon-Synesis 2010; 4: 9–14
249 Geise G: Neuschwabenland – letzte Zuflucht gegen Kriegsende? Efodon-Synesis 2005; 6; 25–32
250 United States Antarctic Program: South Pole Station Webcams. https://www.usap.gov/videoclipsandmaps/spwebcam.cfm, zugegriffen am 10.8.2018
251 Robert J: Großbritanniens geheimer Krieg in der Antarktis. Nexus Magazin 2006; 2: 37–44
252 Vowinkel H: 1025 Ufo-Meldungen. https://www.welt.de/print-wams/article113909/1025-Ufo-Meldungen.html, zugegriffen am 20.8.2018
253 DDP: Leuchtende Venus sorgt für Ufo-Alarm. https://rp-online.de/panorama/deutschland/leuchtende-venus-sorgt-fuer-ufo-alarm_aid-12154925, zugegriffen am 20.8.2018
254 Sanktjohanser A: UFOs heute. https://www.focus.de/wissen/mensch/geschichte/tid-6762/60-jahre-ufo_aid_65660.html, zugegriffen am 20.8.2018
255 Vinacke WE: The Concept of Aviators' „Vertigo". Naval School of Aviation Medicine (Pensacola), 1946

256 Belluzzo G: I dischi volanti furono ideati nel 1942 in Italia e in Germania. Il Giornale d'Italia, 24.3.1950: 1
257 Anonym: Sie fliegen aber doch. http://www.spiegel.de/spiegel/print/d-44447768.html, zugegriffen am 20.8.2018
258 Richard Miethe, Saucer Designer – Did he exist? http://www.thecid.com/ufo/articles/articles/miethe.htm, zugegriffen am 20.8.2018
259 Zunneck KH: Geheimtechnologien, Wunderwaffen und die irdischen Facetten des UFO-Phänomens. Kopp (Rottenburg), 2004
260 Lusar R: Die deutschen Waffen und Geheimwaffen des 2. Weltkrieges und ihre Weiterentwicklung. JF Lehmanns (München), 1956
261 Brandstätter L: Implosion statt Explosion. Leopold Brandstätter (Linz), 1955
262 Rauber K: Implosion – Verein für Implosionsforschung und Anwendung e. V. https://www.implosion-ev.de, zugegriffen am 20.8.2018
263 Epp JA: Die Realität der Flugscheiben. Michaels (Peiting), 2002
264 Parzival e.V.: Flugscheiben über Neuschwabenland? http://www.parzifal-ev.de/index.php?id=23, zugegriffen am 20.8.2018
265 Smithsonian National Air and Space Museum: Is it Stealthy? https://airandspace.si.edu/collections/horten-ho-229-v3/stealth/, zugegriffen am 21.8.2018
266 Century of Flight: Horten I, II & III. http://www.century-of-flight.net/Aviation%20history/flying%20wings/horten%201%202%203.htm, zugegriffen am 21.8.2018
267 The Flat Earth Society: FAQ. https://www.theflatearthsociety.org/home/index.php/about-the-society/faq, zugegriffen am 2.9.2018
268 The Flat Earth Society: Frequently Asked Questions. https://wiki.tfes.org/Frequently_Asked_Questions, zugegriffen am 2.9.2018
269 Holberg L: Niels Klims unterirdische Reisen. Karin Kramer (Berlin), 1983
270 Kollerstrom N: The Hollow World of Edmond Halley. Jnl for History of Astronomy 1992; 23: 185–192
271 Lorenzen D: Cleves' Theorie der hohlen Erde. https://www.deutschlandfunk.de/vor-200-jahren-cleves-theorie-der-hohlen-erde.871.de.html?dram:article_id=415097, zugegriffen am 2.9.2018
272 Dallapiccola M: Flache Erde, hohle Erde – WTF?!? https://www.contra-magazin.com/2017/05/flache-erde-hohle-erde-wtf/, zugegriffen am 3.9.2018
273 Zillger A: Flache Erde? Hohle Erde? Runde Erde? Was dir mein Kanal sagen möchte! https://www.youtube.com/watch?v=rVJRy_eo9Pw, zugegriffen am 3.9.2018
274 Gardner MB: A Journey to the Earth's Interior. http://www.auricmedia.net/wp-content/uploads/2015/01/A_Journey_to_the_Earth-Marschall_B.Gardner.pdf, zugegriffen am 6.9.2018
275 Kienappel M: Hohle Erde: Fakten, Theorien und Mythen. https://equapio.com/wissenschaft/hohle-erde-fakten-theorie-und-mythen/, zugegriffen am 6.9.2018
276 Gupta H (Hrsg): Encyclopedia of Solid Earth Geophysics. Springer (Dordrecht), 2011
277 The Houghton Daily Mining Gazette: Plumbing of the Tamarack Shafts. http://www.phy.mtu.edu/alumni/history/DMGPlumbLines.pdf, zugegriffen am 6.9.2018
278 Hill S: The Tamarack Mine Experiments. https://blogs.mtu.edu/physics/2000/01/mtu-physics-department-history-1901-1916/, zugegriffen am 6.9.2018
279 Simmons BR: Show BoB The Curve. https://www.gofundme.com/showBoBthecurve, zugegriffen am 9.9.2018

280 Knapp A: The Lyrics To B.o.B.'s Flat Earth Anthem 'Flatline' – With Science Annotations. https://www.forbes.com/sites/alexknapp/2016/01/26/the-lyrics-to-b-o-b-s-flat-earth-anthem-flatline-with-science-annotations/#6186f46455d4, zugegriffen am 9.9.2018
281 Harder B: Das erklärt einiges: Für Xavier Naidoo ist die Erde eine Scheibe. https://blog.gwup.net/2016/04/10/das-erklart-einiges-fur-xavier-naidoo-ist-die-erde-eine-scheibe/, zugegriffen am 9.9.2018
282 Rütten F: Die NBA-Stars, die die Erde offenbar ernsthaft für eine Scheibe halten. https://www.stern.de/sport/shaquille-o-neal-und-kyrie-irving--die-nba-stars--die-den-planeten-erde-fuer-eine-scheibe-halten-7378406.html, zugegriffen am 9.9.2018
283 Dziat C: Flache Erde - RWE Nordsee One 40 km!!! https://www.youtube.com/watch?v=CxK849eOmOM, zugegriffen am 10.9.2018
284 Dinham P: Cricket hero Andrew 'Freddie' Flintoff is convinced the Earth is FLAT (or at the very least, turnip-shaped). http://www.dailymail.co.uk/news/article-5113317/Freddie-Flintoff-convinced-Earth-FLAT.html, zugegriffen am 10.9.2018
285 Lane N: Flache Erde vs. Globeheads. https://www.facebook.com/Flache-Erde-vs-Globeheads-753502181419640/, zugegriffen am 20.9.2018
286 Lane N: Netti Lane. http://archive.is/qeWz9, zugegriffen am 15.11.2018
287 Flat Earth Society: Magnification of the Sun at Sunset. https://wiki.tfes.org/Magnification_of_the_Sun_at_Sunset, zugegriffen am 16.9.2018
288 Flat Earth Society: Constant Speed of the Sun. https://wiki.tfes.org/Constant_Speed_of_the_Sun, zugegriffen am 16.9.2018
289 Aplanetruth: # 17 If A Flat Earth, Why Does the Sun Go Down? https://aplanetruth.info/17-if-a-flat-earth-why-does-the-sun-go-down/, zugegriffen am 16.9.2018
290 Flat Earth Society: The Setting of the Sun. https://wiki.tfes.org/The_Setting_of_the_Sun, zugegriffen am 16.9.2018
291 Cae sar: Grundlagen der Perspektive ► Horizont und Fluchtpunkt ► Was begrenzt unsere Sichtweite? https://www.youtube.com/watch?v=EAUqbItXj3s, zugegriffen am 16.9.2018
292 Phuket Word: Flat Earth Horizons – Split Screen Vision. https://www.youtube.com/watch?v=u6sz05IY-l0, zugegriffen am 16.9.2018
293 Flat Earth Society: Frequently Asked Questions. https://wiki.tfes.org/Frequently_Asked_Questions, zugegriffen am 16.9.2018
294 Flat Earth Society: FAQ. https://theflatearthsociety.org/home/index.php/about-the-society/faq, zugegriffen am 16.9.2018
295 Grimes DR: On the Viability of Conspiratorial Beliefs. PLoS ONE 2016; 11, 1: e0147905
296 Hümmler HG: Geschäftsmodell Verschwörungstheorie? https://www.youtube.com/watch?v=HZxQ40jag88, zugegriffen am 26.9.2018

Register

C

D

E

F

G

L

M

N

O

P

Q

R

S

T

U

V